意思主義をめぐる法的思索

今村 与一

勁草書房

目　次

第二章　意思主義と公証人職……39

序章　本書の問題関心

本書の主題と本格的に取り組むようになったのは、たまたま目にとまった日本の一裁判例がきっかけである。詳細は本論（第一章）に譲るとして、億単位の不動産を所有していた老人からその財産を巻き上げる行為が、「契約の自由」の一言で正当化される法治国家の現実は、およそ容認しがたいものがあった。特に、幾人もの証人を法廷に呼び出し、彼らの証言から認定した「当事者の意思」の尊重をことさらに強調する判決理由は、裁判所にとって都合のよい言い訳でしかないように思われた。

そもそも、「当事者の意思」を最大限に尊重し、売買ほか所有権移転の原因となる諸契約の成立やその効果を根拠づける「意思主義」とは何か。そこには、どのような人間観、社会観が息づいているのか。この法原理が、日本の近代化のために移植された途端、裸の合意さえあれば、どんな財産でも動かせるといった誤解が生じたのは、どのような事情に由来するのか。「取引社会」の自律性は、素人か玄人かを問わず、当事者任せにしておけばよいのか。当事者による自治を陰に日に支える法律専門職は、本来、どのような役割を期待されているか。あらゆる形式から解放された意思の力を基調とする法原理のもとでも、現に役立っている諸形式が存在し、むしろ意思の力を過信することがないよう、意思主義の弱点に留意し、これを是正するための形式主義が次第に存在感を増しているとすれば、両者の関係をどう理解すればよいか。こうして、あれこれ意思主義をめぐる思索を重ねることになった。題して『意思主義をめぐる法的思索』である。

ここでは、本論へと向かうに当たり、その理解の一助としてもらうべく、本書全体を貫くふたつのキーワード、「意思主義」と「法的思索」の意味をもう少し掘り下げてみることにしよう。

まずは、どこまでも意思の力を生かそうとする考え方、「意思主義」と呼ばれる法原理が支配的となったのはなぜか。

実のところ、人類史を振り返れば、個人意思よりも種々の形式が重んじられた時代の方がはるかに長い。ヨーロッパを例にとり、古代ローマ帝国の解体（四七六年、西ローマ帝国の滅亡）から、再び古典古代を理想化した新しい時代の到来、いわゆるルネッサンス期までを大雑把に「中世」と呼ぶならば、途方もなく長期にわたるヨーロッパ中世社会を支配したのは、万事が形式主義であった。たとえば、フランス第五共和政下の大統領の新旧交代を象徴する政権移譲の儀式が、今日でも《investiture》と呼ばれるが、これは、中世の封建社会にまで遡れば、封建領主が家臣に封土を授与し、あるいは世襲化された封土の譲渡を実現するために不可欠の譲渡形式を意味していた。そして、その譲渡形式は、直接に土地を耕作する農民の保有地についても義務づけられた。つまり、領主が主宰する譲渡形式は、今日でいう不動産公示制度の起源をなし、領主にとっては徴税のまたとない機会となったが、封建制下の土地取引の自由化を妨げる最大の阻害要因でもあった。フランスの場合は、中世における不動産差押え禁止原則（土地の譲渡可能性の前に、不動産執行すら許されていなかったことを示すもの）を免れる特約条項、何を隠そう十三世紀に案出された公証人慣行が、そうした土地取引の不自由を少しずつ改める突破口となってゆくのだが、意思主義の端緒が芽生えるのも、ちょうど同じ頃のことであった。というのも、公証人によって作成された証書中で不動産の差押えを可能にする条項が定型化されるにつれ、その延長線上に位置する不動産の譲渡処分についても、譲渡人から譲受人への占有支配の移転をただ単に取り次ぐだけの譲渡形式が省略されるようになり、これに代わって土地の占有引渡しがあったことを擬制する証書中の文言が不動文字化してゆくからである。こうなれば、領主徴税特権の口実となっていた譲渡形式は、無用の長物と化し、次第に廃れるほかはなかった。

意外にも、ローマ法以後の意思主義の再生は早かった。フランスの民法概説書では、純然たる意思主義が既定路線となるのは、一六世紀、もしくはようやく一七世紀に入ってからのことと説かれるのが通例だが、この見方は、学説上の議論はともかく、慣習上の実務としては正しくないと指摘される。

「まだ十三世紀には、この慣習法は、確かにためらいがちであり、ほとんど矛盾していたように見えるけれども、すでに意思主義の流れに与しつつあった。(1)」

土地取引不自由の重い扉を抉《こ》じ開ける公証実務が、形式主義から意思主義への先導役を果たしたとすれば、その功績は案外に大きい。自然法学派は、当事者の合意のみで契約上の債権債務が生じるという意味での諾成主義（consensualisme）、その合意のみで所有権が移転する意思主義（consensualisme）を関連づけて意思＝諾成主義を称賛したが、それは、いわば後付けの説明、理論武装にすぎなかったのである。

ところが、徹底した自己観察によって人間性を探究し（モンテーニュの一六世紀）、思考する自分の存在から個人を自覚し（デカルトの一七世紀）、宗教的迷妄から解放された個人の自由を謳い上げ（ヴォルテールの一八世紀）、その個人の自由を確保するため、実定法においても人間の意思を最上位におく「啓蒙」の時代が到来すれば、もはや意思主義の勝利は疑いようもなくなる。そして、やがては意思万能思想が極に達し、意思自治の理論が一世を風靡する時代となる（主意主義 volontarisme の一九世紀）。その後の意思自治の「ドグマ」に対する批判は周知のとおりだから、ここで紹介するには及ぶまい。[2]

改めて想起してほしいのは、個人にとって自由が渇望された時代があったこと、その時代には、あらゆる形式が個人を束縛するものとみなされたこと、とりわけフランス革命期には、封建制と同視された形式主義が劣勢に立たされたことである。これらの事柄を再確認することができれば、それ以上に頭でっかちな議論へ深入りする必要はない。[3]現に、意思自治の理論が絶頂期を迎えた時代には、意思主義もその理論から導かれるひとつの派生原理のように扱われたが、事の真相はその反対であった。中世封建社会の真直中で実利優先の公証実務が、意思主義の先鞭をつけたことは、先ほど述べたとおりである。だからこそ、人類史上初めて誕生した近代法典、一八〇四年に制定されたフランス民法典においても、意思主義のいくつもの例外が用意されていた。フランス民法典は、その制定当初から個人意思の絶対視という一色に染まった観念の産物ではなかったのである。

さて、今度は、やはり頭でっかちでない「法的思索」について語ろう。

「法的思索」は、いささか文学的な響きを帯びた表現だが、思い入れを捨てて「法的思考」と表現しても何ら差し支えはない。ただ、「法的思索」ないし「法的思考」は、学問上の師と仰ぐ二人の研究者の、奇しくもほぼ同時期に刊行された作品の書名にもなっており、[4]筆者にとっては、どうしても思い入れなしには語れない言葉であることを諒とされたい。本書のモチーフを授かったそのひとりは、こう述べている。

「法的思考は、あらゆる思索と同様に、時代や諸国を通じ、常に白熱した弁論術であり、正義や効用、善悪といった実生活上の大問題に関する戦場であった。あらゆる法的思考は、いつも不正義と法の欠如に抗して立ち上がり、権力者に対し、貧しい人々、庶民、弱者を擁護してきた。法が解放者となり、抑圧者でなくなることを常に求めてきたのである。しかし、それは終わりのない仕事、ダナイデスの樽である。[5]」

「法的思考」は、まず、なまじっかな定義を許さないほどに多様である。実際、そのアンソロジーの中で取り上げられる人物は、狭義の法律家に限定されず、古今東西の「東洋」、女性を除けば、千差万別で多彩であり、人間精神本来の豊饒さを見事に映し出しているように思われる。

しかし、思考一般と区別された「法的思考」は、その根底において共通する恒常的なものを有している。それは、時代や社会によって異なる多様な正義の実現を目ざした人間の思考であり、何よりもその正義の実現が司法に期待され、その司法の場で躍動するのが弁論であり、その弁論の生命とも言えるのが「法的思考」である。別の言い方をすれば、私人間の、ひいては国家間の紛争を予防し、あるいはすでに生起している紛争を暴力の争いにエスカレートさせないための英知の結集であり、その意味では、少なくとも暴力の抑止を目的とし、より積極的には、大げさでなく人類の平和を志向する知的営みである。もっと言えば、「法的思考」は、自己本位の主張で終わってはならず、自ら納得し、他者の共感を得ることができなければ無意味であるから、ひとりの人間の考えが、個人的な領域から社会的な次元にまで昇華されてはじめて真の「法的思考」と呼べるのであろう。それは、私見では、もうひとりの師が最後までこだわり続けた「市民法」の精神による「市民社会」の成熟にも寄与するものであると考える。本書が、以上に述べた「法的思考」、二人の師への尽きない思いを込めた「法的思索」の実践例となっているかどうかは、何かの機縁で本書を手にすることになった読者の判断に委ねたい。

そこで、本書のあらましを知ってもらうため、以下にその全体の構成を示しておくことにしよう。

第一章（原題「不動産取引における意思主義の理解」、清水誠先生古稀記念論集『市民法学の課題と展望』日本評論社、二〇〇〇年、二四七頁以下）は、意思主義に対する固定観念を解きほぐし、その大きな誤解が日本的理解のいくつもの特徴となってきたことを説いた巻頭論文である。本書で取り組もうとする根本問題の提起でもあり、あとに続く法的思索の出発点に位置しているので、舌足らずで晦渋な印象を与える箇所が見られるかもしれないが、できれば、最初に読み進めてほしい部分である。

第二章（「意思主義と公証人職」岡山大学法学会雑誌五二巻三号六一頁以下、二〇〇三年）、第四章（原題「法律専門職としての司法書士像——意思自治の観点からする一素描」市民と法五二号二五頁以下、二〇〇八年）および第四章〔補論〕（「民法、そして不動産取引のこれから」月報司法書士二〇〇九年九月号二頁以下）は、意思主義、むしろこの法原理を従えた当事者自治を支える法律専門職に光を当ててその役割を見きわめながら、当事者自治のあり方を問い直し、法律専門職のあるべき姿、さらには、その実践的職業活動を動因とする日本法の将来を展望しようとしたものである。

第三章（「意思主義と書証主義」日仏法学二三号一四二頁以下、二〇〇四年）および第五章（前篇「意思主義と不動産公示」市民と法七八号二九頁以下、七九号二四頁以下、八〇号一四頁以下、二〇一二年〜二〇一三年、中篇「意思主義と不動産公示（続）——日本法固有の『対抗要件主義』」横浜法学二二巻三号三七頁以下、二〇一四年、後篇「意思主義と不動産公示（続々・完）——日本法の現在と将来」横浜法学二三巻三号七七頁以下、二〇一五年）は、意思主義と形式主義の関係、より厳密には、形式主義とは呼ばれない諸形式との関係を明らかにしようとしたものである。このため、証拠としての文書（書証）、形式主義を起源とする不動産公示を取り上げた。証拠書面に関する第三章は、当事者自治を支える法律専門職のあとに回してもよいところだが、あえて第二章の公証人職に続ける配列とした。日本の公証人職の現状をつぶさに分析したのち、文書の多面的な働きを観察すれば、そうした文書の効用を十分に引き出せていない日本法の問題点が一層鮮明となり、日本の司法書士職が目ざすべき将来像も自ずと見えてくると考えたからである。不動産公示に関する第五章は、意思主義との本来的な矛盾をはらんだ公示方法の位置づけ、日本法固有の「対抗要件主義」が、不動産物権の得喪変更をあまねく公示すべきものとする公示原則と同義ではないことを論証するため、母法フランス法の歴史と現状を総括的に紹介し、日本法との比較対照を試みた結果、本書中で最も大きな比重を占める部分となった。第五章の〔補論1〕（判例時報一九五九号＝判例評論五七九号一九六頁以下、二〇〇七年）および〔補論2〕（判例時報二一四二号＝判例評論六三九号一五二頁以下、二〇一二年）は、民法一七七条を意思表示以外の変動原因にも適用する日本の判例法理の限界に気づかされた判例研究である。第五章が問題とする日本法の現状を具体的に知ってもらうため、参考に供することにした。

それにしても、各章の旧稿執筆時から二〇一八年現在までの、二〇年足らずの間に法改正の洗礼を受けた日本法、そしてフランス法の関係諸規定は、おびただしい数に上る。しかも、民法、民法典をはじめとする民事立法の変動はなお現在進行中である。本書では、フランス法の場合で言えば、二〇一六年の民法典改正までを織り込むのがやっとであった。これに伴い、各章に引用された諸文献も、必要な改訂作業を迫られ、毎年のように版を重ねているものも少なくない。できることなら、それらの引用文献も、今現在の時点で提供可能な最新情報に改めるべきであろうか。しかし、改訂のたびに質的に向上するものばかりではなく、むしろ反対に内容上「劣化」を来しているように思われる書物も例外ではない。それゆえ、本書では、原則として旧稿執筆時に引用した文献資料には手を加えないことにした。典拠となる文献を直接に参照するときは、きっと不便だろうと思われるが、この点も、悪しからず諒とされたい。いずれにせよ、本書で取り組んだ主題は、本書をもってひとまず作品の体をなすには至ったけれども、それでもって自己完結するわけではない。「法的思考」は、思考一般がそうであるように、永遠に未完成の知的営みであって、「ダナイデスの樽」であることを免れない。著者自身の寿命が無限であるはずもないから、是非とも若い世代の読者を得たいと思う。これが、本書刊行の眼目であり、序章のむすびにしてもよいと考える著者の本音である。

注

（1） J.-Ph. Lévy et A. Castaldo, *Histoire du droit civil*, Dalloz, 2e éd., 2010, n° 532, p. 815. ローマ法以後の意思主義の有為転変については、*ibid.*, p. 801 et s.

（2） *Ibid.*, n° 543.

（3）「大切なのは、ありままの世界とありのままの人間を発見することである。観念は手段でしかない。結局は、そうしてこそ観念論に対する真の反駁となる。」（Alain, *Histoire de mes pensées*, in *Les Arts et les Dieux*, Pléiade, 1958, p. 60）

（4） Ph. Malaurie, *Anthologie de la pensée juridique*, 1re éd., Éd. Cujas, 1996 と清水誠『法と法律家をめぐる思索』（日本評論社、一九九七年）の両作品を指す。

（5） Malaurie, *op.cit.*, avant-propos. この引用文に出てくる「ダナイデスの樽」は、ダナオス（ギリシャ神話に登場するリビア、次いでアルゴスの王）の五十人の娘、ダナイデスが、亡命先で彼女たちの従弟と結婚することに同意したが、父ダナオスの命に従い、婚礼を済ませたばかりの夫たちを殺害したため、罰として底のない樽に水を汲む刑に処せられたという逸話から、「終わりのない仕事」の譬《たと》えとして用いられる。

第一章　意思主義の理解

「学問は、野心的でもなく、おしゃべりでもなく、性急でもなければ、私たちの身体を健康にしてくれるだろう。つまり、私たちが、書物の世界に閉じこもらず、水平線のかなたに視線を向ければよいのである。だから、それは、知覚を刺激し、旅立ちとなる学問でなければならない。ひとつの対象は、そこに見い出されるほんとうの関係を通して、また別の対象へ、数えきれない他の対象へと君を導いてくれる。そして、この流れを集めた大河の渦は、君の思考を風や雲にまで、ついには惑星にまで運んでくれる。真の知見は、決して視界のすぐそばの何か小さなものに立ち戻ることはない。というのも、知ることは、ごく小さいものが全体とどうつながっているかを理解することだからである。いかなるものも、それ自体に理由があるわけではなく、私たちは、正しい思考の働きで自分自身から遠ざかってゆく。これは、眼に劣らず、精神にとっても健康的である。そこでなら、君の思考は、自己の領分とするこの宇宙の中で安らぎを得るだろうし、また万物ともつながったその身体の生命力と調和することだろう。……遠くを見るがいい。(1)」

故清水誠先生がかつて『法律時報』誌に連載された「市民法の目」(2)には、冒頭に引用したアランの「プロポ」を彷彿とさせる味わいがあった。この理性の灯火が末永く守られ、同時代の醜悪さに打ちひしがれた人々の共感を呼び覚まし、それが新たな希望へと紡がれてゆくことを願わずにはいられない。

筆者もまた、日本社会の現状に切り込む「市民法の目」の効用を信じて疑わないけれども、その分析のメスを鈍らせないためには、歴史的かつ理論的に「市民法」自体の理解を深める不断の努力が肝要だと考える。本稿も、そうした試みのひとつとして位置づけられようか。

以下の本論では、まず、ある裁判例を通してわれわれの意思主義理解の根幹にかかわる問題を提起し（一）、次いで、意思主義の母法であるフランス法のありようを概観したのち（二）、最後に、意思主義の日本的理解の諸特徴を析出してみよう（三）。

一　ある裁判例——問題提起を兼ねて

1　事案

（i）訴外丙（山口系暴力団の若衆、原告Xの姪の娘の元夫でもあるが、係争中所在不明）は、かねてよりX所有の土地（山林・原野・畑など当時の坪単価一万円の評価で約二億円相当）の買収を仲介しようと考え、一九九〇年十二月頃、Xを訪ねて借金を申し込み、同月二八日頃にXを代理して訴外戊から六〇〇万円の融資を受けた。そして、その担保として提供されたX所有の本件土地のうち、山林等の四筆については売買を原因とする所有権移転登記と買戻特約の付記登記（旧不動産登記法三七条、五九条ノ二）が、残りの畑一筆については売買予約を原因とする所有権移転請求権保全の仮登記が経由された。この融資に関し、利息および遅延損害金の定めはなく、借用証書すら作成されていない。しかも、Xが六〇〇万円の融資を受けたことになっているが、その大半（合計五〇七万円）は、丙によって持ち去られている。

(ii) さらに、丙は、一九九一年一月下旬ないし二月上旬頃、金融業を営む訴外丁に対して融資を申し込み、司法書士事務所での二,五〇〇万円の融資と引き換えに本件土地を担保とする前記(i)と同様の登記を経由した。一五〇万円の利息が天引きされた点を除けば、この新たな融資に関しても、遅延損害金の定めがなく、借用証書すら作成されていない。なお、戊は、丁が融資した二,五〇〇万円から自分の融資金額を回収している。

(iii) 丁は、当初一九九一年五月九日とされていた買戻期限を延期し、その間に丙は、司法書士事務所にて被告Y(実質的には、丙が属する暴力団の会長でYの夫乙)から二,五〇〇万円の融資を受ける契約を締結し、本件土地について前記(i)および(ii)同様の登記を経由した。ここでも、利息の定め、遅延損害金の定め共になく、借用証書すら作成されていない。なお、Yの融資により、丁は自己の融資金を回収しており、その結果、Xが丁からYへ借り替えた格好になっている。

(iv) Y、というより実質上乙は、買戻期間(一九九一年六月二四日から同年十二月二三日まで)がまだ経過していない同年十一月二六日、本件土地の一筆を訴外ゴルフ会社に売り渡すことを予め約してその仮登記を経由し、同年一〇月三〇日には、他の一筆に抵当権を設定してその登記を経由した。

(v) そこで、Xは、山林等四筆の土地につき、確定的にその所有権がYに帰属したことを認めたうえで清算金の支払いを請求し、畑地については、担保目的を終えたとして仮登記の抹消登記を請求するに至った。

2　第一審判決

高知地裁一九九五年七月一四日判決・判時一五七四号九六頁(判タ九〇二号一〇六頁)は、以下のような判断を示した。(3)

第一に、右判決は、被告Yすなわち実質上乙に「本件土地丸取りの企図」があったことを認定したうえ、「被告の経済的目的及び本件各土地の評価額と融資金額の著しい懸隔に照らし、本件契約は公序良俗に反し無効と解する余地もある」としながら、原告側が公序良俗違反を主張していないので、「できるかぎり当事者の意思から乖離しないように契約は有効に解釈すべきである」と述べる。

第二に、借用証書が作成されず、利息・遅延損害金の定めもない事実に照らせば、金銭消費貸借契約が締結されたとは言いがたく、したがって当事者間に貸金債権は存在しないと同判決は認定する。このことから、本件買戻特約付売買は、被担保債権の存在を前提とする譲渡担保と区別された「売渡担保」として扱われている。

第三として、同判決は、「仮登記担保契約に関する法律、譲渡担保に関する判例理論との整合性、融資を懇請せざるをえない社会的弱者の保護の見地から、信義則上、担保目的で提供された不動産の丸取りは許されず、不動産の価額が融資金額を上回るときは、融資金額との差額を清算すべき義務がある」とし、被告Yに対して清算義務を課す。本件の場合、関係者の証言により、融資金額は二,五〇〇万円と認定され、利息に相当するものとみなされた契約費用五〇〇万円は、利息制限法の制限内で清算金算定の際に控除されている。

最後に、同判決はこう結ぶ。すなわち、山林等四筆の土地所有権は、買戻期間経過時に確定的にYに帰属したが、農地法三条の許可を条件とする残りの農地については、所有権は移転しておらず、XによるY名義の仮登記抹消請求を認容すべき理由がある、と。

3　問題の核心

本件に見られるような買戻特約付売買または再売買予約については、現在、債権担保を目的とするいわゆる売渡担保であれば、これを譲渡担保に吸収し、担保目的でないものは、本来の買戻しまたは再売買予約として扱うことを主張する売渡担保否定論が有力とされている。(4) そのような議論との関連で言えば、第一審が下した判決は、

売渡担保という概念を維持したまま買主の清算義務を認めた点に意義があると評価されるのであろう。(5)

しかしながら、問題はそれに尽きない。

このケースでは、少なく見積もっても当時の時価で二億円相当の不動産が担保に供され、三度にわたって借り換えのための「融資」が繰り返されながら、前述した1（i）ないし（iii）の事実にあるとおり、一度として借用証書が作成されていない。清算金額を算出するうえで必要となる「融資金額」は、何と関係者の証言によって認定せざるをえないという始末である。だからこそ、裁判所は本件契約を売渡担保とみなしたのであり、契約の自由の世界では、そういう取引もありうるとするわりきった見方が大勢を占めるかもしれない。だが、自由主義とは、一体、かくまで軽々しいものなのだろうか。また、被告Yが主張するとおり、本件契約が純然たる売買であったと仮定して、契約書もなければ億単位の物件の取得代価も明らかでない取引が、いやしくも日本というれっきとした法治国において当たり前のように是認されてよいのだろうか。事態を直視するならば、本件事案は、合法的取引の衣をかぶった白昼堂々の財産略取行為でなくて何であろう。ところが、裁判所でさえ、本件契約の有効性に多少の疑問を残しながらも、「当事者の意思から乖離しないように契約は有効に解釈すべきである」と述べるにとどまっている。

では、本件の場合、果たして当事者、とりわけ原告Xは、どのような契約意思をもっていたと言えるのか。実は、そこのところが最も明確さに欠ける。おそらく、事件当時すでに八〇歳を超えていたXは、自分が結ぼうとする契約の内容を十分に理解することなく、訴外丙の言うがままなすがままに同意らしきものを与え、あとは、代理人と称する丙らによって事が運ばれたというのが真相ではなかろうか。(6)しかも、一連の取引において複数の司法書士が関与しながら、遺憾なことには、彼らが、法律専門職の立場から、本件契約の異常さに気づいてXの真意を確かめるなど適切な措置を講じた形跡は見られない。これが、日本の不動産取引における意思主義の現実である。いかに例外的であれ、ここに取り上げた事件が日本特有の意思主義理解のもとでしか起こりえないものだとすれば、私たちは、この原則を生み出した母法にまで立ち返って自らの理解のほどを点検し直してみる必要がある。

二　フランス法上の意思主義の相貌

フランス法には、「牛を角で繫《つな》ぐように、人は、言辞によって繫がれる」という格言がある。これが、今日、牛と人間との際立った対比による意思主義の表明と見られていることは周知のとおりである。(7) しかし、かつては、形式主義への執着ゆえに、一切の形式を欠いた言葉だけの約束が常軌を逸した行為のように受けとられ、むしろ否定的な意味合いが込められたりしたようである。(8) ことほどさように、意思主義と形式主義は、古くからしのぎを削ってきた法原則といってよい。

さて、これまで意思主義について明確な定義づけをしないできた。本稿では、この概念を《consensualisme》の翻訳として用いている。《consensualisme》は《consentement》からの派生語である。《consentement》には、二つの意思の合致という意味のほかに、個人意思の意味がある。もちろん、《consensualisme》は、そのうちの前者の意味、合意だけで（solo consensu）契約を成立させる法原則のことである。注意を要するのは、フランス法の場合、債権債務を生じさせる債権行為と所有権の移転をもたらす物権行為が厳密に区別されないため、《consensualisme》が、債権債務の発生原因のみならず、所有権移転の原因を当事者の意思に求めるところであろう。これを「諾成主義」と訳したのでは事柄の半面しか捉えたことにならない。「意思主義」の翻訳を当てた《consensualisme》は、物権法と債権法の両方にまたがるフランス民法典の指導原理のひとつである。

《formalisme》を翻訳した形式主義は、意思主義と対立し、契約そのものの成立や物権の設定・移転の効力を一定の形式に従属させる法原則を言う。この形式は、古来、不動産取引において公示的機能を果たしてきたものであり、現在の不動産公示制度の起源をなしている。

意思主義の興隆は、形式主義の衰退と表裏の関係にある。以下では、第一に、形式主義の衰退過程を取り上げ、いわば裏面から意思主義の歴史的勝利を跡づけよう[(9)]。その方が、意思主義の意外な表情を垣間見ることができるように思われるからである。第二として、意思主義の全体の輪郭を捉えるため、現行フランス民法典に織り込まれた同原則の例外を整理してみよう。そのうえで、第三に、これらの作業を通して浮かび上がってくる意思主義のありのままの姿を描き出せればと思う。

1　意思主義の勝利

形式主義の衰退とともに意思主義が勝利する過程は、土地取得のために不可欠とされていた形式主義が次第に軽視され（セジーヌの変質）、この形式主義の潜脱をやりやすくする取引慣行が証拠法上の革新を促し（書証主義への転換）、証書作成の任に当たる専門職集団が新しい証拠法準則を支えてゆく（公証人職の組織化）という、おおよそ三つの側面から観察することができる[(10)]。

(1)　セジーヌの変質

セジーヌ（saisine）は、永続的な収入をもたらしてくれる世襲財産（《héritage》と呼ばれ、土地をはじめとして売官職など種々の無体財産を含む）を目的とした占有・所有未分離の支配であり、その支配事実を本質的要素とする。しかし、セジーヌは単なる事実ではなく、適法なセジーヌ取得者は、占有侵奪に対する訴権や果実収取権を与えられる。セジーヌを適法に取得するためには、権利移転の外観を演出する譲渡形式（investiture）を経由し、これを起算点として一年と一日の期間の経過を待たなければならない。

封建制のもとでは、裁判権をもつ領主が、土地の譲渡形式を主宰し、その際に譲渡税を徴収していた。ところが、王権強化のために利用されたローマ法の影響が強まるにつれ、領主による譲渡形式を経ないでも、現実的な土地支配が権利性を帯びるようになる。たとえば、十三世紀の著名な法律家ボーマノワールが法的保護の要件として挙げるのは、占有侵奪がある前の一年と一日の間の平穏な占有継続に尽き、彼の時代の譲渡形式は、すでに訴権行使の要件から脱落していた。こうして、セジーヌ訴権は、ローマ的占有訴権に帰着し、観念的所有権と分離する。占有の訴えと所有権の訴えの分離独立原則(11)が生まれるのも、この頃である。

(2) 書証主義への転換

一四世紀以降、証書中にセジーヌの得喪条項を挿入する慣行が、領主によって主宰されていた譲渡形式を擬制し、少しずつ譲渡形式に取って代わるようになる。この「擬制的引渡し（tradition feinte）」と呼ばれる共通慣習法こそは、意思主義の勝利へと導く陰の立役者にほかならない。

「擬制的引渡し」により、一方において形式主義が衰退の一途を辿りながら、他方では、証書の作成が、不動産取引にとってなくてはならない道具立てとなる。書面による取引の人気は、衰えるどころか、日増しに高まってゆくのである。殊に、王の権威のもとで作成された証書は、公署性のみならず、執行力を付与された。というのも、それは、裁判官の面前で当事者の陳述を録取した一種の自白調書とみなされ、しかも、ほとんど常に不動産の差押えを可能にする特約条項、《obligatio bonorum》を伴っていたからである。フランス法に関する限り、執行名義の起源は、同時に抵当権の起源でもある。

折しも、神秘的非合理的裁判と決別するための司法改革が取り組まれていた。聖王ルイは、法廷に持ち込まれる暴力、「裁判上の決闘（duel judiciaire）」を排除し、対審的構造の尋問手続を導入しようと企てた。この対審法廷における審理は、何より合理的証拠にもとづいたものでなければならない。そこで、証人による証言と文書による書証が一躍脚光を浴びるようになる。けれども、文盲率が高く、偽造文書が多い時代だけに、当初は、人証が書証よりも優先した。このように「証人が書状に勝る（Témoins passent lettres）」と命題化された証拠法準則が逆転するのは、一五六六年二月のムーランの王令（Ordonnance de Moulins）である。同王令五四条は、原文そのままを掲げれば、以下の規定であった。

「裁判において証言および証人忌避に服するおびただしい事実が主張され、その結果としていくつもの不都合と訴訟退行が起こるのを予防せんがため、以下のことを命ず。すなわち、自今、一度に弁済すべき百リーヴルの金額または同等の価値を超えるすべての物につき、複数の公証人および証人の面前で諸契約が結ばれんことを。ただこれらの契約のみにより、当該事件のあらゆる証明がなされ、かつ受理されよう。契約の内容を補う証言は受理されず、契約時およびその前後に述べ、または約したと主張される事項に関しての証言もしかり。この点において、私署、私印および私文書のもとで当事者がなした特別の約定その他の証拠を除外せんと欲するものにあらず[12]。」

実際、証言優位の証拠法は、証人の買収、偽証の頻発といった弊害（シカーネ）の原因になっていた。教育の普及や印刷技術の発達が、識字人口を増やして書証主義への転換を加勢したことも確かであろう。逆転した「書状が証人に勝る（Lettres passent témoins）」の法命題は、後述のとおり、フランス民法典制定当初から二〇一六年の同法典改正まで生き続ける旧一三四一条[13]にも継承されるであろう。その後、書証主義を引き継いだ一六六七年の王令は、予期しない出来事によって強いられた「必要的寄託（dépôt nécessaire）」を証言排除の原則の例外として明文化し、さらに、提出された文書が十分な証明力をもたない場合は、これを「書証の端緒（commencement de preuve par écrit）」と呼んで証人による文書の裏づけを認めた。

(3) 公証人職の組織化

ところで、王権は、裁判権をめぐって領主や教会との熾烈な争いを繰り広げつつ、聖王ルイの時代から公証人職の改革に努めてきた。だからこそ、証拠法の一大革新に踏み切ることができたのである。

フランス南部の公証人は、早くから独立の裁判官として公署性を付与する権限が認められていた。これに対し、裁判所の一書記から出発した北部の公証人は、長い間、原本（minute）の作成者にとどまった。執行正本（grosse）の作成は、《tabellion》という別の書記の職務とされ、最後に裁判所の印璽を押捺する職務は、その印璽の保管者であった《garde-scel》の権限とされたのである。先進的なパリ・シャトレーの公証人でさえ、国王から《garde-scel》の資格を授与されたのは一七世紀末と言われる。

こうした分業体制を改める公証人職への職能合一が徐々に実現し、「非訟裁判権（juridiction gracieuse）」の「訴訟裁判権（juridiction contentieuse）」からの分岐が完成する。ひとつの裁判権を有するに至った公証人の手になる証書が、その利用者の間で格別の信頼を得たことは想像に難くない。

絶対王制下の公証人職の法的統制は、官職売買の誘惑によって常に災いされながらも、フランス語の使用強制や原本の転写記録（protocole）の保管義務、自治特権と引き換えの内部規律など一定の成果を収め、大革命後の公証人制度改革（一八〇三年三月一六日の法律、いわゆるヴァントーズ法）を準備する。

(4) 形式主義から意思主義へ

占有訴訟は、王の裁判所の専属的管轄に属していたので、譲渡形式が廃れ、セジーヌが占有化すればするほど、それが、王権の拡大にとって有利に作用した。しかし、譲渡形式に代わる「擬制的引渡し」の文言が必ず証書中に挿入され、この証書を作成する公証人職の整備とともに書証主義が確立すれば、「悪魔の証明」と恐れられていた所有権の証明が容易となり、占有訴訟もほとんどお役御免となる。結局、形式主義の衰退は、意思主義の勝利を確実にしつつ、その副産物として書証主義を生み出したと言える。このことを「書証の要請が……、形式主義のあとを引き継いでゆく(14)」と要約してみせたカルボニエの洞察力は、さすがに鋭い。

さて、以上の見方が可能だとすれば、意思主義は、一七八九年のフランス革命以前、「擬制的引渡し」の取引慣行が定着した時点ですでに実質的勝利を占めていたことになる。あとは、譲渡形式のフィクションを取り払うだけでよい。中世以来の大学で教授されていたローマ法とカノン法、これらを総称するいわゆる学識法（droit savant）が、多様な慣習法の上位にあるべき普通法として意思主義を再興し、この法原則の正当化に努めたことは、改めて述べるまでもない。ただ、法学説は、意思主義の理論的確立を果たした自然法学派を含め、市場の運動に即応するのであって先行するのではないと考えるべきであろうか(15)。

2　意思主義の例外

以下では、意思主義を原則とするフランス民法典の主だった規定を見たうえ、同原則のきわめて重要な二つの例外を取り上げる。

(1)　フランス民法典の意思主義

フランス民法典旧一一三四条一項（二〇一六年改正後の一一〇三条に対応）は、「適法に成立した合意は、合意した者にとって法律の代わりになる」と規定していた。この規定は、しばしば「合意は、ただそれだけで義務づける（Solus consensus obligat）(16)」という格言が引かれるように、ひとつの契約が、公序良俗違反など適法性に欠けるものでない限り、当事者にとっては法律と同じ拘束力をもつことを意味する。合意だけで契約の拘束力が生じるのだから、それが、意思主義の実定法上の根拠とされるのもうなずけよう。

しかし、そのような意味での意思主義は、一八〇四年のナポレオン法典においてはすでに自明となっており、むしろ同法典の真の革新は、合意のみによる所有権の移転を承認したところにあると言われる。[17] すなわち、「物を引き渡す債務は、契約当事者の単なる合意によって完全なものとなる」（二〇一六年改正前の民法典旧一一三八条一項）のであり、売買は、「目的物がいまだ引き渡されておらず、代金が支払われていなくとも、目的物と代金について合意があった時から、当事者の間で完全なものとなり、買主が、売主に対して当然に所有権を取得する」（同法典一五八三条）のである。これらの規定は、引渡しを待たないで所有権が移転することを強調するあまり、ともすると、契約締結による即時の所有権移転と同義であるかのように受けとられがちだが、いずれも、当事者の約定により排除可能な任意規定と解されている点に留意すべきだろう。特に、民法典旧一一三八条一項（二〇一六年改正後の一一九六条一項に対応）は、所有者に危険を負担させる同条二項と関連づけてはじめてその趣旨を理解することができる。[18]

(2) 第一の例外――厳粛契約

厳粛契約（contrats solennels）とは、一定の厳格な形式を踏まなければその効力が生じない要式契約のことである。フランス民法典は、①贈与契約（九三一条）、②夫婦財産契約（一三九四条）、③抵当権設定契約（二〇〇六年民法典改正前の旧二一二七条、同年改正後の二四一六条）および④借換えによって債務を弁済した債務者がその借換資金の提供者に債権者の権利を代位させる任意の代位（二〇一六年改正前の旧一二五〇条二号、同年改正後の一三四六条の二第二項に対応）の四つを厳粛契約とし、具体的には、公証人証書の作成を要求する。そして、これに反すれば、当該契約は絶対的無効とされる。[19] 皮肉なことに、①ないし③の契約は、ローマ法では、数少ない諾成契約であった。

ともかく、厳粛契約は、形式主義的契約そのものであり、明らかに意思主義原則の例外をなしている。しかし、だからといって、形式主義が原初の形態のままで存在するわけではない。そこで問われる厳粛性は、半ば無意識のうちに遵守《じゅんしゅ》される原初的形式とは異なり、自覚的で明瞭な目的をもっている。たとえば、抵当権設定契約が厳粛契約とされるのは、不動産所有者が、自己の所有権の喪失を予期せず、軽々しく抵当権の設定に応じる危険があるからだと説明される。実際、抵当権設定者は、公証人証書を作成する間に熟慮の機会を与えられ、さらに、その証書作成を担当する公証人から、抵当権に関する基本的知識のほか、有益な情報を得ることができる。したがって、抵当権設定契約の厳粛性は、売主の所有権喪失を当然の前提とした不動産売買が諾成契約であることと何ら矛盾しない。(20)

厳粛性の要求は、契約当事者のみならず、利害関係ある第三者の利益を保護することを目的としている。贈与契約が厳粛契約とされるのは、無償行為をなす贈与者とその家族を保護するためである。現在では、これら私的利益の保護に加え、公益保護の観点から厳粛性が求められる場合もある。というのも、民法典が規定する四つの厳粛契約は、「原始的な四頭立て戦闘馬車」(21)のごときものであり、その後の立法によって厳粛性を求められる契約が増えているからである。居住用の建築予定不動産売買（vente d'immeuble à construire）などはその好例と言えよう（建設・居住法典 Code de la construction et de l'habitation L二六一－十一条）。この場合は、積立貯金を原資とする公的融資の制度（住宅貯蓄 epargne-logement）を保護すること、不動産市場において住宅貯蓄の利用者が危険にさらされ、住宅建設や居住環境の改善、所有権へのアクセスといった住宅政策が妨げられるのを回避することに主眼がある。(22)ほかにも、同様の例として買取選択権付不動産賃貸借（location-accession）があり（一九八四年七月一二日の法律第四条）、フランス法は、すでに不動産取引の相当部分を厳粛契約化しているといっても過言ではない。

(3) 第二の例外——書証の義務づけ

フランス民法典は、証拠調べにおいて法定証拠主義と自由心証主義との中間的な制度を採用していると言われる。裁判官の自由心証による判定が原則とされるものの、この原則は、裁判官が誤りを犯さないよう、多くの例外を伴っている。そこには、中世学識法ほど体系的ではないにせよ、確かに法定証拠のひとつのヒエラルヒーが存在し、その頂点に書証が位置づけられる。

この書証主義を規定するのが、ムーランの王令を彷彿とさせる二〇一六年改正前のフランス民法典旧一三四一条である。同条（現行一三五九条）は、現在のところ、一，五〇〇ユーロを超える金額または価値を目的とする法律行為につき、係争前に予め作成された書証を課し、証言または推定による一切の証明を禁じている。証人による補強証拠または反対証拠も許されない。これほどに書証を重視する理由は、当事者が無思慮に陥りやすい意思主義の危険性を軽減し、さらに、その合意内容を明確にして紛争を予防することにあると説明される。ただし、一，五〇〇ユーロ以下の小額取引はもちろん、商事に関する場合や、当事者の特約がある場合（証拠準則は公序に関する規定ではないので、書証主義の適用を排除することが可能）、すでに触れた書証の端緒（旧一三四七条）に該当する場合、文書を手に入れることが不可能な場合（旧一三四八条一項）、原本を正確に写し取った耐久性のある写しが存在する場合（同条二項）は、書証が義務づけられない[23]。

判例も、書証主義の厳格さを緩和する傾向にあり、戦後、この判例の傾向が取り上げられ、「書証の衰退[24]」が叫ばれて久しい。しかしながら、書証の端緒、親密な間柄での書証の「道義的不可能（impossibilité morale）」といった事例が訴訟統計上取るに足りない数値であるとすれば、全体として現代の証拠法は、「書証の時代と別れることなく、科学的証拠の時代に突入した[25]」と見ていたジャン・フィリップ・レヴィの認識に賛同したい。

現に、私署証書を含めた文書の必要は、民法典の諸規定（たとえば、約定利率の定めについての一九〇七条二項）

もさることながら、種々の与信契約（不動産信用につき、消費生活法典Code de la consommation L三一三―二四条以下）、出版契約（知的所有権法典Code de la propriété intellectuelle L一三二―七条）、営業財産（fonds de commerce）の譲渡（商法典L一四一―一条）、損害・生命保険契約（保険法典L一一二―三条）、仲裁条項（民事訴訟法典一四四三条）、労働協約（労働法典L二二三一―三条）、有期労働契約（労働法典L一二四二―十二条）等々枚挙にいとまがない。そのうえ、これらを文書化せず、または文書中の必要的記載事項（mentions informatives）を欠いた場合、証拠法上の不利益に尽きるものもあれば実体上の効力に影響を及ぼすものもあり、義務違反に対する法的サンクションは一様でない。それはさておき、文書という「形式により、立法者は、大多数の契約において当事者の信義に従った誠実さ（bonne foi）を統御しようとする」のに対し、「この形式の否定により、裁判官は、個別の契約における信義誠実を統御しようとしている」のだと気づけば、形式主義的立法と一見矛盾した判例の傾向は、ただ「異なる方針に従う[26]」にすぎないことがわかるであろう。

問題は、書証あるいは文書の義務づけを意思主義の例外として扱うことが適当か否かという点に帰着するように思われる。

少なくとも理論上、形式と証拠を混同すべきでないとしたら、書証の義務づけは、意思主義が極端に走らないための歯止めではあっても、例外とは言えないかもしれない。形式は権利の存否にかかわるけれども、証拠は、すでに存在するはずの権利を行使する段階で求められるものであり、正面から意思主義と対立するわけではないからである。この区別を徹底すると、文書が書証の域を越え、その欠如が無効原因となるのでなければ、原則に対する文字どおりの例外とは言えなくなる。しかしながら、手続法と実体法の「十字路[27]」にある証拠の問題は、殊にフランス法がそうであるように、たいへん重要視されており、実際上は、権利を証明することができないのは権利が存在しないのに等しいとまで言われる。厳粛契約が「直接的な形式主義」ならば、書証主義は「間接的な形式主義[28]」と表現されるのも、同様の理解に立つものであろう。歴史的には、書証主義の確立は、意思主義の勝利と同時進行であり、意思主義の実質は、書証主義によって保たれてきたように見える。その意味では、例外扱いに釈然としないものを感じるが、ここでは、文書の義務づけが強化され、「直接的な形式主義」と「間接的な形式主義」の線引きがいよいよ困難になっている現状を直視しながらも、さしあたり従来の説明の仕方を踏襲しておく[29]。

3 意思主義の実相

これまでは、不動産を目的とした取引に限定せず、意思主義の例外とされる問題を整理してきた。これからは、不動産取引に的を絞って意思主義の実相に迫ろう[30]。となれば、どうしても避けて通れないのが不動産公示制度との関連である。この公示の要請が意思主義に与える衝撃の度合いを測ったのち、不動産取引の現実に照らしながら、意思主義の原則性について考えてみたい。

(1) 不動産公示の要請

フランス不動産公示制度の面目を一新した一九五五年一月四日のデクレ（政令に相当する行政立法）四条一項[31]によれば、「不動産公示局（service chargé de la publicité foncière）で公示に服すべきあらゆる証書は、公署形式（forme authentique）で作成されなければならない。」前述したとおり、不動産を目的とする贈与にしろ、抵当権の設定にしろ、もともと公証人証書を作成しなければその契約自体が有効に成立しないのだから、わざわざ不動産公示のために公署形式を備える必要はない。そのような厳粛契約は、はじめから意思主義の埒外にある。やはり、ここで問題にする必要があるのは不動産売買のケースであろう。

いうまでもなく、売買一般が諾成契約であることを疑う余地はない。民法典一五八二条二項には、「売買は、公署証書または私署証書によってなすことができる」とあるけれども、これは、契約の成立のために文書を要求する趣旨ではないと解されている。不動産売買もまた、合意のみによる契約成立と所有権移転を原則とする意思主義のもとにある。しかし、不動産売買は、書証の義務づけをまず免れられないうえに（通常、不動産価額は一，五〇〇ユーロを超えるはずだから）、現行法上、公署証書が作成されない限り、公示の対象とならず、したがって買主の所有権取得を第三者に対抗することができない。

実は、一八五五年三月二三日の法律を修正する一九三五年一〇月三〇日のデクレ＝ロワ（立法府から授権された行政府の委任立法）が制定されるまでは、私署証書による所有権移転の公示が認められていた。一九三五年法は、公署証書による公示を促しながら、予め公証人に寄託された私署証書での公示を許容していた。[32] この流れは、一九五五年一月四日のデクレ制定後も完全には絶ち切られず、一九五五年一〇月一四日のデクレ六八―二条により、私署証書での公示は、すべての当事者が、自己の筆跡と署名を承認し、公証人にその原本を寄託（dépôt au rang des minutes）した場合に限って認められた。そうした例外扱いに対しては、公証人が、原本寄託を受けるに際し、私署証書の不備を埋め合わせることなどできないといった批判があり、二〇一一年三月二八日の法律によって改正された民法典中の新設規定、七一〇条の一によれば、少なくとも私署証書での公示を認める例外は廃止されたものと解される。[33] にもかかわらず、立法者は、建築予定不動産（前述）を除き、不動産売買の成立について公署形式を要求せず、厳粛契約化を望んではいない。[34]

それでも、取引実務では、不動産売買は、たいていが公証人の面前で締結される。税務や都市計画に関する法律問題は、公証人なしには解決困難であり、何より買主が、目的不動産の「所有権の来歴」について公証人から情報を得ようとするからである。だから、公証人が作成した各証書中には、相次ぐ所有権移転の経過が再現されるように配慮されている。公証人証書は、不動産取引から不動産公示へとつなぐ媒体であると同時に、専門家としての公証人の最大限の助力を引き出す媒体でもあることに注目しよう。ただし、私署証書をもってする合意が全く無意味というわけではない。《compromis》と呼ばれる仮契約書の利用は、実際よく知られており、それへの署名は、原則として交渉段階の終了を意味すると言われる。[35]

こうして見ると、不動産売買は、公示の要請から公署形式をほとんど不可避的としつつも、私署形式を織りまぜた取引実務により、かろうじて諸成契約の範疇に踏みとどまっていると言うべきか。

(2) 意思主義の原則性

意思主義は、一九世紀末、ドイツを中心とする私的自治理論の展開によって未曾有の高揚期を迎えた(「契約の氾濫」!)。その反動は、「形式主義の復権」の主張となって現れた。たとえば、ある有力学説は、意思主義と形式主義それぞれの長所短所を、当事者、第三者、そして公権力の観点から比較検討し、「つまるところ、意思主義は、反対の規定がなくて準則とされるから、原則にとどまっているにすぎない[36]」と断じている。

しかし、果たしてそうだろうか。歴史的にも理論的にも、両者の関係は、星取表にしてその長短を数え上げられるほど平板でもなければ単純でもない。確かに、方式自由の契約を個別具体的に点検してゆくと、「意思主義は、日常生活のほんの些細な契約についてしか全的支配を及ぼさない[37]」ように見える。けれども、不動産取引のうちでも最重要の売買契約は、意思主義の保塁を守っており、これを明け渡す気配はない。

それはなぜだろうか。

「意思主義は、たくましく、成熟した、誠実なる契約者のためにある。[38]」

この短い一文に込められた意味をよく考えてみよう。いささか理念化されすぎたかつての市民社会観や市民像をここでもちだすつもりはない。要は、社会構成員のみながみな、「たくましく、成熟した、誠実なる契約者」であることを期待できないからこそ、意思主義の原則性を柔軟にする法的手当てが施されているのである。厳粛契約にせよ、書証の義務づけにせよ、これらを意思主義の単なる例外とすべきかどうかは別として、多用される諸形式の狙いは、あげて当事者の真の合意形成とその外化に向けられている。また、いかに「たくましく、成熟した、誠実なる契約者」であろうとも、彼は、決してひとりきりで競争市場と対峙しているわけではない。不動産取引でいえば、公証人が、専門家の立場から公署形式を介して取引に関与し、意思主義の形骸化を防いでいるのである。(39)

さて、日本法の場合はどうか。そこでは、フランス法の、ニュアンスに富んだ意思主義とは似ても似つかない同原則の理解の仕方が通用しているように思われる。

三　意思主義の日本的理解の諸特徴

日本民法には、「当事者の意思表示のみによって」「物権の設定及び移転」の効力を生じさせる一七六条の明文規定がある代わりに、フランス民法典に見られるような厳粛契約や書証の義務づけがない。第二次世界大戦後、新たな立法により書面の交付を要求する場合が増えており、フランス法とも共通する傾向が見られるのは確かだが、そこでの専門家の役割ひとつとっても、両者の間にはたいへん大きな開きがある。日本的な意思主義理解の特徴は、徹底的な契約無方式主義、書面交付の散発的要求、そして専門家の役割の消極性の三つに集約することができよう。

1　契約無方式主義

日本民法は、契約締結に際して何らの方式も要求しない。強いて言えば、わずかに書面によらない贈与の撤回（二〇一七年の改正法施行後は解除）を認める民法五五〇条の規定が存在するのみである。

ちなみに、ボワソナード草案を受け継ぐ旧民法には、証拠と時効に関する諸規定を集めた「証拠編」があった。書証については、その第一部第二章が、口頭自白および証人による証拠方法と並んで詳細なる規定を設けている。そして、書証と証言の衝突についても、同証拠編六〇条が、「物権又ハ人権ヲ創設シ、移転シ、変更シ又ハ消滅セシムル性質アル総テノ所為ニ付テハ其所為ヨリ各当事者又ハ其一方ノ為メニ生スル利益カ当時五拾円ノ価額ヲ超過スルトキハ公正証書又ハ私署証書ヲ作ルコトヲ要ス」と規定し、書証優位の原則を謳っている。フランス法上の書証主義は、一度は日本法に採用されたと言ってよい。ところが、それらの規定は、民法典論争後の明治民法の編纂過程で全部削ぎ落とされてしまった。民法を私法の一般法として純化させたい日本人起草者たちにとっては、公法的規定に属する証拠法は、民事訴訟法中に編入されるべき夾雑物でしかなかったのである[40]。なお、一八九〇年に制定された旧々民事訴訟法でも、書証主義が取り上げられることはなかった。

この間の事情は、第一に、「証書の作成を契約締結の要件として維持することに利害関係をもつ社会的勢力、例えば公証人というものが発達しなかった」こと、第二として、「民法典制定当時は契約方式のもつ軽率な契約締結の防止などという機能に注意を向けしめるような、いわば社会政策的な配慮はなかった[41]」ことによって説明されるであろう。もっとも、明治初年、地租改正事業のために創設された地券制度が普及し、地券の書換えが土地所有権移転の必須の要件とされながら、売買証文を作成する慣行は失われず、土地・建物の担保化など不動産取引の需要に応えるべく、旧幕時代の名主加判の制に由来する公証制度が一時的に発展した事実を見逃すことはできない。この公証制度は、名主に代わる戸長が証書に奥書証印する認証機能と、戸長役場に備え付けられていた奥書割印帳の上に戸長が証書の要旨を記載して割印する公示機能を併せもっていた。しかし、戸長による公証が、認証・公示機能のほかに軽率な取引を抑制する機能を発揮したようには思われない(42)。

いずれにしても、日本民法の意思主義は、異例なまでの契約無方式主義を帰結したことになる。しかも、それでいて、諾成契約のうちに要物性への根強い執着が隠されていると言われる。たとえば、売買の手附を解約手附として規定する民法五五七条一項は、「諾成契約としての売買の拘束力をよわめ、本来諾成契約としての売買の本体たるべき売ろう買おうという当事者の約諾をいわば予約の段階にひき下げ、それには手附の限度での拘束力を与えるだけで、売買の完全な成否は元来売買の単なる履行にすぎない目的物の引渡・登記ないし代金の支払までくりこし、売買を諾成契約より要物契約へとおしもどす(43)」作用を及ぼしていると指摘される。実を言えば、日本民法の契約無方式主義は、「要物性への執着の反射」にすぎず、解約手附を原則とする規定は、「法律上の建前としての無方式の原則の徹底的承認と現実における事実としての契約の拘束力の意識の弱さのギャップの表現(44)」であるとも。この見方に立てば、とりわけ不動産売買における手附の盛行は憂慮すべき事態と言わなければならない。なぜなら、それは、売買の成立のみならず、所有権移転についても当事者の合意がもつ意味を希薄にしかねないからである。

2　書面交付の散発的要求

日本民法が契約の方式に無関心なのは、裸の意思の力を信頼するからではなく、ほんのうわべだけの意思主義を装って現実支配の移転に執着しているからだとすれば、意思主義の理解というよりも、その存在自体が疑わしくなる。しかし、そこまでは問うまい。

民法の外に眼を転じれば、それでも契約締結に際して書面の交付を要求する例は少なくない。割賦販売（割賦販売法四条）、訪問販売（特定商取引法四条）、貸金業者による金銭貸付（貸金業法一七条）、宅地建物取引業者による宅地建物の売買（宅地建物取引業法三七条）、建設工事請負契約（建設業法一九条）など。ただ、これらの規定は、臨機応変な立法の積み重ねであって系統性に乏しく、民法との連絡も欠いている。実体上の効力に触れる契約書面の要求は、長い間、民法の意思主義、諾成主義と相容れないと考えられてきたからであろうか。そうだとすれば、これも意思主義イコール契約無方式主義とみなす日本的理解の反映と言えなくもない。

ところで、昨今では、かなり趣きを異にする立法が目立つようになってきた。誰もがすぐに思い浮かべるのは、「公正証書による等書面によって」設定しなければならない定期借地権である（借地借家法二二条）。公正証書は、あくまで例示とされているが、とにかく書面によらなければ、定期借地権としての効力は生じない。その後に導入された定期借家権にしても、賃貸人が賃借人に予め書面を交付して説明しなければ、契約更新不可の特約は無効とされる（一九九九年に改正された借地借家法三八条）。任意後見契約に至っては、「法務省令で定める様式の公正証書」によることが義務づけられ（任意後見法三条）、これに反すれば、契約そのものが無効と解される。この場合、任意後見契約の公正証書を作成した公証人が、任意後見契約の登記を嘱託すべきものとされた点（後見登記の実施に伴い公証人法に追加された五七条ノ三）は、全く従来には見られない立法の手法であり、それだけでも注目に値する。

聞くところによれば、定期借地権の設定のために作成される公正証書は、すでに公証人役場の大きな収入源になっていると言う。意思主義の日本的理解を特徴づける書面の法的取り扱いは、今後、改められてゆくのだろうか。そう楽観的ではいられないように思われる。果たして、実体的効力にまで踏み込んで書面を義務づける近年の立法が、意思主義の通念を塗りかえる動因となりうるのか、公証人をはじめとする専門家が、書面化の要請を受けてますます比重が大きくなるその職責を現状の体制のままで担いきれるのか。これらの問題の検討は、切実な課題と言ってよいだろう。

3　専門家の役割の消極性

フランス法上の意思主義は、この原則にふさわしい証拠と公示の制度を当然に予定している。[45] そして、不動産取引においては、厳粛契約、書証、不動産公示といった諸形式を通して公証人の関与が必然化されている。フランス法は、危険度の高い、あるいは複雑な内容の契約を結ぼうとする当事者が、十分な理解のうえで納得のゆく合意に到達することができるよう、公証人の関与を求めているのである。意思主義の例外とされる幾多の形式が、そうした公証人の法的支援を引き出す媒体でもあることはすでに述べた。

しかし、日本の場合、フランスの公証人に匹敵する専門家の役割を見いだすことができないのは周知のとおりである。まず、公証人は、不動産取引にかかわることはあっても、不動産登記手続に関与することはない。定期借地権の設定など、最近とみに公証人の出番は多くなったが、そこで当事者に対して必要な助言指導がなされているかどうかは、なお検討を要するところであろう（公証人法三一条によって認められた代理嘱託の問題）。では、通常、不動産取引の当事者に代わって登記を申請する司法書士はどうだろうか。司法書士は、歴史的にも、公証実務と分断された登記実務の空白を埋めてきた経緯があり、また、現在の人口・地域分布から言っても、取引当事者にとってより身近な存在である。しかし、取引の最終場面で行われる司法書士の「立会い」だけでは、法律に疎い当事者が、正確な情報と適切な助言を得て自らの意思を固めてゆくために十分な貢献を果たしているとは言いがたい。

総じて、不動産取引の公正さを確保するうえで専門家が現に果たしている役割が、いまだ満足すべき状態にはないとすれば、それは、一体何に起因するのだろうか。ひとつの要因として、意思主義は、不動産取引においても専門家の助力なしに成り立ちうるという暗黙の前提があるように思われる。もしもこれが災いしているなら、意思主義の日本的理解に根ざしたその暗黙の前提をもう一度洗い直してみる必要があるだろう。

契約書面の重視は、ひとつまちがえば二重の弊害を招く危険がある。一方で書面重視が悪しき官僚主義と結びつけば、それは、「同時代の法が熱に浮かされたように拡張する山のごとき無用の書類の要請」(46)にしかならない。また、もう一方、「negotiation の自由のないところでは、契約の自由は、『契約書の自由』になってしまう」(47)のであり、にもかかわらず、いたずらに書面を強調すれば、それは、「契約書の自由」をもつ一方当事者を利するだけとなる。書面という形式は、少なくとも不動産ほか各種取引における専門家の積極的関与を引き出し、ひいては意思主義の中味を充実させることを目的としてはじめて、その存在を正当化される。誤解のないよう、このことを最後に述べて本稿のむすびとしたい。

注

(1) ALAIN, *Propos sur le bonheur*, Gallimard, 1928, LI (le 15 mai 1911).

(2) 「市民法の目」の連載は、同誌六七巻四号から六八巻三号まで十一回に及び、「続・市民法の目」と題された続編の連載は、同誌七一巻四号から七三巻三号まで二十二回に及ぶ。

(3) この事件については、論文の執筆に当たって訴訟関係者と接触を試みたが、当時、高松高裁に控訴中であったため、詳しい情報は得られなかった。その後の顛末も追跡できないままに終わった。

(4) 生熊長幸「買戻・再売買予約の機能と効用」、加藤一郎ほか編『担保法大系』第四巻（金融財政事情研究会、一九八五年）所収、四五九―四六〇頁。

(5) 本判決の評釈として、滝沢聿代「買戻特約付売買契約と清算義務」『ジュリスト』一一〇五号一三四頁以下、中山弘幸・平成八年度主要民事判例解説『判例タイムズ』九四五号六六―六七頁。

（6）本件が特異な事例であることは否定しないが、本件丙に当たる人物が、本件原告のような資産家にうまい話をもちかけ、丙と顔見知りの金融ブローカーを紹介し、本件で言えば、丁らから融資を受けさせ、最終的には、被告Yらが、丙はもちろん、原告Xにも支払能力がないのを見込んで担保権を設定したX所有の不動産をまんまとせしめる方法は、案外に知る人ぞ知る高利的収奪のテクニックであるらしい。

（7）H. Roland et L. Boyer, *Adages du droit français*, Litec, 1992, n° 283.

（8）A. Loisel, *Institutes coutumières*, éd. Dupin-Laboulaye, Paris, 1846, n° 357では、「あたかも牛を角で繋ぐように、言辞によって人々を繋ごうとするのは馬鹿げている」という注釈が加えられている。J.-Ph. Lévy, *Histoire des obligations*, Cours de droit, Litec, 1995, p. 95は、この注釈を「形式主義の最後の称賛」だが、すでに「死を思わせる称賛」だと評している。

（9）ローマ法とゲルマン法に見られる形式主義的契約の衰退を扱った先駆的な作品として、三ヶ月章「契約法に於ける形式主義とその崩壊の史的研究（一）～（四）」『法学協会雑誌』六四巻二号一一七頁以下、五号三一八頁以下、六号三七八頁以下および一一＝一二号六四八頁以下がある。

（10）詳しくは、今村与一「フランス不動産公示制度の起源——抵当権と不動産公示の邂逅（その二）」『岡山大学法学会雑誌』四九巻三＝四号二七七頁以下を参照。

（11）フランスの旧民事訴訟法典二五条（現行法典一二六五条一項）は、「占有の訴えと本権の訴えは、決して競合しない」と規定し、同原則を今に伝えている。それは、「占有の訴えと所有権の訴えが、同じ請求において併合されたり、同じ訴訟において審理されたり、同じ判決において判断されたりできないことを意味する。」（J. Vincent et S. Guinchard, *Procédure civile*, 22e éd. Dalloz, 1991, n° 64）

（12）*Recueil général des anciennes lois françaises*, par Isambert, t. XIV, p. 203.

（13）しかしながら、契約法の大胆な改革を企図した民法典改正（二〇一六年二月一〇日のオルドナンス、法律に代わる委任立法）により、同条に対応する改正後の一三六〇条は味気ないものとなった。

（14）J. Carbonnier, *Droit civil, Les obligations*, t. IV, 12e éd. P.U.F., 1985, p. 171.

（15）J.-Ph. Lévy, *op. cit.*, p. 96.

（16）この法格言については、Roland et Boyer, *op.cit.*, n° 399.

（17）J. Flour, *Quelques remarques sur l'évolution du formalisme* in *Études offertes à G. Ripert*, t. I, L.G.D.J., 1950, pp. 99–100.

（18）フランス民法典の制定時、起草者のひとりビゴ・プレアムヌ（Bigot-Préameneu）が、旧一一三八条の提案理由を立法院（Corps législatif）で次のように説明している。

「契約当事者の合意こそが、物を引き渡す債務を完全なものにするのです。したがって、引渡しがなされるべき時が到来するや否や債権者が所有者とみなされるべきであり、このために現実の引渡しは必要ありません。債権者がもつのは、その場合、もはや物に対する単なる権利ではなく所有権（jus in re）なのです。したがって、不可抗力または偶発事により、引き渡すべき時期以降に物が滅失した場合、その危険は、所有者に危険あり（res perit domino）の準則に従い、債権者の負担となります。」（*Recueil complet des travaux préparatoires du Code civil*, par Fenet, t. XIII, p. 230）

危険負担と引渡しないし所有権移転の密接な関係は、学説が異口同音に強調するところである。V. H., L. et J. Mazeaud, Fr. Chabas, *Leçon de droit civil, Biens*, t. II, 2e vol., 6e éd. par Fr. Gianviti, Montchrestien, 1984, n° 1617; Ph. Malaurie et L. Aynès, *Cours de droit civil, Les contrats spéciaux*, 2e éd., Cujas, 1988, n° 253; P. Jourdain, *Les biens*, Dalloz, 1995, p. 69. 「所有者に危険あり」の格言の由来を要領よくまとめる Roland et Boyer, *op.cit.*, n° 384 もまた、一八〇四年の立法者の革新は、旧一一三八条によって危険負担と所有権移転を同一の法文中に統合し、買主が、買主ゆえではなく、所有者ゆえに危険を負担するように規定した点にあると述べる。

（19）判例は、厳粛契約の予約、代理人により厳粛契約を締結するうえで必要となる委任状についても公証人証書の作成を要求する。さもなければ、有効要件としての厳粛性が尻抜けになってしまうからである。ただし、抵当権の設定予約は、私署証書でも有効とされる（Req. 5 nov. 1860, *D. P.* 61. 1. 300）。

なお、最後の任意代位については、公証人によって作成された借用・受領証書がなくとも、当事者間では無効を主張できず、第三者にその代位を対抗できないだけだから、厳粛契約ではないとする見解もある。

（20）M.-A. Guerriero, *L'acte juridique solennel*, L.G.D.J., 1975, p. 41.

（21）Ph. Malaurie et L. Aynès, *Cours de droit civil, Les obligations*, 2e éd., Cujas, 1990, n° 442.

(22) GUERRIERO, *op.cit.*, p. 48.

(23) 二〇一六年の民法典改正後の規定では、書証の端緒に関する一三六二条、文書の入手が不可能な場合の一三六三条、耐久性のある写しに関する一三七九条など、それぞれ改正前の規定が継承されている。

(24) R. MEURISSE, *Le déclin de la preuve par écrit*, *G. P.*, 1951. 2. Doct. 50. しかし、著者が示す事例は、衝撃的な題名ほど衝撃的ではない。

(25) J.-Ph. LÉVY, *L'évolution de la preuve, des origines à nos jours* in *Diachroniques, Essais sur les institutions juridiques dans la perspective de leur histoire*, éd. Loysel. 1995, p. 81.

(26) FLOUR, *op.cit.*, p. 113.

(27) Ph. MALAURIE, *Cours de droit civil, Introduction à l'étude du droit*, Cujas, 1991, p. 97, n° 301.

(28) MAZEAUD et CHABAS, *Leçon de droit civil, Obligation: théorie générale*, t. II, 1er vol., 7e ed. par Fr. CHABAS, Montchrestien, 1985, n° 71.

(29) すさまじいばかりの電子情報化の攻勢を前にして、紙媒体の文書を念頭においた書証主義は、電子文書への対応を迫られ、新しい試練に立たされている。意思主義と書証主義の関係については、そうした同時代の現局面をにらみながら、次章において検討を加える。

(30) 動産は、不動産とは異なり、「封建領主制機構における最初の自由の高鳴りを媒介するもの」（A.M. PATAULT, *Introduction historique au droit des biens*, P.U.F., 1989, n° 237）と見られるように、取引の世界では、もともと自由の領域にあった。フランス民法典は、意思主義について動産と不動産を区別しないけれども、この法原則が、長い間取引の自由を享受できなかった後者においてこそ、一層の重みをもつことは承認されてよい。

(31) フランス不動産公示制度の根拠法は、主要には、本文中に掲げた一九五五年一月四日のデクレと同年一〇月一四日のデクレからなるが、民法典本体にも、先取特権および抵当権の登記に関する手続的規定（現行二四二六条以下）が別に設けられている。なお、「抵当権保存所（bureaux de conservation des hypothèques）」という昔ながらの公示機関の名称は、二〇一三年一月一日から本文のとおりに改められた。

(32) 一九三五年法に言及した邦語文献として、星野英一「フランスにおける不動産物権公示制度の沿革の概観」、同『民法論集』第二巻（有斐閣、一九七〇年）八三頁以下。

(33) この法改正により、民法典第二編の最後に第五章「不動産公示について」が新たに挿入され、「証書の公署形式について」と題された唯一の節のもとに、七一〇条の一の一か条のみが設けられた。同条一項では、公証人が受理した公署形式でなければ、不動産公示の原因証書とすることができないとして、一九五五年一月四日のデクレの第四条と同じ趣旨を確認するにとどまるが、同条二項では、明確に「公証人に寄託された私署証書原本は、副署の有無にかかわらず、筆跡および署名の承認を伴ったものであれ、不動産公示手続の原因とすることができない」と定めている。もっとも、二〇一一年法が企図した「司法専門職または法律専門職の現代化」の一環として取り組まれた民法典改正の意味合いは、多角的に分析・検討してみる必要があり、これは別の機会に譲らざるをえない。詳しくは、S. PIEDELIÈVRE, *Remarques sur les dispositions relatives à l authenticité, à la publicité foncière et aux mentions manuscrites*, Defrénois 2011, art. 40043.

(34) R. NERSON, *La《solennisation》de la vente d immeubles* in *Études juridiques offertes à L. Julliot de la Morandière*, Dalloz, 1964, p. 402 et s.

(35) *Ibid.*, p. 408-409. この《compromis》の作成が考えられるのは、おおよそ二つの場合に絞られる。ひとつは、単なる案でしかなく、最終的な決定を留保した当事者が、公証人に相談したうえ、公証人証書の作成から署名までの過程を経て合意に至る場合。もうひとつは、当事者間にいわば条件付きの売買が成立しており、その後、証明を容易にし、不動産公示を可能にするために公証人証書が作成される場合である。

(36) J. GHESTIN, *Traité de droit civil, Les obligations, Le contrat: formation*, L.G.D.J., 1988, n° 277.

(37) B. STARCK, *Droit civil, Obligations 2, Contrat*, 3e éd. par H. ROLAND et L. BOYER, Litec, 1989, n° 187.

この認識と相呼応するのは、カルボニエが指摘する売買の二つの理解である。彼によれば、売買は、困難で重大な事件とされるアルカイックな理解と日常的な出来事にすぎない近代的理解とに分裂しており、アルカイックな理解は、その売買目的物をめぐる人間関係の複雑さを投影している（J. CARBONNIER, *Sociologie de la vente* in *Flexible droit*, 5e éd., L.G.D.J., 1983, p. 172）。まさしくその典型が不動産売買と言えよう。

（38）　Malaurie et Aynès, *op.cit., Les obligations*, n° 440, p. 241.

（39）　公証人が、「家族のごく自然の助言者」（Starck, *op.cit.*, n° 182）と親しみを込めて呼ばれることがあるのも、その貢献度の高さゆえと考えてよい。しかし、カルボニエは、「公証人は、家族の友ではあるが、社会の影を伴っている」（Carbonnier, *op.cit.*, in *Flexible droit*, p. 273）と述べ、ここでも一歩踏み込んだ見方を示している。公証人を介して実現される不動産公示は、所有者の交代について社会的コンセンサスを得るという意味での「売買の社会化」を目的とする古い譲渡形式さながらの性格を帯びているというのである。

（40）　福島正夫『日本資本主義の発達と私法』（東京大学出版会、一九八八年）一六五頁。

（41）　来栖三郎「日本の贈与法」、比較法学会編『贈与の研究』（有斐閣、一九五八年）所収三四頁（『来栖三郎著作集Ⅱ　契約法』所収、信山社、二〇〇四年、一一三頁）。

（42）　清水誠「わが国における登記制度の歩み」、日本司法書士会連合会編『不動産登記制度の歴史と展望』（有斐閣、一九八六年）一四八頁は、公証制度と分断された不動産公示制度を「中味のない林檎のようなもの」と形容する。そのうえ、戸長に代わって公証実務を担う公証人が、私署証書の認証機能といっしょに行政官の役人気質をも引き継いだとすれば、それもまた大いに問題である。

（43）　来栖三郎「日本の手附法」『法学協会雑誌』八〇巻六号七五四頁（前掲『来栖三郎著作集Ⅱ』所収二五一頁）。

（44）　同前七七一―七七二頁（著作集Ⅱ二六九頁）。

（45）　Guerriero, *op.cit.*, p. 12は、「単なる合意が義務づけると主張されるからには、その証拠と公示を確保する技術が予定されなければならない」と述べ、意思主義が勝利を確実にしつつあった一六世紀、贈与に関する公示を打ち出したヴィレール・コトレの王令（一五三九年）と、書証主義を確立したムーランの王令（一五六六年）が発せられたことの歴史的意義を示唆する。

（46）　Malaurie et Aynès, *op.cit., Les obligations*, n° 461.

（47）　賀集唱「盲判を押した契約は有効か」『判例タイムズ』一二九号三八頁。

第二章　意思主義と公証人職

一　問題

日本法においては、所有権をはじめとする物権の設定・移転は、「当事者の意思表示のみによって、その効力を生ずる」（民法一七六条）と定めた明文の規定があり、意思主義は、もっぱら物権法の領域を支配する原則のように理解されている。しかし、意思主義の原義には、当事者の合意だけで（solo consensu）契約を成立させる諾成主義の意味が込められており、《consensualisme》の語しか知らないフランス法は、概念上、意思主義と諾成主義を使い分けたりはしない。要するに、債権債務を生じる契約の成立のみならず、その契約の効力とされる所有権の移転も、当事者の意思に依拠させるのが意思主義本来の考え方と言えよう。事実、意思主義は、契約成立にせよ所有権移転にせよ、一定の外部的徴表への従属を当たり前のように考える形式主義の対抗原理として登場したものであった。

このような見方からすると、意思主義をめぐるわが国の学説上の議論は、同原則にもとづく所有権の移転時期の問題に片寄りがちの傾向を否めない(1)。結局のところ、契約の成立と同時に所有権が移転する即時の移転を意思主義と同視するに至れば、契約当事者の合意こそが所有者交代の法的根拠であり、その限りで一切の形式が排除されるという意思主義の真意がなおざりにされたりしないだろうか。また、「不動産公示」あるいは「書証」の名のもとで用いられるある種の形式と意思主義の微妙な関係が、うっかり見過ごされる心配はないだろうか。[2]むしろ問題の核心は、あらゆる形式から解放された意思の自由をいかに確保すべきか、さらには、当事者の自由な意思を引き出すために「法律専門職」と呼ばれる広義の法律家がどう関与すべきかにある。

本稿の目的は、これまで述べてきた意思主義の観点から、法律専門職のうち、特に公証人が職務上果たすべき役割を再考することにある。そこで、何はさておき、同じ意思主義の原則に服するフランスの公証人職について必要な知識を得たうえ（二）、これと対比しながら、日本の公証人職の現状を分析し（三）、引き続き、その将来を占う意味でゆるがせにできない「釧路公正証書事件」に着目して若干の検討を試みよう（四）。

二　フランスの公証人職

フランスの公証人については、日本でもすでに少なくない研究の蓄積がある。[3]以下では、できるだけそうした先行の研究成果との重複を避け、いまだ十分には知られていない側面を照らし出してみたい。それは、とりもなおさず、法律専門職としての公証人が意思主義の内実をどう支えているか、具体的には、契約の自由、私的自治の世界にあって何ゆえ公証人の働きが期待されるのか、契約当事者に対して公証人が担うべき職務および責任はどのように理解されているか、そして、公証人職の実情はどのように評価されるべきかという三つの問題に帰着するであろう。

1　公証人職への期待

公証人は、どこでどのような役回りを期待されているか。まずは、この問題から考えてみよう。

(1)　司法領域の内と外

フランス法は、司法の場における紛争解決ばかりでなく、司法の手を借りないための紛争予防にもそれと同等の関心を注いできた。

「法の生命は、実際ある人々が考えるように、華々しい二つの弁論とそれに続く判決に限られるわけではない。訴訟は、たいていが経過のまずい法的状況の帰結にすぎず、しかるべき時期にしかるべき注意が払われなかったとか、契約書がまずく作成されたとか、その結果を見くびってしまったとか、軽率であったとか、かくあるべきものとして法律が尊重されなかったとか……の原因によるのである。そして、法律家がもっと早くに関与していたならば、見込み違いは避けられたであろうという印象をもつことがしばしばである。いいかえれば、法の適用には、訴訟よりずっと以前に、ひとつの争訟外の段階があり、この段階もまた法律家の学問の範疇に入るのであって、それは、裁判官の審理に委ねられるときに開始する『司法的な（judiciaire）もの』に対し、『司法外の法的な（juridique）もの』と呼ばれる習わしがある。(4)」

これら二つの法の適用領域は、「司法秩序」と「契約秩序」の区別に対応している。

「この秩序（契約秩序——引用者注）は、契約諸関係を健全化してくれる。というのも、自由主義の制度では、たくさんの不当な約定が、事後的にコントロールする司法の効果的な作用を受けないからである。実際、隠れた不正義が存在するのであり、その数量を増やすことは当を得ない。司法秩序は、判断したり、罰したりするうえで強いとしても、探索するのは弱い。それは、執行吏によって作成される原告の被告に対する呼出状（assignation）を伴ってはじめて動き出すものだからである。広大な領域がその射程の外におかれたままである。契約が機能するところで公署性を欠けば、最強の者の法律が優先するようになる。というのも、弱者の多くは、あとで頼りとする者の報復を恐れ、裁判に訴えることができないからである。[5]」

しかし、事前の法的コントロールは、「契約が機能する場面の入口にある格子[6]」のようなものであり、細かすぎれば経済活動を停滞させ、大まかにすぎれば裁判所の負担を過重にしてしまう。では、私人間の取引への第三者の関与はいかにあるべきか。

(2) 第三者としての公証人の役割

いうまでもなく、契約のすべてが第三者の関与を必要とするわけではない。わたしたちは、日常、おびただしい契約をほとんど無意識のうちに結んでいるのである。フランス法が、一定額を超える取引について書証を義務づけ、とりわけ危険度の高い契約を形式主義に従わせるように[7]、第三者が介在する契約は自ずと絞られるであろう。

肝心なのは、意思自治（autonomie de la volonté）を重んじる以上、契約当事者を主人公に押し立てて第三者が脇役に徹しきることである。過干渉は、意思自治の主体を要保護者として扱い、その自治を損なう危険性をはらんでいる。

「消費者が保護されるのは、彼が弱者だと判断されるからである。経済的力関係の格差を背景とした不当条項（clause abusive）の禁止は、最悪の場合にすぎない。保護を受けるよりも、情報を得て自由に行動できる方がよいに決まっている。保護は、ある法的人格の欠損（capitis deminutio）、劣勢の地位を想起させるものがある。[8]」

とすれば、第三者の役割も限定されざるをえない。さしあたり、契約当事者に付き添う助言者と、当事者間の合意の存在を証明する証人の二つのモデルが考えられる。

取引社会では、本来、法律の無知は言訳にならないはずだから、不安をぬぐえない場合、専門家の助言によって身を守るのは何ら恥ずべきことではない。助言者としての基本的な役割は、首尾よく取引の目的を達成するために必要な法律知識を提供することにあるが、助言自体は、事実問題を含めて多様でありうる。二当事者の双方に別々の助言者が付けば、それは、まさしくアメリカ的な取引形態と言ってよい。

また、証人として第三者が立ち会う場合には、ただそれだけで「教化的な役目を果たし、利害の攻撃的性格を抑制し、暴力を阻止する[9]」（傍点は、原文イタリックの箇所）効能があると指摘される。なるほど、第三者の面前で自らの欲望を露骨にさらけ出す人間は多くないだろう。けれども、証人の役割は、そうした消極的なものにとどまらない。場合によっては、限りなく助言者に近い役割が求められる。依頼に応じて当事者の陳述に耳を傾け、彼らの意欲するところを汲み取り、これを適切な法律文章に翻訳し、難解な用語の説明によって錯誤などの要因を取り除き、「特権的な証人[10]」としての立場から合意内容を文書化すること。これこそ、第三者、公証人に期待される役割にほかならない。公証人が、自らを「諸契約の客観的原因（cause）の番人[11]」と任じるのも肯ける。

ただ、そうなると、助言者と証人の判別がつきにくい。当事者のいずれかの固有の利益についてしか注意を払わない助言者に対し、仲裁役を兼ねた証人の関心事は、「対峙する諸々の力関係の平等[12]」にあるとの理解からすれば、少なくとも概念上の区別は明瞭である。とはいえ、公証人の働きは、果たしてそれほど単純にわりきれるものであろうか。次に、この問題を取り上げてみよう。

2 公証人の職務

(1) 公証人の定義

フランスの公証人は、「当事者が、公権力から発せられた証書に伴う公署性を与えなければならず、または与えようと欲するすべての証書および契約を受託するため、ならびに、その日付を確定し、その寄託物を保存し、その正本および謄本を交付するために設けられた公署吏（officiers publics）」（公証人職の身分規程に関する一九四五年十一月二日のオルドナンス Ordonnance n° 45-2590 du 2 novembre 1945 relative au statut du notariat 一条）と定義される[13]。この定義づけから、法律行為、特に諸契約に対する公署性の付与（authentification）が、フランス公証人の基本的職務であることがわかる。

それにしても、公署性（authenticité）とは何だろうか。

語源的には、公署性は、公知性を意味し、なかでも一般に知れわたった存在と言うべき公権力と縁の深い概念である。先ほど述べたように[14]、公証人は、「特権的な証人」として証書を作成する。そして、その証書は、公証人が自ら記述した事項につき、刑事的制裁と区別された民事訴訟上の偽造申立て（inscription de faux）[15]があるまで全き証拠となる（フランス民法典旧一三一九条、二〇一六年民法典改正後の一三七一条）。一切の反証は許されない。したがってまた、そうして真正さを担保された証書は、確定した勝訴判決と同じ扱いを受け、強制執行のための執行力を与えられる。というのも、公証人は、訴訟裁判権を行使する司法官の身分にも匹敵し、「非訟裁判権を有する司法官（magistrat de la juridiction volontaire）[16]」のごとく見られているからである。公署性を一本の「樹木」にたとえるならば、公署性を帯びた証書の証明力と執行力はその大切な「果実」であり、両者の関係には、「樹木の値打ちは果実で判断される」の言葉がよく当てはまる。[17]

ところで、近年では、公署性を付与する証書作成者という公証人の伝統的なイメージは、すっかり塗り替えられた観がある。証書を作成する過程でのあれこれの助言が、単に公署性付与という職務に付随するのではなく、それと肩を並べる独立の職務としてとらえられるようになったからである。考えてみれば、公署形式により素人を含む当事者間の合意内容を証明するためには、専門的知見にもとづく助言が不可欠であり、この助言は、すでに中世以来公証人の職務のうちに織り込み済みであった。にもかかわらず、フランス公証人職の近代化を画する共和暦十一年の法律、いわゆるヴァントーズ法は、職務上の助言について触れるところがなかった。[18] 前に掲げた一九四五年十一月二日のオルドナンスの第一条も、同法の条文の体裁をそのまま引き継いでいる。それでも、判例は、早くから公証人の助言義務を「身分規程にもとづく暗黙の義務」[19]とみなしてきた。この助言義務は、いまや公署性の付与とともに公証人の職務の二本柱をなしている。

(2)　助言義務の位置づけ

では、公証人が果たすべき助言義務とはどのようなものか。また、それは、公証人の職務においてどう位置づけられるべきか。

不動産売買を例にとろう。

売買当事者から嘱託を受けた公証人は、当該契約が公序に反するなど正当な理由がないかぎり、[20] 証書作成を拒むことができない（ヴァントーズ法三条）。公証人の受託義務は、その職務の性格上ほとんど自明のように扱われている。

ただ、この受託に際し、公証人は、身分証明書やパスポートによって当事者の同一性を確認しておく必要がある（公証人によって作成される証書に関する一九七一年一一月二六日のデクレ Décret n° 71-941 du 26 novembre 1971 relatif aux actes établis par les notaires 五条一項）。嘱託人が当事者本人であることの確認作業は、簡単そうに見えるけれども、決しておろそかにすることができない。たとえば、夫婦の共有財産を売却しようとする夫に付き添っていた「配偶者」が、実はその夫の愛人であったという事例が報告されている。[21] 代理嘱託の可能性もないではないが、その場合には、代理人の権限を確認する作業が加わる。委任状が無効であれば、公証人が作成した証書自体も無効となってしまうからである。[22]

不動産売買の場合、その後も公証人が手を抜けないのは、目的不動産の所有権の来歴を調べることであろう。予め事前の合意（avant contrat）が取り交わされているときは、[23] 当事者の契約意思、すなわち売主の売渡しと買主の買受けの意思を改めて確認する作業が、それほど手間取るとは思われない。これに対し、売主が所有権をもつことの調査確認は、フランス民法典一五九九条により、他人の所有物の売買が無効とされているだけに、公証人にとって第一義的な職務と言える。

「そうして追跡された三〇年にわたる不動産の法的来歴は、所有権の存在に関する蓋然性を生み出しながらも、不動産が売主の所有に属さないことが判明する場合には、取得者が無効を主張しなくてよいようにしてくれる。実際、前主すべての相次ぐ占有を自己の固有の占有とつなぐことができれば（民法典二二三五条）、取得者は、三〇年間の所有（厳密には、占有継続――引用者）の証明により、時効取得をもって真の所有者が提起する所有権回復訴訟に対抗することができる。[24]」

さらに、目的不動産に関して言えば、抵当権、先取特権、地役権その他現在の負担状況をできるだけ最新の時点で把握しておくことが肝要となる。それゆえ、判例は、公証人に対し、まず受託前の手続外の照会、次いで売買証書を公示する時点での抵当権登記謄抄本（état hypothécaire）の申請交付と、二度の情報入手を義務づけている。[25] 同様に、建物の建築可能性を示す都市計画証明書（certificat d'urbanisme）[26] の交付を受け、行政上の土地利用規制がないかどうかを確かめたりするのも、公証人の重要な職務と言えよう。当然のこととはいえ、ここであえて注意を喚起すれば、第三者がすでに同一不動産を譲り受けている場合には、その事実を知るに至った公証人は、二重の売買を防止するため、証書の作成を控えなければならない。このような公証人の現実の働きを度外視して、フランス法における不動産の「二重譲渡」をめぐる議論を理解しようとすれば、不正確さを免れられないであろう。

それはさておき、以上の調査を尽くした結果、当該契約の履行を妨げうる何らかの障害に逢着したとき、公証人は、その障害事由の存在を当事者に告げるだけで満足してはならない。公証人の助言が求められるのは、典型的には、こういう場面である。実際、取引を危うくする諸要因をそのまま放置すれば、有効に法律行為を成立させ、有効に公署証書を作成することができない。そして、とどのつまり、証書が無効となれば、公署性の付与は意味をなさないのである。したがって、公証人の助言義務は、本来、公署証書の有効性を確保し、公署性付与という公証人の基本的職務を遂行するための不可欠の補完物であり、公証人職にとって「至上命令」[27] とさえ言える。公証人証書への信頼は、多かれ少なかれ、その有効性を確保し、公署性を付与するための前提となる助言義務によって裏づけられているという見方もできよう。

(3)　助言義務が及ぶ範囲

助言義務は、おそらく公証人の職務の実質において相当の比重を占めるにちがいない。それならば、その義務は一体どこまで及ぶのか。さしあたり、助言義務の適用範囲を①機会、②相手方、③種類・内容の三つに区別し、この順序に従って整理してみよう。

第一に、公証人は、公署性付与の権限行使を補完する意味で助言義務を課せられる以上、あらゆる公署証書を作成する機会に、厳密には、嘱託を受けた時からその職務を完遂するまでの間に必要な助言をなすべき義務を負う。公署形式が、贈与、夫婦財産契約、抵当権設定等のように、法律によって要求される必要的公署性（authenticité nécessaire）であるか、当事者の選択による任意的公署性（authenticité facultative）であるかを問わない。しかも、判例は、公証人が私署証書の作成者にとどまる場合でも、その証書作成者に対して助言を義務づけており、自分以外の者が作成した私署証書の補正に関与しただけの公証人の助言義務を認める判例さえ現れた[28]。こうなると、助言義務の理論的説明についても再考を要するが、さすがに、無報酬で協力した公証人は、原則として助言義務を負わないと解されている[29]。

第二に、助言すべき相手方に関し、再び不動産売買の例を用いるなら、売主が日頃付き合いのある公証人への嘱託を提案し、これに買主が同意した場合、その嘱託を受けた公証人は、売主に対して助言義務を負うのはもちろん、買主に対しても全く同様に助言義務を負う。助言義務は、嘱託人が常連か否かによって左右されず、当事者双方の利益のために「公証人の公平無私[30]」を必要不可欠としているからである。また、最近の判例では、公証人は、嘱託人の傍らに個人的な助言者が同席していても助言義務を免除されず、仮に嘱託人が有能な人物であっても、その判断力のいかんにかかわらず助言義務を負うものとされている[31]。

「自分が、その固有の事件について最良の裁判官であることは稀であり、したがって、公証人の助言には、少なくとも客観的な視点を提供し、それだけ有益な光を当ててくれるという利点がある[32]。」

しかし、助言の義務づけ自体は変わらないものの、助言の中味は、経験豊富な嘱託人を相手にするときなど状況次第で変化しうる。判例の傾向も、「真に保護を必要とする者しか保護しようとはしない」と言われる[33]。

そこで第三に、助言の種類・内容面では、公証人は、どこまで義務づけられるのか。

公証人の助言は、大まかに言えば、法的な助言（conseils juridiques）とそれ以外のものに分類される。ここでもまた不動産売買を例に引くと、前述した目的不動産に関する一連の調査は、いずれも法的助言に属する事項ばかりである。その結果として明らかになった所有権原の曖昧さや物的負担、都市計画上の制限のほかにも、不法の原因、当事者の行為能力の制限、同一物件を優先的に取得しうる先買権（préemption）[34]の存在等々当該取引の阻害要因をつきとめたときには、公証人は、当事者に対し、速やかにその旨を報告し、最善の対処の方法を提案すべきであろう。このような場面であれば、公証人の調査義務は、すぐさま助言義務に切り替わる。もっとも、公証人による調査の方法は、証拠書類にもとづく書面上のものであり、現地検分や具体的な検証を求められるわけではない[35]。

気がかりなのは、法律の条文が不明瞭であり、判例の態度も定かでない場合、それでもやはり助言義務を免れられないとすれば、公証人の職務として何を助言すべきかという点である。むろん、公証人は、学者や裁判官とは異なり、解釈上の争いを一刀両断に解決し、判例の帰趨を予測することまで求められるわけではない[36]。そうすると、当事者に対しては、実定法の不確実さを認識させ、いくつかの想定の中でその取引が失敗に終わる蓋然性を示せば十分であり、これに尽きると考えてよいだろうか。

一層困難な問題は、法的な助言以外の助言義務の範囲である。

たとえば、「代金なければ売買なし[37]」といわれる売買代金の決定に関し、これまで幾度となく取り上げてきた不動産売買の例では、公証人のいかなる関与がありうるか。そもそもフランス法上、売買の代金は、当事者が決定すべきものであり（民法典一五九一条）、これを原則とするが、第三者の鑑定（arbitrage）に委ねることも可能とされている（二〇一六年改正前の民法典旧一五九二条、同年改正後は「第三者の評価（estimation）」の文言）。ところが、「伝統的には、公証人は、不動産市場に精通していながら、不動産鑑定に従事することはなかった。」[38]このため、代金額決定への関与は、少なくとも今のところ、助言義務の一環としては扱われていないように見える。[39]

むしろ売買代金をめぐっては、買主の弁済資力に問題がある場合、公証人の職務としてその事実を売主に告げるべきか否か、助言義務の限界が問われるであろう。というのも、公証人は、もう一方において職務上知ることができた当事者の秘密を保持すべき守秘義務を負っており、「助言義務の尊重が、依頼者の領分への異論のある口出しに変わってしまう危険」[40]が大だからである。しかし、買主の破局的な財政状態が「公知の検証可能な事実」[41]であるかぎり、助言義務の履行は守秘義務に背馳しないと解する説が有力である。

確かに、助言義務の範囲は、不分明な外延を伴いつつ拡大の一途をたどってきた。また、そうした傾向は、助言義務そのものの重要性を疑う余地がないだけに、積極的に支持されてきたと言ってよい。しかしながら、最近、「助言義務の『帝国主義』」、「その観念の異常なインフレ」[42]と揶揄されているように、同概念の肥大化を手放しで擁護する議論は、早晩見直さざるをえない時期が到来するのではないかとも思われる。

(4) 職業活動の広がり

ともあれ、すでに限界にまで達した観すらある助言義務の拡大傾向は、公証人職の命運を左右する活動領域の問題とも無縁ではありえない。そこで、公証人の職業活動を全般にわたって概観しておこう。

おおよそのところ、一九九〇年代には、フランスの公証人は、年平均四百万の証書を作成し、そのうち、不動産売買が約百万、抵当権設定が約七五万、相続関係が二五万から三〇万、夫婦財産契約が五万余を占めると言われていた。[43]これによると、公証人の職業活動は、①家族法領域、②不動産法領域を主要な舞台とし、さらに③企業法領域を加えるなら、都合三つの領域に分かれる。公証人活動の、いわば「ヨコの広がり」である。

まず、家族法領域は、「家族の助言者」と呼ばれる公証人にとって最も馴染みが深い分野と思われる。けれども、夫婦財産契約は、フランス民法典において厳粛契約（contrats solennels）のひとつとされ（一三九四条）、公証人の必然的関与が予定されてはいるものの、一九六五年の改革(44)が実現する以前、すでに八割以上の婚姻が契約なしで挙式を済ませていたと言われるほど利用低迷の状態にあり、現在でも、契約締結率が上昇に転じる気配は見られない(45)。あとは、公証人の出番と言えば、離婚に際しての夫婦間の財産関係の解消に関する合意（離婚訴訟中の共通財産の清算につき、二〇〇四年改正前の民法典旧一四五〇条）や、直系尊属の子らに対する生前の贈与分割（donations-partages）もさることながら（民法典一〇七五条二項により、贈与の公署形式を原則とする）、何といっても遺言相続と遺産分割が重要である。フランスでは、意外にも公証人によって作成される公署遺言（民法典九七一条以下）は好まれないようだが、自筆遺言（民法典九七〇条）の多くに公証人が関与しているとの観測もある。相続財産を協議分割に委ねる場合も、形式のいかんを問わないにもかかわらず（二〇〇六年改正前の民法典旧八一九条、同年改正後の現八三五条一項）、事実上ほとんど常に公署形式が用いられており、遺産をめぐる紛争を回避するなど、公証人の役割が殊のほか大きい。

次の不動産法領域もまた、公証人が最も得意とする分野である。なかでも、不動産売買が伝統的かつ典型的な受託事務であるとすれば、不動産開発（promotion immobilière）への関与は、新たに開拓された職域と言えるであろう。不動産開発契約（民法典一八三一条の一以下）にもとづき、用地の取得から、建物建築および資金調達計画の策定、集合住宅用不動産の共同所有規約（建物付不動産の共同所有規程を定める一九六五年七月一〇日の法律 Loi n° 65-557 du 10 juillet 1965 fixant le statut de la copropriété des immeubles bâtis 八条、一三条等）の定立、各室の分譲販売に至るまで幅広く手がける不動産開発業者に対し、公証人が法律面から支援してゆくわけである。現在、都市部では、多くの公証人事務所が、その収入の半分以上を不動産開発関連のものに負っていると言われる[46]。公証人を媒介とした抵当貸付も、貸付期間や抵当市場の未整備といった課題が残されているとはいえ、依然として手堅い業務のひとつに数えられよう。それに引き換え、不動産所有者の資産管理の一環として取り組んでしかるべき不動産賃貸借の場合、書証が義務づけられた農地賃貸借（農業および海洋漁業法典L四一一—四条）を除けば、公証人の出番は多くない[47]。

最後に、第三の企業法領域では、営業財産（fonds de commerce）の売却、会社発起人の株式引受届（déclaration de souscription）のように、ごく限られた範囲で従前にも公証人の関与が見られたものの、大方は、なおも十分には開拓されていない、それゆえ未知数の職域と言うべきであろうか。

さて、以上が公証人活動の「ヨコの広がり」であるのに対し、一つひとつの受託行為についても一定の時間的な幅があり、そこで公証人がさまざまな役割（評価・助言・交渉・仲介・斡旋）を担っているとすれば、これを公証人活動の「タテの広がり」と呼ぶことができよう。通常、公署性が付与される証書作成時にそのハイライトを迎えるのはいうまでもない。それにしても、公証人の職務は、証書作成の前後に及び、裾野が広い。(2)ないし(3)で言及した証書作成前に関しては、改めて詳細に立ち入ることはせず、ここでは、証書作成後に関し、次の二点を指摘しておくにとどめる。

第一の点として、公証人は、自ら受託した証書の登録（enregistrement）を義務づけられている。証書の登録は、私署証書については確定日付を与える意味があり（二〇一六年改正前の民法典旧一三二八条、現一三七七条）、何より登録税（droit d'enregistrement）の徴収を目的とする手続である。だから、公証人は、登録手続を踏むに当たって必ず登録税を支払わなければならず（租税一般法典Code général des impôts 一七〇五条一号）、当事者から税額相当額を預かっていない場合であっても、その支払義務を免れることができない[48]。

そのうえ、不動産公示の対象となる証書については、公証人は、「当事者の意思にかかわりなく」公示手続を成就しなければならない（不動産公示の改革に関する一九五五年一月四日のデクレ Décret n° 55-22 du 4 janvier 1955 portant réforme de la publicité foncière 三二条）。そして、この公示義務の不履行によって損害が生じた場合には、公証人が、直接の依頼者に対してのみならず、第三者に対しても損害賠償責任を負うものとされている[49]。これが第二の点である。

なお、かつては、前者を登録税事務所が、後者を抵当権保存所（二〇一三年以前の不動産公示機関）が取り扱う別々の手続であったが、現在では、原則として一本化されており[50]、「不動産公示税（tax de publicité foncière）」と呼ばれる単一課税の収受を含め、当該不動産の所在地を管轄する不動産公示局においてすべての手続が行われる（租税一般法典六四七条）。

3　公証人の責任

(1)　責任の種別

「公証人が職務遂行中に犯した故意・過失による非行（faute）を不問に付すことは稀である[51]」と言われるが、この証言に偽りがないとすれば、職務上の義務違反があった公証人は、どのような法的責任を問われるのだろうか。

公証人の法的責任は、文書偽造罪をはじめ、それぞれ刑が加重された刑事責任（刑法典四四一条の四、三一四条の三、三一三条の二など）、団体内部の、または司法権による懲戒罰（peines disciplinaires）および民事責任の三つに大別することができる。

これらのうち、懲戒罰は、明確な法令・職務規律違反行為のほかに、廉直、名誉または細心に反する行為に対して加えられる次の制裁をいう（公証人等の懲戒に関する一九四五年六月二八日のオルドナンス Ordonnance n° 45-1418 du 28 juin 1945 relative à la discipline des notaires et de certains officiers ministériels 二条一項）。すなわち、①厳重注意（rappel à l'ordre）、②単純戒告（censure simple）、③譴責戒告（censure devant la chambre assemblée）、④再犯禁止（défense de récidiver）、⑤停職（interdiction temporaire）、⑥免職（destitution）の六つがそれである（同オルドナンス三条）。前三者は、伝統的に「内部的な懲戒罰」と称されるとおり、公証人団体の組織内におかれた懲戒委員会（実質的には、各県ごとの公証人会）がその権限をもっている。しかし、後三者は、大審裁判所（tribunal de grande instance）の専属管轄に属し、司法の手によってのみ科すことができる制裁である（同オルドナンス五条および九条）。とりわけ、そうした懲戒上の制裁が、刑事、民事いずれの責任追及からも独立している点は注意を要する。

「懲戒の訴えは、自律しており、一事不再理の準則の適用を排除する。それは、ひとつの専門職とその依頼者の保護を確実にすることが目的であって、刑事訴訟に留保された社会的混乱の抑止という目的はさほどでもなく、民事訴訟と結びついた金銭による損害賠償は全く目的とされていないのだから。(52)」

それなら、最後の「金銭による損害賠償」の方はどう理解されているのだろうか。ここで最も注目されるべき民事責任については、節を改めて検討しよう。

(2) 民事責任の根拠

公証人の職務には、契約的な側面と法定された側面の両面がある。というのも、公証人を委任契約上の受任者と見立てても、それだけでは公署性を付与する基本的職務の説明がつかず、反対に、その職務のすべてを公証人の身分規程に帰着させることもできないからである。したがって、公証人の民事責任に関しても、学説上は、ニュアンスの違いはあるものの、場合により契約責任と不法行為責任の二つの適用可能性を認める「二元説」がなお優勢と言われる(53)。

しかし、だからといって、二つの責任根拠が常に同等の重みをもつわけではない。たとえば、ある不動産を売却しようとする所有者から適当な買主を見つけてほしいと委託された公証人が、引き続き、特定された当事者間の売買契約書の作成に携わることがあるにしても、そうした委託契約の存在は、必ずしも彼が果たすべき職務の前提条件となっていないのである。

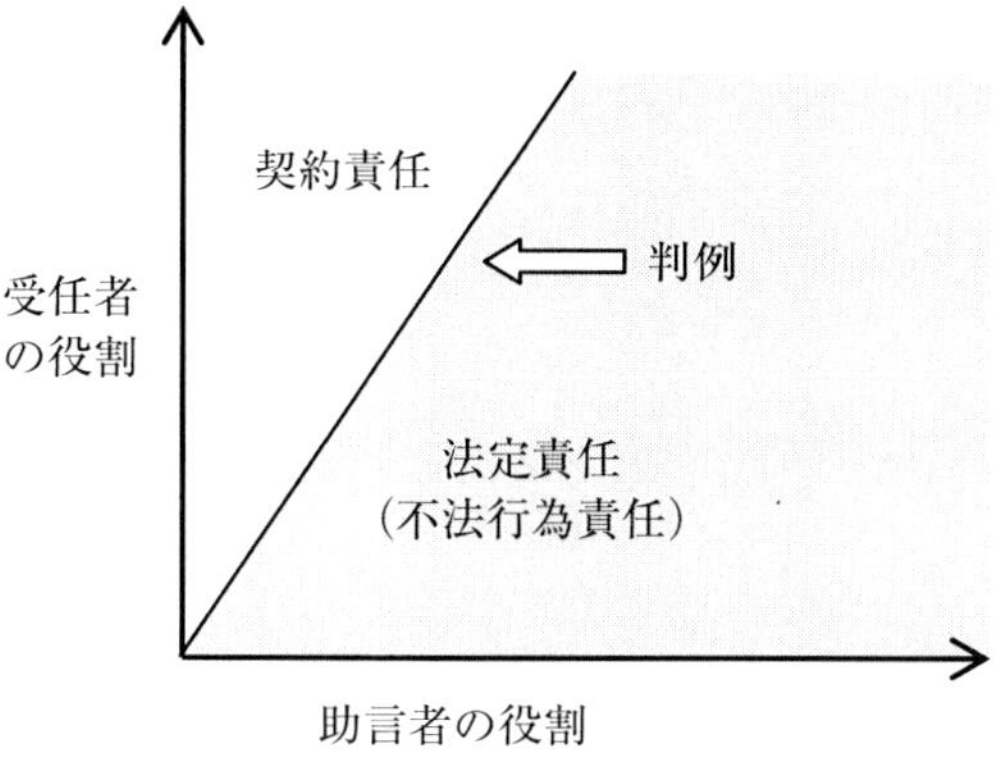

「ア・プリオリにはどれほど奇妙に見えようとも、代理は、公証人にとって当然の職務ではない。公証人は、一般的に、法律行為ではなく、ただその職務の遂行を使命とするのであって、これは、法律行為とは全く別のものである。原則として、公証人は自分の依頼者を代理しない。……このことは、当事者の契約を確認するのであり、締結するのではないという公証人の法定された職務の帰結にすぎない(54)。」（傍点の箇所は、原文イタリック）

このように、依頼者との関係を委任契約的に構成する考え方が副次的でしかありえないとすれば、契約的構成は、やはり責任根拠としても後景に退かざるをえないだろう。現に、判例は、公署性付与のために不可欠とされる助言義務を身分規程上の法定義務とみなし、その適用範囲を拡大してきた。そして、これを支持する学説は、助言義務の著しい拡大によって公証人の法定義務違反を理由とする責任追及が強まる中で、二〇一六年改正前の民法典旧一三八二条以下、現行一二四〇条以下にもとづく不法行為責任の原則性を認めるに至っている[55]。要するに、助言義務が、公証人の基本的職務に対する信頼の裏づけとなり、その圧倒的な影響力のもとで公証人の職業活動全体が公序性を帯びるに従い、もっぱら不法行為責任に依拠した「一元説」的理解が「二元説」を圧倒しつつあると言えよう（前頁の図を参照）。

(3) 判例の傾向

フランスにおいてさえも革命期以降長きにわたり、公証人は、詐害の意図または重過失によって自ら作成した証書が無効とされた場合でなければ責任を負うことがなかった。しかし、近年では、判例の展開により、公証人の民事責任は加重される一方となった。損害賠償のための強制保険が、そのような傾向を一層助長したとも言われる[56]。実際、この種の民事訴訟は、一九六四年から一九七一年までの間に下された破毀院の判決だけでも六六件を数える[57]。それゆえ、公証人への責任追及がたいへん厳しい時期もあったが、現在では、毎年作成される証書のおよそ三〇〇〇件に一件の割合で訴訟が提起され、そのうち、公証人の有責判決が約五分の二の比率を占める程度であり、判例の揺り戻し現象が見られる[58]。

ところで、公証人に対して損害賠償を請求するためには、一般法の適用があり、①故意または過失による非行、②損害、③非行と損害との因果関係の各要件が満たされなければならない。また、法律事実（fait juridique）、要件事実の証明は、原則として原告・被害者の負担となる。

三つの要件事実のうち何といっても重要なのは、第一要件の非行、公証人の職務上の義務違反であろう。作為不作為を問わないけれども、それは、たいていが不作為であり、統計的には、助言の懈怠にかかわる場合が非常に多い[59]。しかも、この助言義務違反は広範囲に及び、調査義務や情報提供義務の不履行を包含している。

「情報提供義務は、当然ながら、助言義務の中核をなしており、上流では、調査義務により、下流では、有効性確保の義務によって相互に補完される。[60]」

だから、調査義務違反によって証書自体が無効になってしまえば、公証人は、その過誤を回避する可能性があるかぎり、自己の責任を免れることができない。証書が無効にならないまでも、たとえば、抵当権設定時に予測できたはずの担保の不足が現実に生じたとき（先順位抵当権の登記、目的不動産の担保適格性の誤った評価など）は、公証人の責任が問われる。また、必要な情報の提供を怠った例として、わざわざ多額の抵当負債を抱えた不動産を投資目的で購入した買主が大きな痛手を被った事案では、その非常識な行動は、追奪の危険や滌除の仕組みに関する無知無理解によるものとしか説明しようがないという理由から、買主が依頼した公証人の責任を認めた裁判例も報告されているほどであり[61]、助言義務違反に関する事例には事欠かない。

もっとも、助言義務は、目的が達成されなければ責任を免れられない結果債務（obligation de résultat）には属さない。この点を誤解してはならないだろう。

「公証人に要求されるのは、依頼者に対し、その者の必要を満たす最良の方法について情報を提供し、実現されるべき取引の成果と射程について明らかにすることである。しかし、これらの情報提供の要素は助言にとどまる。決断すること、すなわち種々のありうべき解決法の中から選択するのは、依頼者だけの責任にかかっており、そうであればこそ、公証人は、最終的にまずいことがわかっていた解決法をその依頼者に押し付けた責めを負うことがありうるのである。[62]」（傍点部分、原文イタリック）

4　公証人職の実情

公証人は、公署証書を作成する権限を与えられた公署吏（officier public）であると同時に、司法権の作用を直接間接に補助し、官職株（office）を保有する裁判所付属吏（officier ministériel）でもある[63]。その職業活動の独立性から、いわゆる自由業の性格が強調されることもある。

自由業である以上、公証人が民事上負うべき責任は、あくまでも個人責任である。このため、各公証人は、万一の場合に備えて団体保険に加入することを義務づけられている（公署吏または裁判所付属吏……に関する一九五五年五月二〇日のデクレ Décret n° 55-604 du 20 mai 1955 relatif aux officiers publics ou ministériels et à certains auxiliaires de justices 一三条）。しかし、保険によってすべての損害が塡補されるわけではない。故意による非行から生じた損害が、保険の対象外とされているのはその一例であり（保険法典 Code des assurances L一一三―一条二項）、このようなときには、州ごとの公証人会の監督下にある共同金庫（caisse commune）が、保険者に代わって金銭賠償を負担してくれる（前掲・一九五五年五月二〇日のデクレ一一条）。各公証人の収入に応じた毎年の分担金を主要な資金源とする団体補償である。第二次大戦後に整備された同制度は、責任を負うべき公証人の「不履行（défaillance）」を要件として、金庫側の検索の抗弁（民法典旧二〇二一条、現二二九八条）を許さず、被害者が請求しやすいよう設計されており[64]、個人責任の原則を仕上げる最後の安全装置となっている。

官職としての公証人株は、官職売買の歴史に由来するとはいえ、現在では、過去五年間にわたる年平均の粗収入（家賃や、税金、従業員の賃金、事業主の負担となる社会保険料を控除したもの）によって評価される一種の営業権のように見られている[65]。実際、公証人株の譲渡人が、その譲受人から対価を得ることにより、事務所経営のために自ら投じた資金を回収しようとするのは当然の市場行動であり、「大革命によって廃止された売官職と、特別念入りに作り上げられた譲渡移転システムの客体にすぎない近代の公証人株との間には何らの共通点もない[66]」

と言えば言えなくもない。しかしながら、公証人株の譲受人を後継者として推薦する権利は、一八一六年四月二八日の法律[67]第九一条以来、今日まで存続しており（公証人職における職業教育および公証人の職務就任要件に関する一九七三年七月五日のデクレ Décret nº 73-609 du 5 juillet 1973 relatif à la formation professionnelle dans le notariat et aux conditions d'accès aux fonctions de notaire 四六条）、一部の論者が、そこに亡霊のごとくつきまとう売官制の影を見てとり、事あるごとに公証人職を論難しているのもまた事実である[68]。少なくとも、この官職株の存在が、融資の可能性を考慮に入れても、資金力に乏しい若い候補者の公証人職への門戸開放を妨げ、ひいては、世代交代を促し、新たな活力を引き出すうえでひとつの障害になってきたことだけは否定できないように思われる。

　フランスの公証人職をめぐる状況は、上掲の人口推移（一九九五年―一九九九年）の内訳にも明らかなとおり[69]、すっかり様変わりしつつある。というのも、個人事務所の公証人が漸減する中で、法人形態をとる公証人事務所が着実に増加し、そうした法人事務所の従業員と見られる被用者数も顕著な伸びを示しているからである。ひときわ目を引くのは被用者公証人（notaires salariés）の出現であろう。この新しい公証人のカテゴリーは、一九九〇年一二月三一日の法律によって導入され、現行法上、個人名義の公証人株保有者、法人名義人の構成員（組合員ないし社員）とは区別された第三の型をなしている（前掲2(1)一九四五年十一月二日のオルドナンス一条の二）。

公証人人口等の推移

	1995	1996	1997	1998	1999
公証人					
公証人総数	**7,600**	**7,510**	**7,624**	**7,652**	**7,773**
個人	2,358	2,224	2,201	2,156	2,100
組合員（社員）	5,242	5,286	5,343	5,398	5,519
被用者	不明	不明	80	98	154
官職株および民事会社					
公証人株	4,623	4,586	4,573	4,561	4,540
民事組合（会社）	2,289	2,309	2,362	2,332	2,383
書記および事務職員					
被用者総数	**37,247**	**38,320**	**38,922**	**40,159**	**43,384**

出典：MINISTÈRE DE LA JUSTICE, *Annuaire statistique de la Justice*, Édition 2001, La Documentation française, p.281.

公証人としての職務の独立性と被用者としての従属性は、およそ両立がむつかしく、二律背反的な属性ではないかとの強い疑念[70]が消えないけれども、九七年以降の数値は、早くもその定着の兆しをうかがわせる。

フランスの公証人職が深刻なジレンマに陥っていることは、久しい以前から指摘されてきた。確かに、公証人の助言義務違反について峻厳さを極めた判例は、過重な個人責任と保険料の高騰をもたらし、有責判決の予測を困難にしてしまう懸念がないとは言えず[71]、その結果、古びたイメージからの脱皮を図る公証人職の積極的な営為が、一転して守勢に回らないとも限らない。また、家族法領域をはじめ、じわじわと進行する公証人の活動領域の縮減傾向、いわば侵食作用に対して過剰に反応すれば、他の専門職との競合関係[72]を激化させる恐れもある。

「緩慢ながらも絶え間のないこの侵食は、ほとんど抗しがたい性格をもっているように思われる。このプロセスに逆らうべく発作的に優柔不断な試みが、しばしば自発的組織や個人の主導のもとで行われる。それは、公署性の介在領域が決定的に閉ざされていて、しかも漸次休止状態に向かうという法則の上に根ざしているように見えることがある。だから、公証人団体は、新たな領域として、しばしば法と経済の他の諸部門に属する未開拓市場への関心を促されるのである[73]。」

しかしながら、この専門職の脳裏を悲観論ばかりが支配しているわけではない。今、まさにとどまるところを知らない電子情報化の時代の波に洗われながら、書証主義に立脚した公証人の役割を再評価し、「サイバー・ノタリー」としての新たな飛躍を呼びかける積極論[74]も健在である。現時点では、フランス公証人職の将来はおろか、その実情を正確に知ることさえ容易ではないが、彼らが、諸契約への積極的関与を通して公正な取引社会を支える自己の職責を忘れないかぎり、専門職同士の競争を刺激する一時的な扇動によってにわかに命運を左右されるとは思われない。

三　日本における公証人職の現状

フランスの公証人職も日本のそれも、ひとつの官職であることに相違はないが、両者の間には、やはり大きな隔たりがあるように思われる。フランスの場合、すでに見たように、官職としての公証人職は、後継者の推薦権によって資産性を確保された官職株に還元することができるのに対し、日本の公証人職の場合は、「実質的意義における国家公務員[75]」であることが常に強調される。「公務員」でありながら、国家から俸給を受けることなく一切を手数料収入によって賄っているという点は、「公務員」としての特殊性でこそあれ、それがため、収入のみならず職務上も国家に依存しない自由業に属する専門職に分類されることは、めったにないと言ってよい。すべてはこのことに端を発しているのではないか。そこで、以下では、日本の公証人の職務および責任が、公務員性を起点として従来どのように理解されてきたかを示し、フランスの公証人職との対比においてその現状をつぶさに分析してみよう。

1　職務の種類と権限

日本の公証人は、次に掲げる事務を主要な職務としている[76]。

① 公正証書の作成（公証人法一条一号）
② 私署証書の認証（同条二号）
③ 定款の認証（同条三号、会社法三〇条）

④　確定日付の付与（民法施行法五条以下）

これらの中でもとりわけて重大なのは、「執行証書」と呼ばれる公正証書（民事執行法二二条五号）を作成する職務である。執行証書には、一定額の金銭の支払い等を目的とする請求について債務不履行があったとき、直ちに強制執行に服する旨の債務者の執行認諾文言が入っており、これさえあれば、強制執行のためにわざわざ確定判決まで得る必要がない。〝簡易の債務名義〟として執行証書が活用される所以である。ところが、その大半は、代理嘱託（公証人法三二条）、つまり、当事者本人による嘱託ではなく、本人から委任状の交付を受けた代理人の嘱託によって作成されていると言われる。しかも、この代理嘱託が消費者信用と結びついた結果、多数の金銭債権を有する債権者（信販会社、金融業者、金融機関、自動車販売会社など）が一括して多数の執行証書の作成を嘱託するいわゆる集団事件が頻発するようになった(77)。

公証人法二六条は、「公証人ハ法令ニ違反シタル事項、無効ノ法律行為及行為能力ノ制限ニ因リテ取消スコトヲ得ヘキ法律行為ニ付証書ヲ作成スルコトヲ得ス」と定める。また、同法三五条は、「公証人証書ヲ作成スルニハ其ノ聴取シタル陳述、其ノ目撃シタル状況其ノ他自ラ実験シタル事実ヲ録取シ且其ノ実験ノ方法ヲ記載シテ之ヲ為スコトヲ要ス」と定める。さらに、公証人法施行規則一三条一項では、「公証人は、法律行為につき証書を作成し、又は認証を与える場合に、その法律行為が有効であるかどうか、当事者が相当の考慮をしたかどうか又はその法律行為をする能力があるかどうかについて疑があるときは、関係人に注意をし、且つ、その者に必要な説明をさせなければならない」と規定されている。

しかし、判例は、公証人法二六条に違反して作成された公正証書であっても、当然には債務名義としての効力を奪われないと言う（大決昭和八年九月一八日民集一二巻二四三七頁、最判昭和三二年一二月一〇日民集一一巻一三号二一一七頁）。同条は、念のために公証人に対して訓示した規定にすぎないとみなされているからである。利息制限法の制限超過利息を含む金銭消費貸借契約に関する公正証書が作成された場合であれば、当該公正証書に記載された法律行為の一部無効でしかなく、全部の無効とならないかぎり、請求異議の訴えにもとづいてその執行力を全面的に排除することはできないという解釈が導かれるのも（前掲・昭和三二年最高裁判決）、同じ理由によるのであろう。判例は、従来の通説とされる学説と同様、証書作成に関する公証人法その他の関係法令の多くを単なる「訓示規定」と見てきた。たとえば、代理嘱託によって証書が作成された場合に本人への通知を義務づける公証人法施行規則一三条の二も「訓示規定」であるから、不通知は、公正証書の効力に何らの影響をも及ぼさないと言う（東京高判昭和三八年一一月二五日東高民時報一四巻一一号三三〇頁）。にもかかわらず、裁判上の救済手続において債務者から公証人法二六条違反の主張がやまないのは、問題の公正証書を作成した公証人個人への憤懣もさることながら、「公証制度そのものに対する非難」[78]にほかならないとの指摘もある。

ともあれ、公証人の職務権限は、これらの規定を全体としてどう理解すべきかという問題と密接にかかわっている。

職務権限を最も狭く解するのは、もっぱら代理人による代理嘱託を念頭におきつつ、公証人が審査すべき対象を契約の本旨に対応する当事者の「陳述」（公証人法三五条）に限定し、しかも、その「陳述」の方式については、口頭によるか書面によるかを問わず、契約条項が記載された委任状の提出をもって「黙示的な陳述」があったものと評価する立場であろう。[79]この立場からすれば、公証は、争いがない特定の事実または法律関係についての「公証機関の認識の表示」にすぎず、公証人の義務としては陳述の適法性を審査すれば必要かつ十分であり、関係者に説明を求める公証人の権限（公証人法施行規則一三条一項）も、当事者の陳述に現れなかった事実には及ばないという意味で、公証人の権限は形式的審査に尽きると解されることになる。

このような理解をひとつの極とすれば、その対極に位置するのが、フランスの公証人の職務に関する一般的な理解と言えようか。これらの二極間に、多かれ少なかれ実体関係に踏み込んだ公証人の審査権限、むしろ調査義務を認めようとする立場がある。ただ、近年では、論者によってニュアンスの差はあるものの、現行法の制約のもとでひたすら公証人の職務に対する消極的姿勢を正当化するのではなく、違法無効等の法律行為について公正証書を作成しないための一定の実質的審査権を前提としたうえで、その限界を見きわめることに関心を注ぐ傾向が生まれているように思われる(80)。

2 公証人の過失による国家賠償責任

戦後、国家賠償法の制定に伴い、公証人固有の民事責任(故意または重過失による場合に限っての損害賠償責任)を規定していた公証人法六条が削除されたため、公証人の過失による損害賠償請求は、あげて国家賠償責任をめぐる争いとなった。現に、裁判所は、偽造変造された委任状および印鑑証明書の十分な調査なしに無効の公正証書を作成した公証人を被告として直接的に損害賠償を求めた事案につき、国家賠償法によってその責任を国に負担させるべきものとする(東京地判昭和三二年四月二〇日下民集八巻四号八〇七頁)。

公証人の不法行為にもとづく国家賠償請求事件は、飯塚和之教授の先行研究(81)によれば、「不正取得看過型」、「法定手続懈怠型」および「不正確証書作成型」の三つに類型化される。ここでは、各類型の呼び方も含めて同教授の整理に従いたい。

① 「不正取得看過型」

第一の類型は、文字どおり、公証人が第三者による公正証書の不正取得を看過した場合とされる。公証人は、公証人法二八条二項により、公正証書の作成を嘱託する者の氏名を知らず、またはその者と面識がないときは、「官公署ノ作成シタル印鑑証明書ノ提出其ノ他之ニ準スヘキ確実ナル方法」によって嘱託人が人違いでないことを証明させなければならない。また、同法三二条によれば、本人に代わって代理人が嘱託人となる場合、公証人は、「代理人ノ権限ヲ証スベキ証書」という意味での委任状のほか、私署証書による委任状が認証を受けていないときは、通常、本人の印鑑証明書を提出させ、当該委任状が真正であることを証明させる必要がある。「不正取得看過型」に分類されているのは、いずれも委任状や印鑑証明書の偽造によって第三者が公正証書を騙し取った事例である。

京都地判昭和三七年四月一一日下民集一三巻四号七一三頁は、代理嘱託人の権限を証明するための委任状および印鑑証明書が偽造であったにもかかわらず、これを看過した公証人が、都合六回にわたり譲渡担保付金銭消費貸借契約公正証書を作成した事案において、旧民事訴訟法三一三条二項（現行二二八条三項）に依拠しながら、印鑑証明書の真偽の調査について公証人に要求される注意義務は、「通常人の注意力をもって観察した場合に偽造の疑いある場合」に限られるとして国の責任を否定した。同じく国家賠償責任を否定した裁判例としては、東京地判昭和六〇年七月八日訟務月報三二巻五号九〇〇頁がある。この判決は、実兄の印鑑証明書を使って登録印を偽造した者が、自ら本人になりすましてその所有不動産を売却しようと企てた事案であり、そうとは知らない買主との間で売買契約の公正証書が作成された際、肉眼での平面照合によって印鑑証明書の印影と公正証書に押捺された偽造印の印影の同一性を確認し、人違いを発見できなかった公証人に過失があるとは言えないとした。

これらとは反対に、東京地判昭和四六年七月二日下民集二二巻七＝八号七三一頁は、代理嘱託のために提出された委任状が、妻の氏名を冒用した別居中の夫の手になるものであることを認定し、その妻を連帯保証人とする販売代理店契約・金銭消費貸借契約公正証書を作成した公証人には、印鑑証明書を徴するなど本人の真意の確認を怠った過失ありとして国の責任を肯定している。

② 「法定手続懈怠型」

第二類型は、公証人が証書作成上遵守すべき法定の手続を怠った場合とされる。その中には、公正証書による遺言を作成する場合の証人二人以上の立会い（民法九六九条一号）も含まれる。

大阪高判昭和五六年一月三〇日判時一〇〇九号七一頁は、立会証人なしに遺言公正証書を作成した公証人の「重大な過失」について国の責任を認めた。そこでは、公証人の職務上の注意義務を根拠づけるために公証人法二六条が強調されている。これと類似した大阪地裁堺支部判平成五年五月二六日判タ八二九号一六三頁の場合は、証人適格性を欠く推定相続人（民法九七四条二号）を証人のひとりとして立ち合わせ、そのまま公正証書遺言を作成した公証人の過失を認めざるをえないとする[82]。

福岡地判昭和六〇年三月二七日判時一一八一号一二四頁は、本人の実印と印鑑証明書を勝手に用いた代理嘱託により、いくつもの執行証書が作成された事案だが、一部の証書につき公証人による本人への通知（公証人法施行規則一三条の二）がなかったことと、本人が強制執行を受けたこととの間に因果関係がないとして国の責任を否定した。

③「不正確証書作成型」

第三類型は、公証人が内容上不公正あるいは不正確な公正証書を作成した場合とされている。この類型に関する事例の詳細は、次の四に譲る。

3 現状分析——日仏公証人職の隔たり

先ほど日仏公証人職の間には大きな隔たりがあると述べたが、それは、一体どのような問題にまたがっているのだろうか。公証人の公務員性、取引当事者以外の第三者としての役割、調査・助言の義務づけ、責任の所在、契約書の書式、これらの問題を相互に関連づけながら、日仏間の隔たりの根元を探ってみよう。

(1)　公務員性

日本の公証人については、公務員性を抜きにして語れないのに対し、フランスの公証人は、官職株を保有する名義人ではあっても、そして被用者公証人の場合はその名義人でもないのだが、おそらく公務員としての自覚をもたないのではないかと思われる。この点、公務員を意味する《fonctionnaire》と官職名義人である《officier》の語は区別してかからなければならない(83)。

公務員であることから出発して公証人職をとらえるならば、日本におけるように、任用、分限、懲戒といった身分規程の全般にわたって国家の管理下におかれるのは事理の当然である。何より、フランスの公証人団体が、自治組織の勘所というべき固有の懲戒権を行使しうるのに対し（前述・二3(1)）、日本では、公証人法八一条一項において「過料、停職、転属及免職ハ第一三条ノ二ノ政令ヲ以テ定ムル審議会等ノ議決ニ依リ法務大臣之ヲ行フ」こととし、第一三条の二の政令で定める審議会として「公証人審査会」が設けられているものの、同審査会は、国の行政機関に付属する合議体であり（国家行政組織法八条）、結局のところ、公証人に対する懲戒権限は、すべて監督機関である法務大臣によって掌握されている。これは、日仏間の際立った相違点と言ってよいだろう。

それればかりか、やはり自治機能が試される任用段階においても、旧公証人規則（一八八六年）の時代に公証人登用試験が前後八回実施されたきりで(84)、現行法のもとでは、登用試験はおろか「試験及実地修習ニ関スル規程」（公証人法一二条二項）さえも定められてはいないと言う。実際にも、最後の試験が行われた明治三五年以来、特例扱いであったはずの同法一三条および一三条の二により、公証人が、もっぱら裁判官、検察官、弁護士その他の有資格者から任命されてきたことは周知のとおりである(85)。

フランスはと言えば、公証人を養成するための職業教育の充実ぶりはおよそ比ぶべくもない。ここでは、その概略のみを紹介しておこう。

公証人の養成課程に入るためには、原則として法学修士（maîtrise en droit）またはこれに匹敵する学位を取得しておく必要がある（前掲二4・一九七三年七月五日のデクレ三条五号）。コースは、そこから二つに分かれる。ひとつは、公証人職業教育センターにおいて一年間フルタイムで学んだのち、筆記・口述試験を経て公証人職務適性証明（diplôme d'aptitude aux fonctions de notaire）の交付を受け、公証人事務所で少なくとも二年間有給の研修生として経験を積み、その研修報告書を提出して公証人となる資格を得る道である。もうひとつの道は、大学においてさらに公証人職高等専門研究課程修了証（D.E.S.S.N.）を取得したのち、最低二年の実務研修を続けるかたわら、セメスターごとに実施される四つの試験に合格し、論文の公開審査を経て公証人職高等免許状（D.S.N.）の交付を受け、公証人の資格を得るというものである。これらのほか、第三の道として、第一書記（premier clerc）の資格を有し、かつ公証人事務所での職務など通算九年間の職業活動を経験した者にも、公証人への門戸が開かれている。一見しただけでも、公証人有資格者になるまでの道のりは決して平坦でないことがわかるだろう。[86] また、相当期間の実務研修を重ねた者であればこそ、前任者からの推薦が形式的要件とされているが（前述・二4）、国璽尚書（Garde des Sceaux）、つまり司法大臣によって公証人として任命される（一九七三年七月五日のデクレ四四条）資格を名実ともに兼ね備えた候補者と言えるのである。

ところで、公証人が公務員であることを前提とすれば、好むと好まざるとにかかわらず、公務員特有の職階制における「格付」を無視しがたい。実は、この点に着目すると、日本の公証人は、国家公務員法の適用がなく、俸給を受けないだけに俸給表による分類も困難ではあるが、それにしても官職としての「格付」がかなり低いように思われる。旧公証人規則の制定過程では、官僚制ヒエラルヒーの下層部をなす「判任官に準ずる」案が示されたとのことであり、[87] この種の見方が、今日なお監督機関をはじめとする関係者の意識のどこかに潜んでいるとすれば問題がなくはない。というのも、公証人の「格付」にまつわる潜在意識は、のちに見るとおり、その職務権限の理解に対しても作用を及ぼさないではいないからである。

(2) 第三者としての役割

公務員が職務上その権限によって作成した文書は、公文書と呼ばれ、同じ書証であっても、文書が真正に成立したものと推定される要件のうえで私文書とは異なる扱いがなされている（民事訴訟法二二八条）。しかし、公文書の中でも、公証権限を有する公務員が作成した文書は、特に広義の公正証書と称されてはいるものの、証拠法上他の公文書と異なる扱いがなされているわけではない。日本では、公証人が作成した公正証書は、執行力の点では、執行証書の要件さえ満たせば、それこそ〝簡易の債務名義〟として威力を発揮するのに対し、証明力の点では、一般に強力な証拠とされながら、現行法において特別の定めはなく、公文書という上位概念のうちに吸収されているかのようである。フランス法が、偽造申立ての方法によらなければ覆すことのできない完全な証拠として公証人証書を位置づけているのとは（前述・一2(1)）、やはり懸隔の相違があると言ってよい。[88]

これは、公証権限を与えられた公証人の、官職としての「格付」とも無縁ではないように見えるが、それ以上に、私人間の取引に関与する公証人の役割のいかんに負うところが大きいのではないかと考える。

確かに、日本の公証人も、さまざまな法律行為について公正証書を作成することを主要な職務としている。しかしながら、その場合の公証人の職務とは、「法律行為其ノ他私権ニ関スル事実ニ付」（公証人法一条一号）嘱託人またはその代理人の陳述を録取すること（同法三五条）に尽きるのであり、少なくとも文理上、第三者としての公証人が、法律行為の成立より前の段階、すなわち契約交渉過程や遺言者の遺言意思の形成過程に関与することは予定されていないように読める。公正証書の「本旨」（公証人法三六条参照）とされるのは、諸契約についての証書作成の嘱託であれば、その当事者が締結済みの契約内容を公証人に対して陳述した事実の録取にすぎないか、あるいは、当事者が公証人の面前で契約を締結し、公証人がその状況を録取したものであり、いずれにせよ、契約締結時以降に公証人自身が経験した事実にほかならない[89]。それでも、仮に後者の場合を想定しうるならば、当事者がまさに契約を締結しようとする場面に立ち会うのだから、その経験事実を証書の上に記載した公証人は、第三者、証人としての役割をまがりなりにも果たしたと言えるのである。ところが、前者の場合には、公証人に対し、ひとつの法律行為を目撃した証人の役割を期待することはできない。すっかり代理嘱託が定着した日本の公証実務のもとでは、それは、たいていが一方の当事者、しかもその代理人が嘱託前に締結したと主張する契約書面をただ嘱託人の陳述として証明するだけのことであり、ほとんど証人というに値しないからである。これでは、公証人法ほか関係法令の諸規定が「訓示規定」とみなされるのも無理からぬところであろう。

ましてや、公証人の助言者としての役割についてどれくらい期待することができるのだろうか[90]。今日でもなお、大きな状況の変化がないとすれば、公証人の職務権限との関連においてその阻害要因を分析してみる必要がある。

(3) 調査・助言の義務づけ

完全な証拠を提供するという意味で「特権的な証人」とされるフランスの公証人は、公証人証書への信頼性を高めるべく、公署性付与[91]の前提となる証書の有効性を確保するための重い助言義務を自らに課してきた（前述・二2(2)(3)）。また、その助言義務の履行は、客観的で正確な事実調査にもとづかなければ、無益であるばかりか有害でさえあり、したがって、助言義務は、当然に調査義務を内包するものと考えられてきた（前述・二3(3)）。この助言義務に関しても、日仏公証人職の間に見られる隔たりは、改めて指摘するまでもなく歴然としている。日本においては、助言義務の重要性を訴える声が聞かれるようになった現在でも、公証人に対して調査・助言を義務づけるべきであるとする主張が、にわかに受け入れられるとは思われない。それには、いくつかの要因がある。

第一に考えられるのは、公証人も一定の職務権限を有する公務員であるとの立論から、何かにつけてその権限が問題とされてきた点である。実際、法律行為の効力など実体関係にまで踏み込んだ調査権限が認められないかぎり、公証人に対して助言義務を課すことの是非を議論する余地がないようにも見える。もっとも、公証人が、証書作成の嘱託を受けた契約の締結過程における脱税や執行妨害、利息天引きの疑いを抱き、必要に応じて関係書類の提示を求めたり、当事者から事情を聴取したりする場合に、これを「権限」と考えるか、それとも「義務」と考えるかは、考え方次第でどちらともとれるのであり、要は、違法無効等の法律行為を見逃さない公証人職の基本姿勢が問われているのだとすれば[92]、職務権限の問題が、助言義務導入の決定的な障害とは言いがたいであろう。

そこで、第二の要因として浮上してくるのが、すでに幾度となく言及してきた代理人による代理嘱託の許容性の問題である。ありていに言えば、フランス法でも、代理嘱託の可能性が全くないわけではなさそうだが（前述・二2(2)）、その場合、契約当事者の双方から代理権限を与えられた者が単独で公証人証書の作成を依頼してくることなどありえないと考えてよい。なぜならば、公証人が証書作成を受託する以前には、いまだ契約は成立しておらず、受託後にはじめて当事者またはその代理人が契約締結に臨む手はずとなっているからである。事前の合意が取り交わされていても、その当事者が公証人証書の作成を望むなら、本契約が成立するのは証書作成の時に決まっている。つまり、代理嘱託人は、当該法律行為について代理権をもつ者であり、日本におけるように、証書作成の嘱託についてのみ代理権を与えられた者を言うのではない。これに対し、日本の公証実務では、債務者が、代理嘱託用の委任状を予め債権者に交付し、債権者によって選任された代理人が公正証書の作成を嘱託するケースがめずらしくないと言われる。そして、判例によれば、執行認諾条項を含む契約内容が当事者間ですでに合意されている場合、その証書作成の代理人は、新たに契約条項を定めるのではないから、双方代理を原則的に禁止する民法一〇八条に反しないとされている[93]。代理嘱託の許容範囲が、フランスと日本とではかくも異なるのである。これでは、公証人が直接本人に対して助言しようにも、その機会は得られず、助言を義務づける前提が欠けていると指摘されるとおりであろう(94)。

だが、仮に本人自らの嘱託であっても、法律行為が公正証書の作成に先行するのであれば、公証人の助言は時機を逸したものにならざるをえない。ということは、第一、第二の要因に加え、さらに第三の要因を考える必要がありはしないか。現に、日本の公証実務の圧倒的な多数を占めているのは、公証人への嘱託前に法律行為がすでに成立している場合である。これは、契約の成立や所有権の移転の理論的根拠を当事者意思に求める意思主義の理解の仕方と関係しているように思われる。日本では、不動産取引をはじめとする重要取引においても専門家の関与が必ずしも予定されておらず、たとえば、公証人の助言なしに当事者の合意が形成され、公証人の立会いなしに契約が締結されても、一向に不思議でない。そのようなものとして意思主義が理解されているからである。しかし、フランスでは、公証人の関与がなければ、不動産売買ひとつとっても契約それ自体が成り立たないのは明らかであろう。意思主義にまで掘り下げた日仏間の隔たりは、思いのほか深い。

(4)　責任の所在

日本の公証人は、フランスのそれとは異なり、その職務上の過失による損害賠償について個人責任を負うことがない(95)。すべてが国家賠償責任に帰着するのであり、この点もまた日仏間の著しい懸隔である。

では、国家責任への帰着は何を意味するのだろうか。また、そこからどのような問題が派生すると考えられるか。

個人責任を負わない以上、公証人は、その職務遂行上国家から独立した存在ではありえない。元はと言えば、フランスの公証人も、十三世紀の北部慣習法地帯においては裁判所内で契約書の原本作成に従事していた書記であった。しかし、この書記は、その後、証書作成の依頼者との距離を縮め、裁判所の外に事務所を構えるようになった。公署性を付与する権限の獲得は、国家に対する従属ではなく、長い年月にわたる国家との駆引きの末に勝ち取った職務の独立性を意味していた(96)。裏返せば、国家に依存するかぎり、私人たる依頼者嘱託人との距離が縮まるはずもなく、私人間の公正な取引を希求する公証人固有の職責の自覚が生まれるはずもない。日本の公証人職は、果たしてこのまま国家責任の庇護のもとに安住し続けるのであろうか(97)。

フランスの公証人職は、すでに見たとおり（二3・4）、過重なほどの個人責任を負うがゆえに、特に第二次大戦後絶え間ない自己変革を迫られてきた。法律専門職を巻き込んだ国際的な市場競争のうねりが、その変化を一層加速しているように見える。翻って、日本の公証人職の戦後を振り返れば、ほとんど無風状態に近かったのではないか。彼我の差は、もはや説明を要しないであろう。それも国家責任への依存と無縁ではないと思われるが、これから先、果たして日本の公証人職がそうした状態を持続しうるか否か、むしろ持続すべきか否かはまた別問題である。

(5)　契約書の書式

フランスの公証人にとって調査・助言の義務づけが当然であるにせよ、その活動の実態は、依頼者との秘密のベールに包まれており、外部からはなかなか窺い知ることができない。ほとんど唯一の手がかりと言えば、最終的に作成された公証人証書をおいてほかにないが、その証書は、多様な取引があるにもかかわらず、定型化されているのが通例である。

「異なる公証人のところで証明される不動産売買が、同じ書式の中に流し込まれる。確かに、各公証人は、その書式を自らが従う個別の状況に適合させる義務を負っている。それでも、契約意思は、広い範囲にわたって同じ条項を借用しており、公署形式で証明されるすべての売買は、互いに似通っている(98)。」

とはいえ、法技術の粋を集め、時代の変化と伴に改訂を重ねてきた公証人証書の書式が研究対象とされるようになったのは、当のフランスでも二〇世紀後半に入ってからのことであり[99]、日本では、その存在は知られていたが、ついぞ関心が向けられるようなことはなかった。最後に、この問題に触れておこう。

フランス法においては、一四世紀末、不動産売買を目的とする公証人証書中に挿入されたセジーヌ得喪条項が定着し（「擬制的引渡し tradition feinte」）、この公証人慣行により、それまで義務的であった不動産の譲渡形式が徐々に不要とされ、意思主義の先鞭がつけられた。そして、一八〇四年の民法典制定後、譲渡形式の擬制すら不要となり、公証人証書のセジーヌ得喪条項が廃止されるに至った[100]。つまり、意思主義の確立そのものが、公証人によって案出された書式の変遷と絡み合っているのである。極端な見方をすれば、「公証人の書式に設けられた契約条項の源泉は、契約当事者の意思というより証書作成者のそれ」[101]であり、そこで尊重されるべき個人意思は、多くが証書中の定型条項であって当事者の主導によるものではないと言える。実のところ、公証人の書式は、そうして当事者意思の外観をとりながら、定型条項を通じて現行法を私的取引に適用しつつ、それとはまた別の定型条項により、任意規定とは異なる新たな契約規範を創出し、現行法を補完する作用をも果たしてきた。だからこそ、取引実務の需要を反映した公証人の書式から、立法者が、現行法の不適合を正し、その欠缺を埋めるための貴重なヒントを汲み取ることもできるのだろう[102]。

残念ながら、日本法は、フランス法に比肩しうる歴史的経験をもたない。定型化された契約書の書式は巷間に溢れているけれども、いわゆる「相続させる」旨の遺言という評価の分かれる公証実務を除けば、公証人職が、自ら率先して個々の契約のあり方を探求し、類型ごとに統一された雛型を普及させてきた実績は皆無に等しい。しかし、そこまで私人間の取引に対して法律専門職が積極的に関与しないかぎり、公正な取引社会の実現が覚束ないとすれば、意思主義の根本から見直す意味でも、母法の経験に学ぶことは決して無駄ではないように思われるが、どうだろう。

四　「釧路公正証書事件」の波紋

公証人の不法行為にもとづく国家賠償事件の先ほど述べた類型で言えば、「不正確証書作成型」に分類されるべき代表例が「釧路公正証書事件」である。この事件をめぐっては、すでにマスコミを含めてさまざまな見方が示されてはいるが[103]、日本の公証人職のこれからのあり方を考えるうえでやはり素通りすることはできない。同事件の経過を摘記したのち、最高裁判決の要旨を抽出し、その主要な論点について検討しておこう。

1　事件の経過

(1)　事案の概要

Aは、Y_1（協同組合北見専門店会、別会社「北専信用」）に対し、マイカーローンのほか日専連カードによる貸金および買物関係債務を負っていた。AとAの妻は、X（Aの父）から預かっていた実印と印鑑証明書を用いて新たにXを連帯保証人とする準消費貸借契約をY_1との間で結び、Y_1は、Y_2（司法書士）を代理嘱託人としてB（公証人）にその公正証書を作成させた。

ところが、本件公正証書に表示された準消費貸借は、その原債務の中にアドオン方式による実質年率四五％に及ぶ利息制限法違反の利息部分を含んでおり、そのうえ割賦販売法三〇条の三に違反する遅延損害金の約定（年三〇％）を伴っていた。このような公正証書にもとづいてY_1がXの給料債権を差し押さえたため、Xは、請求異議の訴えを提起し、強制執行の停止決定を得ることを余儀なくされた。本訴は、XがY_1・Y_2・Y_3（国）に対してその損害賠償を求めたものである。

(2) **下級審の判決**

第一審である釧路地裁平成五年五月二五日判決(同元年(ワ)九七号、民集五一巻八号三七五五頁)は、大要、以下のような判断を示した[104]。

第一に、Y_1については、利息制限法違反と割賦販売法違反の内容を含む公正証書の作成を代理嘱託し、これにもとづく強制執行を行った点に少なくとも重大な過失があったことを認定し、Y_1は、Xに生じた損害を賠償する責任があるとする。

第二に、Y_2についても、違法な公正証書の作成を嘱託しない注意義務があるとしてその過失責任を認める。

第三として、Y_3については、まず、「公証人は、債権者から提出された委任状その他の書類に基づいて審査し、法令違反の存在、法律行為の無効等の疑いが生じた場合はもちろん、当該公証事務処理及びそれ以前の事務処理の過程で知った事情等から法令違反の存在等の疑いが生じた場合においても、債権者等に必要な説明を求めるなどして、違法な公正証書を作成しないようにする義務がある」と一般論を述べる。そして、公証人の調査義務に関し、「当該公証事務処理及びそれ以前の事務処理の過程で知った事情等も審査の資料に加えるべきは当然であり、そのことを公証人に要求したとしても、公証人に過大な負担を課することにはならない」との見解を示す。したがって、本件では、公正証書作成当時あるいはそれ以前の段階で法令違反を疑い、Y_1等に確認すべき義務を怠ったBに過失ありとし、Y_3の国家賠償責任を認める。

控訴審、札幌高裁平成六年五月三一日判決(民集五一巻八号三七九一頁)は、Y_2およびY_3の過失責任のうち、利息制限法違反の公正証書が作成された点についての両者の過失を認めず、弁護士費用等の一部と慰謝料からなるXの損害を減額した(ただし、第一審が、Y_1に対する慰謝料しか認めなかったのに対し、Y_1・Y_2・Y_3全員に対する慰謝料請求を認容)。しかし、相当量の加筆修正があるものの、同判決は、第一審の判決理由を包括的に引用しており、Yら三者の責任を認める点で第一審判決を支持する内容となっている。[105] Y_3上告。

2　最高裁判決の要旨

Y_3の上告理由は、おおよそ三点にわたって原判決を批判するものであった。

原判決は、Y_1から反復継続して公正証書作成の嘱託を受けるため、Bが、Y_2の相談に応じて本件でも使用された委任状の定型用紙の内容を定めるに当たり(第一審認定事実によれば、B自らも、同内容の定型用紙を印刷し、Y_1を債権者とする公正証書の用紙として使用していた)、入会案内書、入会申込書その他の資料を提出させるなどしてY_1の顧客との取引形態を把握すべきであったと判断した。上告理由の第一点は、原判決が、そのBの過失を公証人の「周辺業務における注意義務」違反とした部分をとらえ、Bに対し、「法的根拠のない、しかも不可能な義務を課した」という批判である。

第二点目は、「そもそも公証人は、紛争解決のための判断機関でもなければ、調停機関でもなく、契約締結等の事実を形式的に証明する機関にすぎない」との見地に立ち、関係法令の文言から「公正証書を作成する公証人の審査資料は、公証事務を処理する際の当事者の陳述及びその提出資料に限定される」と解したうえ、広きに失した原判決の解釈を採用しがたいとする批判である。

そして、第三点目は、仮に公証人が職務上知った事実も審査資料に含まれるとしても、準消費貸借の旧債務について利息制限法違反や割賦販売法違反の可能性がある程度では、公証人施行規則一三条一項がいう「疑があるとき」に当たらず、さらに、代理嘱託による本件事案では、当事者本人から直接説明を求めることは不可能であり、過失の前提となる結果回避の可能性もないのだから、Bの過失は認められないとする批判である。

さて、最高裁平成九年九月四日第一小法廷判決（民集五一巻八号三七一八頁）は、以下の理由により、Y_3の敗訴部分を破棄自判し、Xの請求を全部棄却した。(106)

違法無効等の法律行為について公正証書を作成することができないと規定する公証人法二六条の趣旨からすれば、一方では、①「公証人が公正証書の作成の嘱託を受けた場合における審査の対象は、嘱託手続の適法性にとどまるものではなく、公正証書に記載されるべき法律行為等の内容の適法性についても及ぶものと解せられる。」しかし、他方、②公証人法は、正当な理由なくして公証人が受託を拒むことを禁止しながら（同法三条）、公証人に対して事実調査の権限を付与する規定も、関係人の事実調査への協力を義務づける規定もおくことなく、同法施行規則一三条一項により、法律行為の効力等について疑いがあるとき、関係者に注意し、かつ必要な説明を求めるべき旨を規定するにとどめており、「このような法の構造にかんがみると、法は、原則的には、公証人に対し、嘱託された法律行為の適法性などを積極的に調査することを要請するものではなく、その職務執行に当たり、具体的疑いが生じた場合にのみ調査義務を課していると解するのが相当である。」③「したがって、公証人は、公正証書を作成するに当たり、聴取した陳述（書面による陳述の場合はその書面の記載）によって知り得た事実など自ら実際に経験した事実及び当該嘱託と関連する過去の職務執行の過程において実際に経験した事実を資料として審査をすれば足り、その結果、法律行為の法令違反、無効及び無能力による取消し等の事由が存在することについて具体的な疑いが生じた場合に限って嘱託人などの関係人に対して必要な説明を促すなどの調査をすべきものであって、そのような具体的な疑いがない場合についてまで関係人に説明を求めるなどの積極的な調査をすべき義務を負うものではない」。

3　最高裁判決の検討

本判決の意義は、要旨①のとおり、公証人による審査の対象が「公正証書に記載されるべき法律行為等の内容の適法性」に及ぶことを認めた点にある。しかしながら、公証人が積極的な調査義務を負うわけではなく、「具体的な疑い」が生じなければ調査すべき義務を課せられないとする関係法令の解釈は、上告理由と同様、従来の判例の考え方から一歩も出るものではない（要旨②）。強いて上げるならば、嘱託人の陳述によって知ることができた経験事実に加え、「当該嘱託と関連する過去の職務執行の過程において実際に経験した事実」をも資料として審査することが予定されている点に（要旨③）、かろうじて上告理由とは異なる新味が感じられるであろうか。

にもかかわらず、本判決は、以下の問題点を残すことにより、日本の公証人職の将来に向けて小さくない波紋を投げかけているように思われる。

まず、本判決は、公証人の公務員性といういわば固定観念にとらわれすぎており、このため、公正証書の作成を公証人に対して「嘱託」する行為が本来的に内包しているはずの契約的要素を全く見ようとしない。公証人が公務員であるからには、公証人への「嘱託」も、純然たる公法上の行為とみなされなければならないのであろうか。しかし、それならば、公証人が受けるべき「手数料」（公証人手数料令による）は、証書作成の対価としての性格をもたず、したがって、公証人をして直接に受領させるべきではなく、一端は国庫に帰属するのが筋であろう。フランス法では、適法な証書作成の「嘱託」について公証人の受託拒否が禁じられ、「手数料」、直截に言えば、公証人の報酬が法定されていることは、「公証人関与の、ほかには還元しきれない契約的アプローチ」[107]を否定する根拠にならないと考えられている。フランスの公証人の受託行為と日本の公証人のそれを同列におくことはできないにせよ、後者の場合にも、嘱託人と受託公証人の間で結ばれる契約関係の存在を無視しがたいとすれば[108]、公証人の職務は、関係法令によって尽くされるものではあるまい。公正証書に記載される法律行為の内容の適法性に関する実体的調査についても、公証人が嘱託人に対して負うべき契約上の調査義務として構成しうる余地があるのではなかろうか（たとえば、土地家屋調査士が、他人から依頼を受けて土地・家屋に関する調査または測量をなすべき場合を想起されたい）。

また、仮に公証人関係法令のみに視野を限定して考えたしても、最高裁判決の要旨②の部分が述べるように、果たして公証人が積極的な調査義務を課されていないと言いきれるのかどうか、大いに疑問である。この際だから、判例の立場を正当化するために公証人法三条を引き合いに出すのは道理に合わないことを確認しておこう。というのも、同条は、証書作成の嘱託があれば、法律行為の適法性について十分な注意を払うことなく受託せよなどと公証人に命じてはいないし、「公正の効力を有しない文書の作成を嘱託された場合は、一般にこれを拒絶し得る正当な理由がある」[109]と言えるからである。しばしば公証人の受託義務が「公証行為の迅速性の要請」[110]と絡めて論じられているが、法は、「法令ニ違反シタル事項、無効ノ法律行為及能力ノ制限ニ因リテ取消スコトヲ得ヘキ法律行為ニ付証書ヲ作成スルコトヲ得ス」と規定された公証人が、必要最小限の書面上の審査をなおざりにしてまでその要請に応じることを求めているのであろうか。もしそうならば、ここに引用した公証人法二六条は「訓示規定」の意味さえも失ってしまうであろう。前述したとおり、フランスの公証人に課せられた調査義務も、証拠書類による書面上の審査で足りるのだけれども、このような調査の方法が、速やかな職務遂行を妨げる要因になっているという指摘は耳にしたことがない。日本において過剰なほどに証書作成の迅速性の要請が働いているとすれば、それは、おそらく〝簡易な債務名義〟を緊急に欲する債権者の要請であろうと思われる。しかし、公証人の積極的な調査義務を予定せず、債務者の委任状とともに提出された契約書面を当事者の「陳述」とみなし、公証人自らの経験的事実としてその「陳述」を録取したにすぎない公正証書の多くは、いかなる根拠にもとづいて完全な証拠力と執行力を与えられるのであろうか。これもまた、公証人が公証権限をもった公務員であるという説明に終始するのであれば、もはや述べるべき言葉をもたない。

最後に、百歩譲って最高裁判決が定立した要旨③の判断基準に従ったとしても、本件の場合、公証人が委任状の定型化の段階から関与している事実を度外視してよいものだろうか。これが、「当該嘱託と関連する過去の職務執行の過程において実際に経験した事実」に当たらないとすれば、一体、どのような事実が該当するのであろう。同判決はいう。

「本件公正証書作成嘱託委任状における準消費貸借の旧債務の記載が債務の特定として不十分であるとはいえないからB公証人が旧債務の内容について調査を尽くすべきであったとはいえないし、また、右委任状の『組合の加盟店から買受けた衣類等の買掛代金』の記載から本件準消費貸借の旧債務の中に割賦販売法三〇条の三の規定の適用を受ける立替払契約に基づく債務が含まれているという具体的な疑いが生じるとまではいえないから、法定利率を超える割合による遅延損害金等の定めが記載されているからといって本件準消費貸借契約が同条に違反するという具体的な疑いが生じたということもできない」。

しかしながら、B公証人自身が証言しているように、同人は、「以前から、本件のような公正証書は、Y_1の顧客が月々の支払いを遅滞した場合に作成嘱託されるものであることを知っていた」（第一審認定事実、民集五一巻八号三七八〇頁）のであり、割賦販売における消費者が債務不履行に陥った場合、割賦販売価格の中には、現金販売価格との差額分相当の金利が含まれており、債務者が、期限の利益の喪失により、割賦販売代金全額を直ちに弁済すべき義務を負うことから、損害賠償額の予定または違約金の定めがあっても、割賦販売法三〇条の三が、法定利率による遅延損害金しか請求できないとしている点についてそれでも「具体的な疑い」が生じたとは言えないのであろうか。[111] ついでながら、第二審の高裁判決は、利息制限法違反の公正証書を作成したBの過失を認めず、Y_1が貸金業務を行っていることを知らなかったBには、本件買掛代金中の貸金債権の有無について積極的に確認すべき義務はなかったと判断しているが、一般に、各種のクレジット・カードによって販売信用とキャッシング（貸付信用）を併用することができる事実は、消費者の間でもよく知られている。最高裁は、これらの事実についてBがY_1から説明を受けていないという原審認定事実をことさらに強調しているように見えるけれども、当事者から説明がなければ、「具体的な疑い」が生ぜず、「具体的な疑い」が生じなければ、調査義務が生じないとなれば、あとは、委任状記載の、あるいは委任状に添付された契約書面の不動文字をひたすら観察するよりほかになかろう。公証人には、資料収集権限がなく、また、何人も、公証人に対し、文書提出等の協力義務を負わないから、それも致し方ないということであろうか。しかし、私見では、書面上の審査資料を収集するために特別の権限が必要とは思われず、嘱託人ほか契約当事者が、公証人の調査に非協力的であり、適法かつ有効な公正証書の作成を望まないなら、受託拒否の「正当ノ理由」ありとして証書作成の嘱託を受けないまでの話ではないかと考える。

「要するに、単に違法無効の可能性があるにすぎない場合には一々詮索する義務まではないが、具体的な疑いが生じた場合には任意の説明を促すべき作為義務があることになる。この程度の作為義務すら否定するのは公証人に甘すぎるであろう。[112]」

このような発想から最高裁判決が書かれているのだとすれば、公証人も、自己の職責を侮られてしまったものである。日本の公証人職が、今回の最高裁判決の内容に安堵するのか、それとも一念発起して自己変革を目ざすのか、法律専門職としての将来も、同判決を受けとめるその態度決定いかんにかかっている。

五　結語

本稿では、当初の計画に反し、あまりにも多くの事柄を述べすぎたかもしれない。その冗長さの上塗りをしないためにも、最後の最後に次のことだけを述べておこう。

意思自治なるものは、本来的に法律専門職の支えなくしては成り立ちがたい。しかし、専門的知識をもたない一般市民は、不動産取引に代表される重要取引の数多の場面でほとんど裸同然の状態におかれ、無防備のままに苛烈な市場社会と相対している。これが、日本における意思主義、「契約の自由」の現実である。事態は、公証制度ひとつとってみても根本的な見直しを迫っている。にもかかわらず、自由かつ公正な社会の形成に資することを目的とした司法制度改革の論議がかまびすしい昨今、公証人職のあり方に関する建設的な提言が聞かれないのは、いかにも不可解というほかない。

注

（1）　日本においては、この問題をめぐって激しい学説上の論争が展開されたが、フランスでは、同種の論争が見られないばかりか、大きな論点としてそれが取り上げられる例は稀である。その数少ない論説として、P. Bloch, *L'obligation de transférer la propriété dans la vente*, *RTD civ.*, 1988.673; J.-P. Chazal et S. Vicente, *Le transfert de propriété par l'effet des obligations dans le code civil*, *RTD civ.*, 2000.477. 後者は、意思主義の原則規定とされる民法典一一三八条や一一五八条の思想的由来を明らかにしたうえ、所有権の移転時期について真正面から取り組み、特に売買代金の支払いとの関連で説得的な分析を試みる意欲作だが、「実定法における所有権移転方法としての引渡しの執拗な存続」（p. 494）を強調し、古法時代と民法典以後の連続性をやや誇張しすぎているように思われる。

（2）このことを具体的に論じたのが本書第一章である。

（3）江藤价泰「比較法から見た公証（人）制度のあり方――フランス公証人制度の一端」『自由と正義』三三巻一四号一三頁以下（同『司法書士の社会的役割と未来』所収、日本評論社、二〇一四年、九一頁以下）をはじめとして、同「司法書士制度について――フランス公証人制度との比較」『月報司法書士』一二七号二二頁以下連載、鎌田薫「フランスにおける不動産取引と公証人の役割」『早稲田法学』五六巻一号三一頁以下および二号一頁以下、同「フランスの公証制度と公証人」『公証法学』一一号一頁以下は、本稿の問題関心を授かった先駆的研究である。また、井上治行「フランスにおける公証人の民事責任」『公証法学』創刊号一三〇頁以下、西澤宗英「公証人の職務上の責任――フランスの場合」『公証法学』一七号一頁以下、須永醇「フランス法における『専門家の責任』」、川井健編『専門家の責任』（日本評論社、一九九三年）所収一五九頁以下は、逐一言及はしないけれども、本稿における叙述の前提となっており、フランスの公証人に関する基本的知識を授かった。

（4）R. Perrot, *Institutions judiciaires*, Montchrestien, 8e éd., 1998, n° 403.
ただし、「現実には、『司法外の法的なもの』が訴訟の回避を目的とし、その危険を払いのけるため、潜在的な訴訟の相手方が援用するかもしれない諸手段を常に念頭におかなければならないとすれば、その限りにおいて『司法外の法的なもの』と『司法的なもの』は、相互に緊密な関係を保っている。」(*Ibid.*)

（5）A. Lapeyre, *L'authenticité*, *J.C.P.*, 1970. I. 2365, n° 23.

（6）*Ibid.*, n° 22.

（7）意思主義の「例外」をなす形式主義的諸契約については、本書第一章二〇頁以下。

（8）Ph. Malaurie, *Le droit civil français des contrats à la fin du XXème siècle*, in *Mélanges Michel Cabrillac*, Litec, 1999, p. 195.

（9）Lapeyre, *op.cit.*, n° 7.

（10）G. Ripert et J. Boulanger, *Traité de droit civil d'après le traité de Planiol*, t.II, L. G. D. J., 1957, n° 396.
フランス法には、「ひとりの証人は証人にあらず（Testis unus testis nullus）」（H. Roland et L. Boyer, *Adages du droit*

français, Litec, 3e éd., 1992, n° 413）のことわざがある。元来は、ひとりの疑わしい証人は、もうひとりの証人または情況証拠によって補うことができ、ふたりの証人は、疑わしいところがあっても、信頼に足りるひとりの証人に値しうるという法定証拠主義の考え方から生まれたものらしい。したがって、この法諺は、裁判官の自由心証による近代的裁判では通用しない。重要なのは、証人の数ではなく証言の質である。しかし、民事に関しては自由心証主義が徹底しておらず、「公平無私の保証として証人二名を必要とし、一名の証人は証人にあらずとする中世法の要請が、フランス法から消えてしまうことはなかった。」（*Ibid.*, p. 885）たとえば、公署形式の遺言も、二名の公証人または二名の証人を伴う一名の公証人の立会いが要件とされている（フランス民法典九七一条）。

（11）LAPEYRE, *loc. cit.* この形容は、二〇一六年の民法典改正により、合意の拘束力を正当化するコーズの欠如を無効原因としていた旧一一〇八条四号、一一三一条が削除され（現一一二八条を参照）、コーズ理論が排斥されたため、従前のままでは通用しなくなった。

（12）*Ibid.*

（13）この定義規定は、公証人職の組織化を伴う一八〇三年三月一六日（共和暦一一年ヴァントーズ二五日）の法律（Loi du 25 ventôse an XI contenant organisation du notariat）の第一条をほぼ一言一句再現している。両者のほんのわずかな違いは、共和暦一一年ヴァントーズ法が、公証人を《fonctionnaires publics》と呼んだのに対し、一九四五年のオルドナンスが《officiers publics》と言い換えている点である。前者は、私たちの語感とも一致する「公務員」を意味し、後者は、むしろ古風な響きの「官職保有者」を意味する。《officiers publics》は、公署性付与の権限を有することから、「公署吏」の訳がある。この点の注意を喚起するのは、J. de POULPIQUET, *Rép. civ. Dalloz*, v° *Notaire*, n° 9.

（14）公署吏が自ら果たし、またはその面前で行われたとされる事実に関する記述は、偽造の申立てがあるまで証明し、それ以外の記述は、反証があるまで証明し、偽造申立てを要しない。デュムーラン以来と言われるこの古典的区別に従えば、公署性を帯びた証書が確定日付を有するのも、とりたてて言うほどのことではなく、それが第一のカテゴリーに属する記述だからである。くれぐれも、公署証書のすべての記述が完全な証明力を与えられるものと誤解してはならない。V. J. FLOUR, *Sur une notion nouvelle de l'authenticité*, *Rép. Defrénois*, 1972, art. 30159, n° 24.

（15） 公署証書の偽造申立ては、本案に付帯しての申立て（inscription de faux incidente）か（フランス民事訴訟法典三〇六条以下）、または本案としての請求（demande principale en faux）による（同法典三一四―三一六条）。この申立てが検察官に伝達（communication au ministère public）されるのは（同法典三〇三条）、事件の重大さゆえにとられる措置である。偽造申立訴訟に敗れた原告は、最高額を三，〇〇〇ユーロとする過料の制裁が科せられ、相手方は、当然に損害賠償を請求することができる（同法典三〇五条）。

（16） Lapeyre, *op.cit.*, n° 14.

（17） Flour, *op.cit.*, n° 5, p. 982.

（18） J. de Poulpiquet, *La responsabilité civile et disciplinaire des notaires*, L. G. D. J., 1974, n° 75は、その理由を二つに整理する。ひとつは、個人の自由と自律を賞揚する革命哲学から発したヴァントーズ法の見方からすれば、助言義務は、単なる道義的義務でしかありえず、個人意思の背後でかすんでしまうほかなかったという「哲学的な理由」であり、もうひとつは、公務員に対する責任追及が不利であった当時の事情に加え、公証人が関与する法律行為の内容も相対的に単純であったという「社会経済的な理由」である。ヴァントーズ法の制定過程を実証的に洗い直してみなければ、その真偽のほどを正確に測ることはできないが、当たらずとも遠からずといったところか。

（19） Poulpiquet, *Rép. civ. Dalloz*, v° *Notaire*, n° 231. この判例の立場を打ち出したのが、売主の負債状況（抵当負債か？）を正確に知りながら、曖昧な情報しか取得者に伝えなかった公証人の責任を認めるReq. 2 avr. 1872, D. 1872. I. 362と見られている。

（20） 公証人は、常に待機していなければならない。だから、公証人事務所は、日曜日や祝祭日を除いて閉まることがない。緊急の場合には、休日とか、遅い時刻でも公証人に対して証書作成を請求することができる。受託拒否の正当理由が認められることはめったになく、正当理由の援用は、なおのことめったにないといわれる。古い判例が唯一留保なしに認めるのは、病気を理由とする受託拒否だが、これには、健康診断書による証明が条件とされる。V. Poulpiquet, *Rép. civ. Dalloz*, v° *Notaire*, n° 10, 23 et 24.

（21） Civ. 1er, 6 fév. 1979, Bull. civ. I, n° 45. この事案を紹介しつつ、当事者の同一性を確認する意味での公証人の調査義務を説くのは、J.-L. AUBERT, *La responsabilité civile des notaires*, Defrénois, 3e éd., 1998, n° 72.

(22) POULPIQUET, *Rép. civ. Dalloz*, v° *Notaire*, n° 284.

(23)「売買の本質的な諸条件について両当事者が折り合う日と、売買の公署証書に署名することができる日の間には一定の期間がある。この（売買の条件で折り合った事前の合意に関する——引用者注）暫定的な文書は、売主、買主にとっても、同時に公署証書の作成者としての公証人にとっても都合がよい。実際、売主は、売却不動産を空けておくための手はずを整えることが可能となり、買主は、代金を支払うための資金を集め、万一のときは、与信契約の一件書類を準備する時間を残せるだろう。最後に、証書作成者たる公証人は、都市計画証明書、土地台帳抄本、事前の抵当権登記謄抄本、先買権の滌除……といったような行政上の必要書類を集める時間を与えられるであろう。」（J.-L. MAGNAN, *Le notariat et le monde moderne*, L. G. D. J., 1979, pp. 281-282）

(24) J.-L. SOURIOUX, *Recherches sur le rôle de la formule notariale dans le droit positif*, thèse, Paris, 1965, n° 27, p. 36. ただし、二〇〇八年六月一七日の法律による民法典改正後は、占有の承継に関する旧二二三五条が二二六五条となっている。

(25) POULPIQUET, *Rép. civ. Dalloz*, v° *Notaire*, n° 292.

参考までに、抵当権の設定は、公署形式の証書作成を有効要件としている（二〇〇六年三月二十三日のオルドナンスによる民法典改正後の二四一六条、改正前の旧二一二七条）。この場合、抵当権の設定証書を作成する公証人は、先順位抵当権の存在による担保の不足のみならず、目的不動産の担保適格性についても調査義務を負う。だが、公証人が不動産鑑定人になることを義務づけられるわけではない。V. AUBERT, *op.cit.*, n° 74.

(26) POULPIQUET, *Rép. civ. Dalloz*, v° *Notaire*, n° 290. なお、都市計画証明の詳細は、P. SOLER-COUTEAUX, *Droit de l'urbanisme*, Dalloz, 3e éd. 2000, n°s 906 et s. を参照。

(27) POULPIQUET, *Rép. civ. Dalloz*, v° *Notaire*, n° 53.

(28) AUBERT, *op.cit.*, n° 97.

(29) *Ibid.*, p. 130.

(30) *Ibid.*, n° 93, p. 125.

（31） *Ibid.*, n° 94.

（32） *Ibid.*, p. 127.

（33） Poulpiquet, *La responsabilité civile et disciplinaire des notaires*, n° 85, p. 98.

（34） 今日では、法律により、個人や、国家、自治体に先買権が付与される例は多い。その中でも、農地や居住用不動産の賃借人が賃借不動産の売却の際に行使することのできる先買権（農地につき、農業および海洋漁業法典 Code rural et la pêche maritime L四一二―一条以下、居住用不動産につき、住居占有者の保護に関する一九七五年一二月三一日の法律 Loi n° 75-1351 du 31 décembre 1975 relative à la protection des occupants de locaux à usage d'habitation 一〇条、賃貸借関係の改善等を目的とする一九八九年七月六日の法律 Loi n° 89-462 du 6 juillet 1989 tendant à améliorer les rapports locatifs 一五条Ⅱ）はよく知られている。このような不動産を売却しようとする所有者は、先買権者に対し、予め第三者への売却の意向を通知しなければならず、一般的に、公証人を介して売却の意思の表明を受けた先買権者は、一定期間内に選択権を行使し、原契約の諸条件のもとで当該不動産を優先的に買い受けることができる。

（35） Poulpiquet, *Rép. civ. Dalloz*, v° *Notaire*, n° 283.

（36） *Ibid.*, nos 278 et 279.

（37） Ph. Malaurie et L. Aynès, *Contrats spéciaux*, Cujas, 14e éd., 2001, n° 200.

（38） Magnan, *op.cit.*, p. 276.

（39） 租税一般法典（Code général des impôts）旧一八四〇条Aは、売買代金の一部隠蔽を防ぐため、私署証書による不動産売買予約の登録を義務づけ、これに反すれば、その予約自体を無効とする制裁が加えられた。というのも、「私署証書での予約中に定められた代価は、公署形式の売買証書が示す代価よりも重要」であり、「私署証書による譲渡が登録されなければ、譲渡価格は気づかれないで終わってしまう」（Malaurie et Aynès, *op.cit.*, n° 115, n. 6）からである。二〇〇五年、同条が廃止された理由は不詳。

（40） Aubert, *op.cit.*, p. 116.

（41） Poulpiquet, *Rép. civ. Dalloz*, v° *Notaire*, n° 297.

（42）Aubert, *op.cit.*, pp. 32 et 78.

（43）J. Rioufol et F. Rico, *Le notariat*, P. U. F., coll.《Que sais-je?》, 2e éd. 1992, pp. 59-60.

（44）この改革に至る民法典の改正事業については、稲本洋之助『フランスの家族法』（東京大学出版会、一九八五年）一五五頁以下が詳しい。

（45）一九九六年一一月三〇日付け『フィガロ』週刊誌上に公表されたアンケート結果では、既婚者に向けられた「婚姻時に公証人の面前で夫婦財産契約を結びましたか」の問いに対し、「はい」と答えた回答者はわずか一六パーセントであり、圧倒的多数の八三パーセントが「いいえ」と答えている。

（46）Magnan, *op.cit.*, p. 204.

（47）*Ibid.*, p. 212.

（48）Aubert, *op.cit.*, n° 66.

（49）Poulpiquet, *op.cit.*, n° 62.

ついでながら、フランスの公証人は、自分が作成した証書の公示義務を履行したのちも、その原本を保存する義務を負い続ける（本書第三章一一九頁を参照）という点に注意を払う必要がある。フランスでは、公署形式の証書が作成されなければ、原則として公示の対象とならないが、日本では、公正証書の作成を登記申請の要件としていないので、二〇〇四年全面改正前の旧不動産登記法によれば、登記申請に必要な書面として登記原因証書（旧三五条一項二号）が提出された場合でも、その原因証書は、登記手続が完了したあと「登記済証」として登記権利者に還付されていた（旧六〇条）。そして、「登記済証」の還付を受けた登記名義人がその原本に当たる証書を紛失してしまったら、今度は、彼が登記義務者の立場で登記を申請する際、その人違いでないことを保証する成人二人以上の「保証書」（旧四四条）によって代用せざるをえなかった。全面改正後の現行不動産登記法においても、登記申請のために提供される登記原因証明情報（六一条）の保存に関する規定はなく、確実な原本保存者の不在は、日本の不動産登記制度の根本的な見直しを妨げる隘路のひとつである。

（50）この点については、L.-V. Fernandez-Maublanc et J.-P. Maublanc, *Droit fiscal immobilier*, P. U. F., 1996, n° 136 を参照。

（51）G. Rouzet, *Précis de déontologie notariale*, Presses universitaires de Bordeaux, 3e éd. 1999, n° 331.

(52) *Ibid.*, n° 332, p. 252.

(53) 「二元説」を代表する学説として、Ripert et Boulanger, *op.cit.*, n° 939; R. Savatier, *Traité de la responsabilité civile en droit français*, t.II, 2e éd. L. G. D. J. 1951, n° 803; H. et L. Mazeaud, A. Tunc, *Traité théorique et pratique de la responsabilité civile délictuelle et contractuelle*, t.I, Montchrestien, 6e éd., 1965, n° 513.

(54) Aubert, *op.cit.*, n° 15.

(55) Poulpiquet, *Rép. civ. Dalloz*, v° *Notaire*, n° 247. これとは見解を異にするが、Aubert, *op.cit.*, n° 22も、「個人意思の排撃」を不可避とする不法行為責任の原則性を事実認識として認める。

(56) J. Yaigre et J.-F. Pillebout, *Droit professionnel notarial*, Litec, 3e éd., 1991, n° 283.

(57) *Ibid.*, n° 284.

(58) Rouzet, *op.cit.*, n° 92.

(59) J.-L. Aubert, *Dix ans de jurisprudence de la Cour de cassation en matière de responsabilité notariale*, in *Rapport de la Cour de cassation 1994*, La Documentation française, 1995, n° 25.

(60) *Ibid.*, n° 11.

(61) Poulpiquet, *Rép. civ. Dalloz*, v° *Notaire*, n° 325.

(62) Aubert, *La responsabilité civile des notaires*, p. 136.

(63) 用語法の点では、裁判所付属吏と公署吏が混同される心配はないだろう。しかし、現実には、公証人のように両方の呼び方が可能な者もあれば、反対に、民事身分証書（actes de l'état civil）を作成する市長村長（maire）や大審裁判所書記（greffier des tribunaux de grande instance）のように、公署吏ではあっても裁判所付属吏でない者もいる（Perrot, *op.cit.*, n° 443）。

(64) 共同金庫による補償の実体的要件となる公証人の「不履行」は支払不能を意味するものではない。この要件を満たすには、受取通知を伴う書留郵便によって債務の履行を促し、一か月以上効果がなかった場合、その公証人宛ての書状を提出すれば足りる（前掲・一九五五年五月二〇日のデクレ一二条五項）。

なお、公証人が禁止されている投機的取引については、依頼者は、善意者を除いて共同保証を利用する資格をもたない。公証人の職務とは無縁の取引と解されるからである（同条二項・三項参照）。

(65) Rioufol et Rico, *op.cit.*, pp. 83-84.

(66) A. Moreau, *Le Notaire dans la société française d'hier à demain*, Economica, 1999, p. 125.

(67) *Collection complète des lois, décrets et ordonnances*, par Duvergier, t.XX, p. 291.

(68) E. Suleiman, *Les notaires : les pouvoirs d'une corporation*, Seuil, 1987, p. 88 et s.

(69) 最近（二〇一五年）の統計では、公証人総数九、八二二の内訳は、個人一、六〇二、組合員（社員）七、〇五四、被用者一、一六六となり、本文で指摘した傾向を一層強めている。

(70) Poulpiquet, *Rép. civ. Dalloz*, v° *Notaire*, n° 211.

(71) M. Planiol et G. Ripert, *Traité pratique de droit civil français*, t.VI, avec le concours de P. Esmein, L. G. D. J., 1930, n° 532 は、その意味で判例を批判する。

(72) 法人形態での法律専門職の業務に関する一九九〇年一二月三一日の法律（Loi n° 90-1258 du 31 décembre 1990 relative à l'exercice sous forme de sociétés des professions libérales soumises à un statut législatif ou réglementaire ou dont le titre est protégé et aux sociétés de participations financières de professions libérales）による弁護士と法務顧問（conseil juridique）の統合が実現するまでの法律専門職の改革に関する経緯については、Perrot, *op.cit.*, n°s 411 et s.

(73) Moreau, *op.cit.*, p. 158.

(74) *Ibid.*, p. 140-141.

(75) 法務省民事局編『公証人法関係解説・先例集』（商事法務研究会、一九八六年）九頁。

(76) 日本の公証人は、各々が所属する法務局または地方法務局の管轄区域を職務執行の区域としている（公証人法一七条）。これは、あくまで公証人が職務を執行すべき場所の範囲——通常は、法務大臣が指定する土地に開設された公証人役場（同法一八条）——を意味するにすぎず、その区域内で生じた事件またはその区域内に居住する者が嘱託する事件しか取り扱えないという趣旨ではない。自己の公証人役場において区域外に居住する者の嘱託を受けることは別段支障がない（ただし、同法六二条ノ二の例外あり）。戦前は、公証人の所属地方裁判所の管轄区域によって職務執行の区域が定められていた。フランスの公証人は、海外領土等を除く全国土に効力が及ぶ証書作成権限を有するが、事務所以外の場所での受託を禁じられており、職務執行の場所的範囲は、事務所所在地の大審裁判所の管轄区域によって定められている（一九七一年一一月二六日のデクレ Décret n° 71-942 du 26 novembre 1971 relatif aux créations, transferts et suppressions d'offices de notaire, à la compétence d'instrumentation et à résidence des notaires, à la garde et à la transmission des minutes, registres professionnels des notaires 八条以下）。

ところで、日本法に立ち戻れば、商業登記法等の一部を改正する法律（二〇〇〇年四月一九日公布、翌年三月一日より施行）により、公証人法および民法施行法の一部が改正され、いわゆる電子公証事務（①電子私署証書の認証、②電子確定日付の付与、③認証を受けた電子情報の保存および内容の証明）が新たに導入された。この法改正は、日本の公証人職の近未来像を描く重大な因子をはらんでいるように思われるが、本章では、検討の俎上に載せることができなかった。

(77) 五十部豊久「消費者信用と公証制度」、法学セミナー増刊『市民のための法律家』(1983年)が、消費者を債務者とする執行証書作成過程の現実をわかりやすく解説している。そのもとになった共同研究の成果は、竹下守夫＝五十部豊久「実態調査の結果から見た公証制度」『公証法学』一三号一頁以下、五十部豊久＝上原敏夫＝春日偉知郎「近時の公正証書に関する裁判例」『民訴雑誌』三一号一一九頁以下に結実した。

(78) 五十部＝上原＝春日・前掲「近時の公正証書に関する裁判例」『民訴雑誌』三一号一三八頁。

(79) 原島克己「公証人の審査義務の範囲」『判例タイムズ』八二五号七二頁。この論考は、のちに見る「釧路公正証書事件」第一審判決の評釈として書かれたものであり、『公証』一〇七号九〇頁以下に再録されている。

(80) この観点からすれば、奥村正策『公正証書に関する総合的な研究』（司法研究報告書一三輯一号）は先駆的研究であり、本多芳郎「わが国公証人制度の歴史と現状」『公証法学』創刊号、特に一二頁以下には問題関心の萌芽が見い出される。近年では、福永政彦「公証人の実質的審査義務と公証業務の姿勢」『公証法学』三一号九九頁以下において、同職者の職務に対する考え方の変化を読み取ることもできる。座談会「予防司法としての公証制度の現状と展望」『法の支配』八三号九六頁以下における出席者の発言からも、従来の議論とは一味違う公証実務への期待感が窺えなくはない。

(81) 飯塚和之「公証人の責任」、川井健編『専門家の責任』(日本評論社、一九九三年) 二五一頁以下。

(82) 瀬戸正二「公証制度の問題点」、法学セミナー増刊『市民のための法律家』一九五―一九六頁は、公正証書による遺言の方式のひとつである二名以上の立会証人(民法九六九条一号)の必要性に疑問を投じ、遺言者の口述を公証人が誤って筆記するなどという仮定があるからこそ、立会証人による監視が求められるのであり、「法曹たる公証人について、かかる非違を予想することは全く不当」と論難され、この際、立会証人制度を全部廃止するか、一名に減じることを提案される。実際上、立会証人の口を通して遺言内容が漏れる危険がないとは言えず、その主張は傾聴に値するけれども、注(10)に述べたとおり、証人二名の要求は生半の歴史的産物ではない。それなのに、同じ証拠法が日本に継受された途端、どうして「公証人軽視、公証人不信の法制」に変じてしまうのか、まずこのことから考えてみるべきではないだろうか。

(83) 注(13)を参照のこと。《officier》という言葉には、わたしたちが観念する「公務員」の語感は希薄である。

(84) 日本公証人連合会『日本公証制度沿革史』(一九六八年) 三二五頁。

(85) 一九九〇年五月一九日現在の全国の公証人総数が五三〇名(全国の公証人役場数は三一五)、この総数を出身別に見ると、判事一五〇名、検事二三六名、公証人法一三条ノ二による特別選考任用者(法務局長・同部長・地方法務局長等の法務職員からの任用者)一四三名という結果であり、近年、特別選考任用者の割合がかなり増加しているとの指摘がある(金吉聰「統計面から見た公証事件の動向について」『法の支配』八二号三二―三三頁)。

(86) さりながら、近年では、七,五〇〇名以上の公証人人口を擁する中で、公証人職に就いて一〇年に満たない者が三,〇〇〇名に達することからも若返りの現象が見られ、女性は、他の職種に比べてその比率が相対的に低いとはいえ、実員五〇〇名と言われる(Rioufol et Rico, *op.cit.*, p. 63)。

(87) 渡辺五三九「日本公証人法縁起解題」『公証法学』二号四四頁。

次の文章が、判任官の勅任官らとの格差を如実に物語っている。

「判任官の最高給を例えば次官や主要局長等の勅任事務文官が通常うけている俸給五,八〇〇円ならびに奏任文官の最高給と比較すれば、前者では三・三倍、後者では二・三倍となり、さらに判任官の最下級と、次官の俸給を較べれば、実に十二倍の大きい差異が出てくる(因に総理大臣の年俸九,六〇〇円と較べれば二〇倍である)。これに諸種の名目をもつ副収入を加えれば、その差は遥かに飛躍する。いまその人員を昭和一七年の簡素化による定員数で見れば、勅・奏任官（待遇を含む）二九,四一一人であるのに対し、判任官（待遇を含む）三四七,六九四人、それ以下の嘱託・雇員・傭人の合計は、一,〇二九,七五九人に上る。その階級構成のピラミッド型を見れば、いかに多数の下級官吏が、頂点に近い上級官吏に較べて甚だしい薄給に甘んじていたかという悲惨な事実が明瞭となるであろう。」（辻清明『新版日本官僚制の研究』東京大学出版会、一九六九年、五二頁）

(88)　兼子一＝竹下守夫『裁判法』（有斐閣、第四版、一九九九年）四四四頁。公証人法二条には、「公証人ノ作成シタル文書……ハ本法及他ノ法律ノ定ムル要件ヲ具備スルニ非サレハ公正ノ効力ヲ有セス」とあり、ここで「公正ノ効力」の意味が問われてしかるべきだろう。けれども、この文言は、「公証人作成の文書としての本来の効力（固有の効力）」、すなわち「公正証書一般で言えば完全な証拠力、執行証書なら執行力、その他遺言証書、執行文、拒絶証書、確定日付など公証人作成の文書がそれらの文書として本来期待されている効力」と解されており（吉井直昭編『公正証書・認証の法律相談』青林書院、一九九八年、一二頁〔吉井直昭〕）、公正証書一般の「完全な証拠力」に限っていえば、それが、裁判所の自由心証との関連で何を意味するのかは必ずしも明らかでない。

(89)　山木戸克己「公正証書の本質」、同『民事訴訟理論の基礎的研究』（有斐閣、一九六一年）所収二八二―二八三頁。

(90)　「法律相談というのはわれわれは困るんです、時間がかかってね。（笑い）だから公正証書作成するについて必要な相談には乗りますけれども、どうしたらいいんでしょう、どういう契約をしたらいいんでしょうかとか、どういう遺言を作ったらよいか、そういう相談は私たちの仕事の範囲ではないから、それは弁護士さんのところに行きなさいといっています。だからもし両者の仕事が重なりうるとしたら法律相談の面だろうと思うんですが、むしろわれわれとしてはお断りしたいところなんですね。……」（座談会「弁護士業務と公正証書」『自由と正義』一九八一年一二月号六一頁、瀬戸公証人（当時）の発言）

これは、弁護士業務との競合を意識した発言である点を割り引いて受けとる必要があろう。しかし、二〇年の歳月を経た現在、かつての職業意識がすっかり過去のものになったと言えるであろうか。

(91)　結局、フランスの公証人によって公署性を付与された公証人証書と、日本の公証人によって公証された公正証書とは、実質的証拠力において同列におくことができず、本稿では、紛らわしさはあるものの、「公署性付与」と「公証」の二つの言葉をあえて統一しない用語法に終始せざるをえなかった。

(92) 福永・前掲論文一一五頁は、公証人の職務についての理解がその基本姿勢いかんにかかっていることを示唆している。

(93) 金銭消費貸借における債務者が公正証書の作成を承諾し、そのための白紙委任状を債権者に交付した事案に関する最判昭和二六年六月一日民集五巻七号三六七頁が、この種の事件の先例とされている。なお、白紙委任状による公正証書の作成について代理嘱託があった場合には、「委任事項について有効な授権がされていることを確認した上で処理すべき」との法務局長・地方法務局長宛て民事局長通達（昭和二八年一一月三〇日民事甲二二三五号）がある。

(94) 五十部＝上原＝春日・前掲「近時の公正証書に関する裁判例」『民訴雑誌』三一号一三九頁。

(95) 国家賠償法において公務員個人が不法行為責任を負うか否かは、周知のとおり、学説上の争いがあるけれども、判例上は否定的に解されており、公証人個人についても同様に解されている（小田泰機「公正証書」、村重慶一編『裁判実務大系』第一八巻、青林書院、一九八七年、三九七頁）。

(96) このことに関しては、今村与一「フランス不動産公示制度の起源——抵当権と不動産公示の邂逅（その二）」『岡山大学法学会雑誌』四九巻三・四号三一二頁以下参照。

(97) 飯塚・前掲論文二六〇頁では、公証人の個人責任化の問題が立法上の検討課題とされている。

(98) Sourioux, *Recheches sur le rôle de la formule notariale dans le droit positif*, n° 22.

(99) 「法律家の常として、書式を一種の手引き、心配するまでもないほど当たり前のこととしてさげすむ傾向があったし、現にそうである。」（*Ibid.*, n° 6）

ところが、前世紀末には、書式の歴史的変遷をはじめとする公証実務と民事立法の相互作用をダイナミックに描くJ. Hilaire, *La science des notaires, une longue histoire*, P. U. F. 2000が現れた。その内容の紹介は別の機会に委ねるとして、法制史研究もまた、新時代を迎えているように思われる。

(100) Sourioux, *op.cit.* n° 26.

(101) *Ibid.* n° 10. V. aussi n° 154.

(102) *Ibid.*, n°s 129 et 155.

(103) 倉田卓次「集団事件の『不公正証書』?」、同『遺言・公証』(日本評論社、一九九二年) 所収一七七―一七九頁は、筆者の意図はともあれ、公証人の立場から見た率直な感想と言えるであろう。

(104) 第一審判決については、原島・前掲評釈『判例タイムズ』八二五号七〇頁以下、飯塚和之「不正確公正証書の作成と公証人の責任」『判例タイムズ』八三一号六三頁以下、都築政則・判例紹介『民事研修』四四四号三五頁以下、井上直哉・平成五年度主要民事判例解説『判例タイムズ』八五二号一〇四―一〇五頁の論評がある。

(105) 控訴審判決の評釈として、秋山義昭・判例評論四五五号三三頁以下(『判例時報』一五八二号一九五頁以下)。

(106) 本判決については、野山宏・最高裁判所判例解説(民事篇)平成九年度四六事件一一二八頁以下の調査官解説のほか、内田博久・判例紹介『民事研修』四八九号三九頁以下、松浦馨「法律行為の法令違反等と公証人の調査義務」『判例リマークス』一九九八年〈下〉一五四頁以下の評釈がある。

(107) AUBERT, *La responsabilité civile des notaires*, n° 16.

(108) 「二元説」の代表的論者のひとりは、こう述べている。

「公証人が、公署吏の資格をもつのは確かである。しかし、当事者が、まさに公証人の職務の正しい行使を求めてひとつの契約を彼との間で結んでいるのもまた確かである。したがって、これらの想定のもとでは、依頼者にとって契約責任が不法行為責任よりも有利な場合、依頼者がその方を援用する権利を否定することはできない。しかしながら、契約があるからといって、依頼者に対し、公証人の職務懈怠について課すべき不法行為責任の追及を放棄させることもできない。それゆえに責任の競合があると考えられる。」(SAVATIER, *loc. cit.*)

現在では、フランス法も、不法行為責任の原則性を認める「一元説」的理解に傾いていることは、本文で述べたとおりだが、これにより、概念として肥大化した公証人の調査・助言義務が法的根拠を失うわけではない。公署性付与のための証書の有効性確保という公証人の書かれざる身分規程が、本文にも述べたとおり、その根拠とされているからである。日本法においても、そうした解釈が可能であれば、公証人の職務の契約的側面を強調する立場に固執するつもりはない。

(109) 前掲『公証人法関係解説・先例集』一六頁。

(110) 内田・前掲判例紹介四六頁。

(111) 松本恒雄「金銭債務と公正証書」『法学セミナー』一九九四年一一月号七八―七九頁が、割賦販売法三〇条の三違反の公正証書について学生向けにわかりやすく解説している。

(112) 野山・前掲調査官解説一一四一頁。

第三章　意思主義と書証主義

「証明されないことは存在しないことと同一に帰する（Idem est non esse et non probari）[1]」。

この古い格言は、権利の行使がその存在の証明いかんによって左右されることを教えてくれる。日本では、証拠法は、もっぱら訴訟手続上の問題として扱われ、一般に民法学者の視野の外に押しやられてきたが、「証拠なければ権利なし」が裁判の鉄則であり、いかな壮大な権利の体系も、自己実現の方途を知らなければ絵に描いた餅にすぎない。しかも、事の重大さはそれにとどまらない。真実を証明する方法は、時代によって変転極まりない人間社会の公正さを測るうえで枢要の位置を占める問題でもある。

「真実に反すれば、長続きすることなど何もない。嘘と欺瞞は、無能の印であり、不正や暴力、破滅の根源であるのを常とする。真実なしには、公正な社会はなく、この名にふさわしい法もない[2]。」

とはいえ、一筋縄ではいかないのが法と真実の関係である。

「真実は正義ではないが、法は、真実なしに済ますことができない。不正な法は真の法ではない。不正は嘘であり、嘘と不正は、反抗を呼び起こし、正当化する。それらは、人間を軽視するがゆえにすぐれて反法的である。」(3)

ただし、いつでもほんとうのことを告げるのがよいとは限らない。また、一口に「証明」と言っても、裁判での法的証明は、最終的には紛争の解決を目的とするものだから、ひたすら真理の探究にいそしみ、新たな発見によって誤りを訂正することができる科学的証明や、考証を重ね、過去の事実の正確さを検証してやまない歴史的証明とは自ずと異なるであろう。裁判官は、真実の蓋然性に満足せざるをえず、疑問が残っても裁くことを拒んではならない（フランス民法典四条）。そして、ひとたび判決が下れば、その解決は確定的となるのである（同法典旧一三五一条、二〇一六年改正後の一三五五条）。

さて、再び権利の証明の問題に戻れば、権利の存在とその証明は、結果として同じことに帰着するにせよ、少なくとも理論上両者を混同することは許されない。たとえば、売買契約は、当事者の合意だけで（solo consensu）成立し、売買目的物の所有権は、引渡しを待たずに売主から買主に移転する。このようなフランス法ならではの意思（諾成）主義、その原語に当たる《consensualisme》は、契約の成立のみならず、所有権の移転についても一切の形式を排除する。現実には、人間の意思は、外部に表示する方法を知らなければ何らの法的効果も生み出すことができないし、多少ともまとまった金額の買物であれば、現金取引でもないかぎり、書面を作成するのが常識というものであろう。しかし、だからといってそうした意思外化の方法が意思主義に反するわけではない。文書は、あくまでも権利の存在を証明するひとつの証拠にすぎないのであり、意思主義が排除したはずの形式とはみなされないからである。

現に、フランス法は、一定額以上の取引に関し、文書による証明を課しており（民法典旧一三四一条、二〇一六年改正後の一三五九条）、証言による証明を例外的にしか認めない。驚くべきことに、民法典が証拠法上の書証優位の原則を明文で謳っているのである。この意味での書証主義は、同じ法典の基本原理とされる意思主義とどのような関係に立つのだろうか。

本稿は、ひとつの法典中に収まった二つの原理原則の関係に注目し、従来、日本において証拠法領域を視野に入れないまま理解されてきたフランス法上の意思主義を捉え直そうと意欲するものである。そこで、まずは、書証主義の由来を証拠法の歴史に尋ねることから始めよう（一）。次いで、文書が、意思主義のもとでどう位置づけられ、現実にどのような機能を担っているのか、その働きをつぶさに分析してみよう（二）。そして最後に、電子化された情報をも文書とみなすに至った二〇〇〇年のフランス民法典改正を紹介しながら、歴史的試練にさらされた書証主義の現在について考えてみよう（三）。

一　書証主義の由来

人類は、大別すると、すでに三つの証拠法を経験している。第一は、宗教的あるいは超自然的な原初の証拠法である。これを「非合理的な証拠法」と呼ぶならば、「合理的な証拠法」がそれと対置される。第二の証拠法、裁判官の自由心証に委ねられる自由な証拠法（preuve libre）と、証拠方法が制限され、それぞれの証明力（証拠価値）が法定された第三の法定証拠法（preuves légales）は、いうまでもなく「合理的証拠法」に属する。

証拠法の歴史は、従来の見方からすれば、総じて「非合理」とされる証拠法から「合理的証拠法」へと発展を遂げてきたのだが、時代ごとに観察すれば、非合理のうちに合理的なものが含まれ、合理的に見えつつその実非合理が潜んでいることも稀ではない。以下では、「それほどに振幅の大きな変化を蒙った法はめったにない(4)」と言われる証拠法の歴史的変遷を概観し、文書よりも証人を優先させていた人証主義が書証主義へと一八〇度転換する過程を跡づけ、そのうえでナポレオン法典が書証主義をどのように引き継いでいくのか、しっかりと見きわめることから始めたい。

1 証拠法の変遷

ローマの人々は、あからさまに証拠法を蔑視していたと言われる。証拠に関する相談を受けたアクイリウス・ガルス（Aquillius Gallus）なる法律家が、「そのことは、法と何らかかわりがない。キケロを見なさい」と答えたと伝えられているように(5)、裁判上の証明は、説得術、レトリックに属する事柄として片付けられていたのである。ギリシャ人に比べれば、文書による証拠の制度も整備されておらず、公文書としての書証が登場し、公文書館で保存されるようになるのは帝政期末のことと言う。それでも、「ユスティニアヌス帝のローマ法集成は、西欧に対し、合理的証拠の法制度を丸ごと再興するため、六世紀ののちに借り出される諸テクストの武器庫を残すであろう(6)。」

神明審判（ordalie）、別名「神の審判（jugement de Dieu）」は、火や水を用いた神秘的証明の強制というだけで、とかく「非合理的証拠法」の典型とされてきた。実際、真偽の判断を神の啓示に委ねる裁判は、ローマ法をひとつの淵源とする「合理的証拠法」とは明らかに異質のものであり、そのかぎりで「非合理」の形容も妥当しよう。しかし、神明審判は、司法全体の枠組みを問題とする視点に立てば(7)、狭い証拠法の次元で簡単に処断しきれるものではなく、そうした裁判を取り巻く社会的環境の深層にまで掘り下げた考察を必要とするように思われる。この点でモンテスキューが示した見方は今なお新鮮である。

「決闘による証明、そして熱鉄や熱湯による証明が慣用されていた時代の状況においては、これらの法律と習俗は一致していたのであり、これらの法律は、不当であったほどに不正義を生み出してはいなかった。その結果は、原因より罪のないものであった。これらの法律は、諸権利を侵害するよりも衡平に反しており、圧制的であるよりも不合理であった(8)。」

ただ、決闘は、当事者の双方が証明を負担するという意味で双務的であり、一方当事者のみが苛酷なテストを強いられる片務的な神明審判とは区別されるべきだろう。神明審判の最後の形態といわれる決闘は、証人尋問の手続の中に組み入れられ、少しずつ証拠方法としての独自性を失いはするものの、「裁判上の決闘（duel judiciaire）」と呼ばれるようになってからも、証言、むしろ宣誓の真正さを担保する機能（決闘の担保 gage de bataille）を果たすことが期待される。封建的な主従関係や親族関係のしがらみから迂闊《うかつ》に証言を引き受ければ、共同宣誓人（cojureur）として異議を申し立てられ（この意味で《faussé》の語が使われた）、決闘の危険を覚悟しなければならなかったのである。合理的精神を生み出したヨーロッパ特有の、この非合理的慣行の生命力は驚くほど強い(9)。ここでもモンテスキューが謎解きに近いその原因解明のヒントを授けてくれる。

「戦争があって、親族のひとりが決闘の担保、さしずめその印として手袋を与え、またはこれを受け取ったときには、戦争の権利は終わりを告げた。当事者が裁判の通常の流れに従うことを望んだと考えられたのである。そして、戦争を続けようものならば、その当事者は損害賠償の責めを負うことになったであろう。だから、裁判上の決闘の慣行には利点があった。一般的な争いを個別の争いに変え、裁判所に力を与え、もはや万民法（droit des gens）によってしか統治されない人々を市民の状態（état civil）に引き戻すことができるという利点があったのである。
数えきれないくらい賢明な事柄がたいへん気狂いじみたやり方で導かれることがあるように、気狂いじみた事柄がたいへん賢明なやり方で運ばれることもある。[10]」

裁判上の決闘は、狂気の最たるもの、万民法が是認する私戦の延長上にあることは疑いなかったが、訴訟上のルールによってその狂気を封じ込め、暴力の行使を最小限度に食い止めようとする国家統治の一所産にほかならなかった。こうして、神の介入なしに人間が真実に到達する可能性は確実に切り開かれた。現に、一二八〇年頃と推定されるボーマノワールの著作は、裁判上の決闘について相当の紙幅を割きながら[11]、古い片務的神明審判についいては全く触れていない。一三世紀後半、すでに証拠法は新しい時代を迎えていた。
ボーマノワールと相前後するが、聖王ルイ（Saint Louis）ことルイ九世（在位一二二六—一二七〇年）が、一二五四年、一二五八年の二度にわたって次に掲げる決闘禁止令を公布し[12]、その当時でいう司法改革の先鞭をつけたのは周知のとおりである。

「われらは、あらゆる紛争につき、わが全領地内での決闘を禁ずるものなり。ただし、告訴や抗弁、出頭免責事由、種々の地方慣習により現在まで世俗裁判所でなじんできたその他すべての法的手段を奪うものにあらず。そのうち、決闘を召し上げることを除きては。そして、決闘に代え、われらは証人と文書による証明を据えるものなり。」

この王令により、聖王ルイは、司法制度の枠内に封じ込められたとはいえいつでも暴力に転化しうる裁判上の決闘を廃止し、この最後の神明審判の代わりに対審構造の尋問手続を整備しようと企図したのだと考えられる。しかしながら、冒頭部分に見られるきっぱりとした決闘禁止の姿勢にもかかわらず、特に刑事に関しては、貴族層の執拗な抵抗を受け、同王令の実効性は決してはかばかしいものではなかった。これに対し、民事に関しては、高等法院、パリ・シャトレー裁判所、そして領主裁判所へと対審的尋問手続が浸透するのに伴い、漸次相関的に裁判上の決闘の廃止が受容されていった(13)。

ところで、決闘禁止令の後段末尾には、「決闘に代え、われらは証人と文書による証拠を据えるものなり」とあるが、決闘に取って代わる二つの証拠方法は同列におかれたわけではなかった。自明のこととして、証人による証明は、排他的ではないにしろ、文書に優先していた。訴訟当事者の一方が文書に依拠すれば、他方の当事者は、複数の証人を立てるだけで自己の主張を有利に導くことができたのである。これが、ブテイエ（またはブティイエ）によって最初に定式化されたと言われる人証主義(14)《Témoins passent lettres》の原則である。

2　人証主義から書証主義へ

では、「証人が書状に勝る」とされたのはなぜだろうか。

証拠法の領域にまばゆいばかりの歴史的知見の光を当てたジャン・フィリップ・レヴィは、ローマ・カノン法を総称する「学識法（droit savant）」において法定証拠主義の強固なヒエラルヒーが構築され、その最上位の階梯《probatio plena》に位置づけられた証言と文書の間で矛盾対立が生じた場合に、前者の後者に対する優越性が決定的となる過程を鮮やかに解き明かしてみせる。そして、人証主義の実質的根拠については、証言であれば、証人が赤面したり、ためらったり、うろたえたりといった供述の様子を直《じか》に観察できるけれども、この点、文書は「死んだ証言」にすぎないと説明する(15)。文書と言えば、その当時、紙や羊皮紙に書かれた過去の証言にほかならず、同種の証拠方法でも即時に真正さが担保される「生きた証言」とは比べものにならなかったらしい。さらに、印刷技術が普及する以前の文盲率の高さ、そのうえ、王令（Capitulaires）、教皇令（Decrétales）などの公文書にも見られる偽造文書の多さが、文書を劣位におく大きな要因になったと考えられる。

ところが、文書について常に偽造の疑いがもたれたように、証人には、買収による偽証の危険がつきまとっていた。「よく振る舞う者ほどよく証明する（qui mieux abreuve, mieux preuve）」というこれまた有名な格言、法諺の皮肉めいたニュアンスは、ロリエールの注釈によってこう強調される。

「証人を尋問するなど、つまりその訴訟を証言次第にさせるなどというのはばかげている。なぜなら、自分の証人らに一番たっぷり酒を飲ませる者が、一番よい証拠を得るからである。[16]」

事実、証人による証明は、時代が下るほどにシカーネの様相を強める。ラブレーが証言を業とする人々を風刺したように[17]、証人の堕落は習俗の堕落を意味した。

いよいよ人証優位の証拠準則が書証優位へと逆転するのは、一五六六年二月のムーランの王令である。これには、当事者双方が際限なく証人を立てて応酬し合う対審法廷の行き詰まりを打開する狙いがあった。同王令五四条によれば、――

「証言および証人忌避に服するおびただしい事実が裁判で持ち出され、その結果としていくつもの不都合と訴訟の退行が起こるのを予防せんがため、以下のことを命ず。すなわち、自今、一度に弁済すべき百リーヴルの金額または同等の価値を超えるすべての物につき、複数の公証人および証人の面前で諸契約が結ばれんことを。ただこれらの契約のみにより、当該事件のあらゆる証明がなされ、かつ受理されよう。契約の内容外の証言は受理されず、契約時およびその前後に述べ、または約したと主張される事項に関しての証言もかり。この点では、私署、私印および私文書のもとで当事者がなした特別の約定その他の証拠を除外せんと欲するものにあらず[18]。」

この規定の仕方からは、百リーヴル以上の諸契約を適用対象とする書証主義が、証言と文書の間で生じる証拠法上のコンフリクトについて単に文書を優先させるのではなく、証言による一切の証明を排除する原則となっていることがわかる。証人の記憶に頼れそうもないくらい複雑多様化した取引の増大、都市商人らにとって欠かせない読み書きの能力をつけるための教育の普及、そして何より聖ルイ治世の頃から王権主導のもとでうまずたゆまず取り組まれた公証人職の改革が、シカーネの防止を目的とする排他的証拠準則への転換を可能にしたと考えてよい[19]。ただし、ムーランの王令五四条を継承した一六六七年四月の王令[20]では、予期しない出来事など緊急の必要から文書作成の余裕もないまま強いられた必要的寄託（dépôt nécessaire）が、証言排除の原則の例外として明文化され、また、証拠として提出された文書の証明力が十分でない場合も、「書証の端緒（commencement de preuve par écrit）」と呼ばれ、文書を補完するための証人による証明が認められた（第二〇章第三条）。

さて、「書状が証人に勝る（Lettres passent témoins）」という書証主義を打ち立てたムーランの王令の定式は、数世紀を隔てて一八〇四年に制定された当初のフランス民法典旧一三四一条（二〇一六年の改正まで生きていた原初規定のひとつ）にもよくその痕跡をとどめていた。この定式自体が、まさしく言語表現として残されたひとつの歴史的モニュメントであったと言える。それにしても、フランス法が、契約法に関する限り、ムーランの王令以来今日に至るまで徹底した書証優位、証拠不自由の原則を貫いてきた理由、むしろ貫くことができた原因は何か。

「裸の約定からは、いかなる訴権も生まれない（Ex nudo pacto non nascitur actio）」[21]との原則的立場は、ローマにおける契約法の全発展過程を通じてその核心をなしており、「合意そのものが契約における法的拘束力の普遍的な根拠としては意識されていなかったこと」を端的に示していると指摘される[22]。同様に、フランス古法においても、形式主義の考え方が支配的であった時代は長く、たとえば、封建制下の土地の譲渡形式（investiture）など取引上の形式が顧みられなくなったのちも、形式主義的契約観が完全に捨て去られることはなかった。しかし、ローマでは、古典時代以降、問答契約（stipulatio）の要式性を緩和するための証書作成の慣行が広まるにつれ、口頭の要式行為よりも問答形式の文言を伴う証書の方に重点が移行し、証書そのものを法的拘束力の根拠とする一種の文書契約が発達したように[23]、フランス古法でも、当初は形式主義のための象徴物であった文書が、やがては形式主義を免れるための方便へと転化してゆく。これは、「形式としての（ad solemnitatem）文書」と「証拠としての（ad probationem）文書」の区別に対応する変化と言ってよいが、ボーマノワールが詳述する「書状による自己拘束（soi obligier par letres）」[24]は、いまだいずれとも識別しがたい段階にある。とはいうものの、ボーマノワールが生きた十三世紀には、すでに無方式の合意の力を認めようとする動きが始まっていたのであり、取引実務上、用心のために譲渡処分の形式に代わる契約条項（stipulation）を自ら作成する証書中に挿入し、そうした文書の活用により、しきりに形式主義からの離脱を促したのが公証人であった。

公証人慣行が、ローマ法学者やカノン法学者の知的営為とは無縁のところで意思主義の再生をもたらしたと考えるのは極端な見方だが、「実務、殊に公証人と商人のそれが法学説と同じだけの役割を演じた[25]」ことは首肯されてしかるべきだろう。たとえば、前述したボヴェジの慣習法書に出てくる「書状による自己拘束」の例に見られるとおり、十三世紀、契約締結に当たって慎重を期そうとする者は、領主裁判所でも教会裁判所でもなく、王の裁判所に出頭して自分たちの契約を書面化するようになっていた。つまり、裁判官の面前で合意内容を確認した契約当事者は、自白または認諾があったものとして裁判所から王の印璽を帯びた公署証書の交付を受けたのであり、この実務慣行は北部慣習法全域に及んでいた。公証人はと言えば、元来、同地域では、公署証書の下書きに相当する原本（minute）を作成する裁判所の一書記にすぎなかった。ところが、この書記は、パリ・シャトレ付き公証人を先駆けとして正本（grosse）の作成権限をも与えられ、訴訟裁判権（juridiction contentieuse）から分岐した非訟裁判権（juridiction gracieuse）を行使するまでの成長を遂げる。それゆえ、公証人が作成する証書は、ムーランの王令が書証主義を確立する頃には、偽造を理由とする刑事訴追によってしか覆すことのできない証明力とともに、定型化された不動産差押条項により、債務者の一般財産に対する差押可能性が認められるという意味での執行力を兼ね備えていたのである。

このように見てくると、衰退しつつある形式主義は、意思主義の進展に道を開きながら、契約の実体（negotium）をなす合意とその合意を証明する文書（instrumentum）の混乱状態を次第に解消し、証拠法の次元に純化された文書形式の重視、すなわち書証主義を帰結したことが明瞭となる。しかも、その書証主義は、独立の裁判官にも匹敵する職務権限を手中にした公証人の存在を抜きにしてはおよそ堅持しがたく、フランス法が今日まで書証主義を貫き通せた原因もここにある。しかし、意思主義と書証主義がぴったり寄り添ってきた歴史的経緯はともかく、その実質的理由については、しばらく問題を先送りし、次節二で検討することにしよう。

3　ナポレオン法典における書証主義

ここでもう一度証拠法全体を見渡すならば、法定証拠主義は、フランス革命後、刑事に関して幕を閉じ、自由心証主義に転換した。革命議会構成員の大多数は、法律を知らない人々なればこその良識に適った判断を期待して陪審制を推奨するベッカリーアの思想[26]に感化され、陪審制と自由心証主義の組み合わせを強く望んだからだと言われる[27]。実際、裁判官不信の前提に立った法定証拠制度の弊害については、革命前から「カラス事件」の名でよく知られたトゥルーズのカルヴィニストを被告とする冤罪事件をひとつの契機として、つとに認識されるようになっていた[28]。刑事裁判における法定証拠主義の終焉が、やはり革命後に実現した拷問の廃止と並ぶユマニスムの二大勝利と評価されるのもむべなるかな[29]と言えよう。

しかしながら、革命後も民事に関する法定証拠主義は残った。民法典には、中世学識法ほどに厳格かつ体系的なヒエラルヒーは見られないにせよ、書証主義は健在であり、ナポレオン諸法典以来、「犯罪の証拠と契約の証拠を分かつ二元主義[30]」が証拠法を支配している。ただ、証拠法に関する制定当初の民法典第三編第三章第六節（二〇一六年改正後の同編第四章の二）の「債権債務および弁済の証拠について」（現行では、「および弁済」の部分削除）という表題から、債権法のすべてが法定証拠主義に服しているものと早合点してはいけない。同法典は、意思表示をもってする法律行為（actes juridiques）については証拠の制限を課し、意思表示を伴わずして一定の法的効果を生じさせる法律事実（faits juridiques）については証拠の自由を認める「中間の制度[31]」を採用している。したがって、債権債務の発生原因となる契約と債権債務を消滅させる弁済行為は、前掲第六節一三一五条（現行一三五三条）以下の適用があるのに対し、債権債務の発生原因としての不法行為の要件事実は、あらゆる方法によって証明することができる[32]。

ところで、民法典には、中世学識法さながら五つの証拠方法——①書面による証拠（preuve littérale）、②証言による証拠（preuve testimoniale）、③推定（présomptions）、④当事者の自白（aveu de la partie）および⑤宣誓（serment）——が列挙されており（後述する二〇〇〇年三月一三日の法律による民法典改正後の一三一五条の一、旧一三一六条）、これらについて規定する条文の総数は五五か条に上る。なかでも、書証に関する第六節第一款は、

①公署証書（titre authentique）、②私署証書（acte sous seing privé）、③割札（tailles）、④証書の写し（copies des titres）、そして⑥承認および追認証書（actes récognitifs et confirmatifs）と、文書ごとに詳しい規定を設け、同節全体のおよそ半分を占める（二〇〇〇年三月一三日の法律による民法典改正後、この第一款のボリュームがさらに増大）。ムーランの王令以来の伝統を引き継ぐ注目の原初規定一三四一条は、そのすぐあとにおかれ、証言に関する第二款の冒頭を飾る位置にあるけれども、以下、同款では、書証主義の例外などを定めた付随的規定が続くのみである。

「近代は書証の勝利を画する」時代であり、このことは、西欧法全般に共通する現象と言える。しかし、その勝利が、各種文書の方式やら証拠価値やらかくまで詳細にわたって明文化された立法例はめずらしい(33)。加えて、フランス法における文書の働きは、排他的な証拠方法としてのそれにとどまらない。文書が、証明機能以外にも現実にいろいろの機能を果たしているように見受けられる。では、そうした文書の諸機能は、フランス民法典を原理的に支える意思主義とどのような関係にあるのだろうか。

鬱蒼とした証拠法史の森をさまよいながらも、書証主義の由来を尋ねたわたしたちは、どうやらその森を抜け、次の問題に取り組むべき地点に到達したようである。

二　意思主義のもとでの文書の働き

「牛を角で繋ぐように、人間は、言辞によって繋がれる（On lie les bœufs par les cornes et les hommes par les paroles）(34)」。

ロワゼルの書に収録されたこの格言が、無方式の合意の力を認めようとする意思主義、より正確には、諾成主義の表明であったとすれば、民法典起草者がそのロワゼルやドマ、ポチエといった先人を乗り越えた唯一の点は、債権債務の発生だけでなく、所有権の移転についても当事者の合意のみを根拠とし、一切の形式を排除したところにある。けれども、この革新は、もっぱら理論面に限られたものであって、同じ成果は、古法時代の迂回的な方法、譲渡形式に代わる証書中のセジーヌ得喪条項(clause de dessaisine-saisine)、「擬制的引渡し(tradition feinte)」によってすでに得られていたのである。[35] それゆえ、意思(諾成)主義の完成は、公証人証書の書式において民法典の制定とともに実際的な効用を失ったセジーヌ得喪条項を廃止すればよかった。[36]

民法典は、こうして「引渡し」を不可欠のモメントとする譲渡形式の擬制を不要化したにもかかわらず、新たな研究によれば、[37] なおも「引渡し」概念の呪縛にとらわれていると言う。なるほど、同法典旧一一三八条一項(原初規定)は、「物を引き渡す債務は、契約当事者の合意があるだけで完全なものとなる」と規定し、「引渡し」から連想される形式主義の忌まわしい記憶を振り払うかのように当事者の合意の意味を強調するが、「引渡し」を単なる占有移転にまで還元しておきながら、単なる合意によって純粋に物理的な給付行為が完結しうるというのは、どう考えてみても奇妙ではある。そういう目で見れば、「売買は、当事者の間で成就され、たとえ目的物がまだ引き渡されておらず、代価が支払われていなくとも、目的物と代価について合意があったとき、買主が、売主に対して当然に所有権を取得する」という民法典一五八三条(原初規定)も、売買契約をあらゆる形式的要件から解放することに急なあまり、譲渡形式の撤廃と所有権の即時移転を直結させる短絡的な意思主義理解に手を貸してしまった観がなくはない。[38]

実を言えば、意思主義と形式主義の対立は、民法典においても終息しておらず、消費者法、労働法など民法典の外の世界では、むしろ「形式主義の復権」と評される立法現象が顕著である。[39] 形式主義に則った諸契約の厳粛化は、まさにそれを証拠立てるものと言えよう。

厳粛契約（contrat solennel）とは、契約締結に当たって厳粛性（solennité）と呼ばれる特別の形式に従うことを有効要件とする契約である。これに反すれば、当該契約は絶対的無効とされる。そもそも民法典にしてからが、意思主義の「例外」をなす厳粛契約を設けているのであり、①贈与（九三一条）、②夫婦財産契約（一三九四条）、③抵当権設定契約（旧二一二七条、二〇〇六年改正後の二四一六条）および④債務者の意思による任意の代位（二〇一六年改正前の旧一二五〇条）の四つの契約は、いずれもその有効性のために（ad validitatem）公証人証書を必要とする。

さて、ここに例示した形式主義的諸契約は、意思主義の埒外にある以上、ひとまず捨象するにせよ、意思主義に従うと考えられる諸契約の多くが文書を必要とするのはなぜか。さしずめ、証拠のために（ad probationem）作成される文書の証明機能とそれ以外の機能に区分し、文書に期待された多面的機能の分析を試みよう。また、その分析結果と照らし合わせつつ、日本法についての省察を加えたい。

1　書証としての証明機能

(1)　書証主義の規範内容

二〇一六年改正前の民法典旧一三四一条（これと対照されるべきは、同年改正後の一三五九条）は、こう規定していた。

「デクレによって定められた金額または同等の価値（一九八〇年七月一五日のデクレ以来五，〇〇〇フラン、二〇〇五年一月一日から一，五〇〇ユーロ）を超えるすべての物（toutes choses）については、任意の寄託のためであっても、公証人の面前において公署証書を作成するか、または私署証書を作成しなければならず、これを超えない金額または価値に関する場合であっても、証書の内容に反し、証書の内容を補う（contre et outre le contenu aux actes）いかなる証人による証拠も受理されず、このことは、証書の作成前、作成時または作成後に述べたと主張される事項であるかどうかを問わない。」（同条第一項）

本条には、二つの規範が含まれている。[40]

第一に、一定の閾値《いき》を超えるすべての法律行為を証明するためには、係争前に予め証書を作成しておく必要がある。「すべての物」という文言は、ムーランの王令以来の曖昧な表現だが、債権債務の発生のほか、物権の設定・移転・消滅の原因となる法律行為を意味するものとされる。弁済は、伝統的な学説では、法律行為に分類されるので、本条の適用対象となる。しかし、弁済の法的性質をめぐっては有力な批判があり、金銭債務の弁済にしか同条の適用がないとの観測もある。[41] 前述したとおり、不法行為を典型例とする法律事実に関しては、書証の義務づけはなく、あらゆる方法によって証明可能とされる。この証拠自由の原則は、事務管理、非債弁済、不当利得といった準契約（quasi-contrats）や、契約前後の一定の事実（たとえば、合意の瑕疵、債務不履行の事実など）、ある意思を具現する占有事実のようなものにも適用がある。直近の二〇〇四年八月二〇日のデクレにより、一、五〇〇ユーロと定められた閾値を越えるか否かの評価がむつかしい事例も考えられないではないが、その場合には、原告側が最初に提出する訴訟申立書（conclusions）において評価額が明らかにされるであろう。事後的に当初の請求を縮減することがあっても、そのときは、本条により、もはや証言による証明は許されない。「要するに、訴訟物が価値不確定の給付ならば、常に文書による証拠が求められる。」[42]

第二として、第一規範が要求する文書は、法律行為の存在のみならず、その内容を証明してくれるものであり、この文書の内容を補完するものであれ、これに反する内容であれ、証人によって証明することはできない。証人による補強証拠・反対証拠の一切が認められないのである。また、上記の閾値を超えない取引であっても、証拠となる文書が作成されたときは、当該文書の内容を補完したり、これに反したりする証言をもちだすことはできない。もっとも、証言排除の第二規範は、自白と宣誓の証拠方法を排除するものではないとされる。

(2)　書証主義の原則性

せんじつめれば、書証主義は、一定額を超える契約の当事者に対し、書証の義務づけと証人による証拠の禁止を課す証拠準則であり、その原則性は相当厳格に守られているように見える。しかし、これにも例外がないわけではない。

まず、民法典旧一三四一条二項（現行の一三五九条には、該当規定なし）が留保しているように、商人間の取引については、書証主義の適用がない（商法典L一一〇―三条）。特に商人間では、取引の迅速性が要請されるだけに、書証の事前準備がその妨げになってはならないこと、商人が保管すべき帳簿上に取引の痕跡が残されること、これら二つの理由による(43)。

二つ目の例外として、当事者の特約がある場合には、判例上、証拠法は公序に属さないと解されてきたので、書証主義が排除される。《Carte Bleue》の呼称で親しまれ、フランスの銀行ならばどこでも発行される銀行間共通カードの取引については、あらゆる証拠方法による反証を認める特約条項が約款中に見られるのはその一例である。

三つ目の例外は、二〇一六年改正前の民法典旧一三四七条二項（同年改正後の一三六二条）により、「請求の相手方またはその代理人から発せられる書面であり、その主張事実を真実らしく思わせるもの」と定義された「書証の端緒」（たとえば、信書lettre missive、適式でない私署証書など）に該当する場合であり、この場合は、証言による補強証拠が許される。

例外の四つ目として、仲睦まじい夫婦など当事者が書面化を望まない関係にあったとか、医師と患者の関係、自動車修理業者と顧客の関係のように、職業柄書面を残さない慣行があったとかの事情により、書証を入手することが「物理的または精神的に不可能な場合」、あるいは偶発的な事故や不可抗力により書証となる証書を喪失した場合がある（二〇一六年改正前の民法典旧一三四八条一項、同年改正後の一三六〇条）。

五つ目は、証書原本が保存されておらず、かつその原本に「忠実なだけでなく耐久性もある複製という意味での写し（copie qui en est la reproduction non seulement fidèle mais aussi durable）」（二〇一六年改正前の民法典旧一三四八条二項）が提出される場合の例外である。従来、写しは独立した証拠の扱いではなかった。「写しには、原本と一致している保証が何もない[44]」という理由からである。原本が存在する場合は、いつでもその提出を求めることができるので、写しは、原本との不一致の疑義がない限りで証明力を有するにとどまった（同年改正前の民法典旧一三三四条）。原本が存在しない場合は、公証人が交付した謄本等を除き（同年改正前の民法典旧一三三五条）、写しの証明力は認められなかった。ところが、フランスでは、一頃まで小切手が日常的に多用されていたのだが、その当時、大量の小切手を長期にわたって保存しなければならない銀行が、その煩わしさに耐えきれなくなり、廃棄前の原本のマイクロ・フィルム化を推進したのを受け、一九八〇年七月一二日の法律により、小切手に関する銀行実務を想定した民法典改正（旧一三四八条二項）が実現したと言われる。そして、判例により、複写コピーは、複写技術の飛躍的向上の結果、書証の端緒としての証拠以上の効力を認められ、ファックスも同様の扱いとされるようになった（二〇一六年改正後の民法典一三七九条一項は、「信頼できる写し（copie fiable）は、原本と同じ証明力を有する」と定め、ついに書証としての例外扱いを改めるに至ったが）。

このように種々の例外を並べてみると、書証主義の原則性が揺らいでいるのではないかとの疑問が生じてくる。

現に、第二次大戦後、書証主義の厳格さを緩和する傾向にあった判例が注目され、「書証の衰退」が叫ばれてからすでに久しい。しかし、証拠法研究の泰斗レヴィは、「書証の端緒」、書証の「精神的不可能」といった例外事例が訴訟統計上取るに足りない数値であることを指摘したうえ、「われわれは、全体として書証の時代と分かれることなく科学的証拠の時代に入った」[45]と、一九六〇年代半ばに総括していた。二十一世紀を迎えた今日でも、彼の基本認識を改める必要はないだろう。

そう言えば、不動産の売買契約が締結される場合、フランスでは、必ず公証人に証書の作成を求める場面が訪れる。この場合、公証人の作成した証書が存在しなければ、売買を原因とする所有権移転の公示もままならないことに留意すべきである。というのも、フランスの不動産公示システムは、公示の対象となる不動産物権の設定・移転原因が、公証人証書によって証明されることを前提としており、「直接に権利を公示するのではなく、単に証書を公示しているにすぎない」[46]からである。また、公示の対象とならない場合であっても、賢明な契約当事者であれば、万が一の訴訟に備えて書証の用意を怠ることはできないであろう。大半の取引をめぐる裁判上の争いでは、書証以外の証拠方法が採用されないとすれば、「証拠なければ権利なし」の鉄則が、当事者の脳裏を離れず、否が応でもその行動様式を決定づけるからである。それでなくとも、前述したように、有効性のための（ad validitatem）文書の必要性は増える一方であることを忘れてはいけない。

(3)　公署証書と私署証書

問題を証拠のための（ad probationem）文書に引き戻そう。

このうち、公署証書は、公署性付与の権限をもつ「公署吏（officiers publics）」（公証人のほか、身分吏 officier de l'état civil、執行吏 huissier de justice など）によって作成される証書のことをいう（二〇一六年改正前の民法典旧一三一七条一項、改正後の一三六九条一項）。わけても、公証人証書（actes notariés）は、私人間の約定について独占的な受託権限を授けられた公証人（公証人の身分規程に関する一九四五年一一月二日のオルドナンス第一条）が作成する文書であり、法定された場合に限らず、さまざまな場面でこの文書の形態が求められることからすれば、たいへん汎用性に富んだ公署証書と言える。[47] それだけに、公証人証書の作成に関しては、一五三九年のヴィレール・コトレの王令以来、[48] フランス語を使用言語とすべきはもちろん、その証書への記載は、長期保存に適した紙の上に「読みやすくかつ消えにくいやり方で」なすことを要し、余白も行間もなく、加筆や挿入、付加もあってはならず、訂正の必要があるときは、証書の末尾にその旨を記載し、公証人等の略署名（paraphe）を添えなければならず、最後に、そうして記載された内容が読み上げられたあと、証書には、日付を付し、当事者、証人および公証人（場合によっては公証人から特別に授権された書記 clerc habilité）が署名しなければならないなど、厳守すべき方式が事細かに規定されている（公証人によって作成される証書に関する一九七一年一一月二六日のデクレ第六条以下）。ただし、方式上の不備のために公署性が否定されたとしても、当事者の署名付きの証書であれば、私文書としての効力を有するものとされている（二〇一六年改正前の民法典旧一三一八条、改正後の一三七〇条）。

公署証書は、現行では、民事訴訟上の偽造申立て（inscription de faux）があるまで証明し、この意味で全き証明力を有する（二〇一六年改正前の民法典旧一三一九条、改正後の一三七一条）。偽造申立ての訴訟は、時間のかかる厄介な手続であり、しかも、敗訴した原告は、民事罰（現在は最高額三〇〇〇ユーロ）を科せられ、相手方による損害賠償請求も妨げられないから（民事訴訟法典三〇五条）、そのような危険な訴訟が提起されることは滅多にないと言われる。したがって、公署証書の証明力は、ほとんど反証不可能なものと考えて差し支えない。公署証書が、特に契約当事者の安心を確保するうえで「法律文書の頂点」[49] を極めていると評されるのもうなずけよう。けれども、その全き証明力は、書面上に現れた全部の事項に及ぶわけではない。「公署吏自らが果たし、またはその面前で行われたものとして認められた事実」[50]、さらに言えば、通常、証書作成を嘱託する当事者本人が、公証人の事務所に出頭し、その面前で陳述し、署名するという一連の事実の中でも、「特権的な証人」と呼ばれる公証人が、自己の権限によって真正さを検証することができた事項に限定されるのである。この点に関し、証拠法における書証の歴史を「文書による事前の証言（acte-témoignage）」と「当事者の書かれた自白（acte-aveu）」の二極間の変化と見るレヴィによれば、公証人証書は、「公証人の証言と処分当事者の自白を同時に併有した混合的性質」を帯びている。(51) だからこそ、たとえば、公証人の目が届かないところで弁済があったとする記載や、当事者が主張する売却不動産の面積は、証書中に録取された陳述であっても、偽造申立てを必要とせず、反対の証明があるまでの証明力しかもたないとされるのであろう。

公署証書の執行力は、全き証明力とともに公署性の二つの果実をなすものである。公証人証書であれば、一般的には、その原本は、公証人のもとで保存され（前掲・一九七一年十一月二六日のデクレ二六条）、当事者には、原本との一致が確認された正本（expédition ou copie authentique）または執行文を伴う執行謄本（copie exécutoire）が交付される（同前デクレ三二条、三三条）。後者は、裁判所の判決を待たずに強制執行を可能にする執行名義としての機能をも担っている（民事執行法典L一一一―三条四号）。

民法典に規定された書証のうち、私署証書は、原則として何らの方式も問わず、当事者の署名を唯一の要件として作成される文書を言う。(52) ただし、双務契約を私署証書とする場合には、利害関係が異なる当事者の数だけ正本を作成しなければならない（二〇一六年改正前の民法典旧一三二五条一項、改正後の一三七五条一項）。この「複本手続（formalité du double）」の特則に反すれば、証拠としての証書の効力は失われてしまうが、判例上、当事者全員が一部しかない証書を公証人に寄託したときなどは除外される。もうひとつの特則の適用があるのは、一方当事者のみが金銭または代替物の給付義務を負う片務契約を私署証書とする場合である。この場合には、署名だけでは不十分であり、債務を負担する者が、弁済すべき金額または数量を「自らの手で（de sa main）」（二〇〇〇年三月一三日の法律により、この文言が「自分自身で（par lui-même）」の表現に改められた理由は後述）、かつすべて文字と数字の両方で記載しなければならない（二〇一六年改正前の民法典旧一三二六条、改正後の一三七六条）。この規定の目的が、債務者をしてその片務契約の内容をよく認識させ、白地署名を防止することにあるのは明らかだが、これに反しても、当該証書が証拠として無効となるにすぎず、証拠準則である限り、契約それ自体が無効となるわけではない。しかし、破毀院民事第一部は、片務契約である保証に関し、「保証は、全く推定されず、明示的（exprès）でなければならない」とするの民法典旧二〇一五条（二〇〇六年三月二十三日のオルドナンスによる改正前、同年改正後の二二九二条）と、保証人自らの手書きによる保証債務額の記載を求める民法典旧一三二六条（現行一三七六条）を結合させ、手書きの記載が欠如した保証契約を絶対的に無効とする立場をとっていたことがある。一九八〇年代の諸判決がそうである。これは、軽はずみな保証人を保護する見地から保証契約の要式契約化を図ろうとした司法の決然たる姿勢を示すものであり、学説上も大きな反響を呼ぶところとなった。けれども、その後の判例は、再び旧一三二六条（現行一三七六条）を証拠準則の枠内で解釈する立場に回帰し、手書きによる記載がない証書にも書証の端緒としての効力を認める判断を下すようになった(53)。

それはともかく、私署証書の証明力は、公署証書の全き証明力に比べればかなり見劣りがする。まず、私署証書の出所は、署名が偽造された可能性を考慮するなら、何の保証もない。私署証書を援用する者が債権者だとすれば、その相手方である債務者が、すんなりと自分の署名であることを認めれば格別、自分のものであることを否認し、または債務者の相続人が署名の不知を申述した場合（二〇一六年改正前の民法典旧一三二三条、改正後の一三七三条）、債権者は、筆跡鑑定（vérification d'écriture）の手続（民事訴訟法典二八七―二九八条）により、その署名が真正であることを立証しなければならない（二〇一六年改正前の民法典旧一三二四条、改正後の一三七三条）。もっとも、このようなケースがたびたび生じるようでは困るのだが、債務者が私署証書をそのまま承認した場合に関しても、二〇一六年改正前の民法典旧一三二二条が、当該証書は「公署証書と同じ証明力を有する」と規定しているのは誤解を招きやすい表現だと批判されていた(54)（改正後の同条に対応する一三七二条は先の表現を改めるもの）。私署証書の内容は、偽造申立てがあるまで証明する公署証書とは異なり、反証があるまでしか証明しないからである。もちろん、ここでいう反証は、書証による反対の立証であり、証言はおろか推定による証明も許されない。ただし、この書証の義務づけは、あくまで当事者間における拘束であり、判例上、当事者以外の第三者は証拠の自由を享受することができると解されている。たとえば、当事者間に売買を装った贈与の密約（contre-lettre）がある場合（二〇一六年改正前の民法典旧一三二一条、改正後の一二〇一条）など、書証による偽装行為（simulation）の証明は、第三者にとって不可能に近いからである。

さて、これだけの証拠準則に従う文書であってみれば、契約当事者は、否が応でもその書証としての証明機能に関心を注がないではいられない。そのうえ、取引実務や司法実務に携わる専門職、あえて付け加えれば、民法学者も、意思主義のもとでの契約締結のあり方を常に証拠法との関連で考えているはずである。もうそれで十分ではないか。しかし、文書の働きはこれだけにとどまらない。

2　証明機能以外の諸機能

「一三四一条（二〇一六年改正後の民法典一三五九条――引用者注）の存在理由は、形式主義のそれに比すべきものがある。一方では、軽率な債務負担、あるいは詐欺まがいの手口にかかって丸め込まれる債務負担に対して個人意思を守ることにより、意思主義から生じる危険を軽減すること。他方では、より一層の確実さを約定に与えることにより、訴訟を予防すること(55)」。

この基本的な考え方が揺るがない限り、意思主義と書証主義の関係もそう簡単に揺らぐものではあるまい。とすれば、文書の働きは、紛争が起こってからの証明機能よりも、むしろ紛争を起こさないための予防機能の側面が大きいのではないか。ここでは、卑近な例になるけれども、初めてフランスの地を踏んだ一留学生が、パリの小さなアパルトマンを借り受けるに際し、貸主（所有者）との間で家具付きの賃貸借契約書を取り交わした時の光景を再現してみよう。そして、そこから思いつくままに文書の諸機能を抽出したうえ、意思主義との関連をつきつめて考えてみよう。

貸主と借主の両名が向き合うテーブルには、契約書面（印刷された定型条項だけでなく白地未記入の記載欄を多く含んだ書式）一部が用意されていた。所詮は、書面も契約締結の場面を演出するひとつの小道具にすぎないと言えばそれまでだが、正式の契約書を前にすれば、当事者の緊張度も確実に高まる。これは、周知のこととはいえ、契約締結に臨む当事者の姿勢を正し、かつ慎重にさせる第一の機能と言えるだろう（便宜上、①の機能とする）。

第二として、正確な情報を提供する機能（②の機能）が挙げられる。これも周知のこととはいえ、契約条項が多岐にわたる場合、とりわけ一方当事者が主導権を握る附合契約の場合には、書面は、相手方への情報伝達手段として必要不可欠である。対等当事者間でも、書面のあるなしは大きい。実際、貸主は、必要事項を書き入れながら、契約書の項目ごとに説明を加え、借主の質問にも丁寧に答えてくれた。借主は、そのあとを目と耳で追い、どうにか大要を理解することができた。

第三に、当事者以外の第三者が介在する場合、契約書の作成過程においてその第三者の助言を引き出す機能（③の機能）が考えられる。たとえば、貸し手と借り手を引き合わせた不動産仲介業者（agent immobilier）がその場に同席する場合には、第三者として必ずしも中立とは言えないまでも、当事者間の折り合いがつかない点など必要に応じて仲介業者の助言を得ることができる。ましてや、公署証書の作成者としての第三者、端的に公証人が関与する場合であれば、仮に当事者の一方から証書作成の嘱託を受けた公証人であっても、当事者双方に対し、公平無私の第三者として重い助言義務を課せられる(56)。

第四に、契約条項が一部でも定型化されている場合には、契約内容を標準化する機能（④の機能）が働いていると考えてよい。この標準化により、意思主義にとって有利とされていた取引の簡易・迅速性は、国家の介入を伴いつつ形式主義的傾向を助長するという指摘がある(57)。星取表のように意思主義と形式主義の優劣を論じることの是非はさておき、諸契約の標準化が、特に電子情報を利用するうえで避けがたいのは確かだろう。

第五として、煩をいとわず当事者が契約書の読み上げを励行すれば、合意をみた契約内容の確認機能（⑤の機能）を期待することもできる。当事者が内容をよく理解すればするほど、その契約の拘束力が強まるのは見やすい道理である。現実にも、二人は、声を出して契約書の全文を読み上げた。そのようにして契約書の記載を確かめ合ったのち、両名は、書面の末尾に日付を入れ、文字どおり、読み、同意し、合意があったことを示す《Lu et approuvé, bon pour accord》の文句を書き添え(58)、この文句に続けて各自が署名した。これでようやく契約締結の〝儀式〟が終了したわけだが、家主は、出来上がったばかりの契約書一部と鍵の束を新しい借家人に渡すや否や、すぐさまもう一部の契約書を携えて公証人のところへ赴いた。

最後に、公証人が直接関与する不動産取引において決定的に重要なのは、不動産公示の真実性を確保する機能（⑥の機能）であろう。先ほども述べたように、フランスの公示システムでは、公示の対象となる権利自体ではなくその存在を証明する証書が公示されるにすぎない。けれども、公示に服すべき証書は、原則として公署形式で作成されることを要し（不動産公示の改革に関する一九五五年一月四日のデクレ第四条）、公署証書を作成した公証人がその公示義務を負っている（同デクレ三二条）。不正確な証書は即不正確な公示につながるのである。それだけに、公証人は、証書作成の段階から公示手続の完了まで絶対に手を抜くことができない。手を抜けば、たちまちその結果が跳ね返ってくるのは必定である。不動産公示に関する情報を提供する公証人は、公示された情報の主要な利用者でもあるのだから。

文書が、書証として証拠法に直結する一方、情報媒体として不動産公示制度に直結しているフランス法の現実は、意思自治理論[59]の中に取り込まれた意思主義の孤高のイメージとは別の姿を映し出しており、意思主義と形式主義を真向から対立させる図式的な理解の見直しを迫っているように思われる。証拠準則を形式準則の「愛称（diminutif）[60]」と看破したジャック・フルールの言葉が、今さらながらに重みをもってくる。それならば、いっそのこと、意思主義などまやかしであり、これを定立しない方がよかったと結論づけるべきだろうか。そうは考えない。

「極端からもうひとつの極端に転んではならず、パラノイア的な論理を強調してはいけない。意思自治の理論は、これをカリカチュアにまで引き立てる者もいたが、一面の真理を含んでいる。ともかく、それは人間の高邁な思想に根ざしており、この考え方は、刑事に関しては故意、民事に関しては過失（非行）が究明される主体的責任論の領域と対をなしている。すなわち、あらゆる想定で自由意思（libre arbitre）が問われるのである。自由で責任ある人間、そうあるべきというのがこの思想である。もしもこれが打ち捨てられてしまうなら、すべての隷従に道を開くことになるであろう[61]。」

実は、フルール自身、内面の意思を外界に向けて表明するためには、最低限の「形式」が必要とされること、既定の「形式」が強制されず、「形式」を選択する自由があるかぎり、人間の意思は「形式」の主人であり続けることをよく理解したうえで、選択の自由がない証拠準則と形式準則の類似性を指摘したのだった。私見では、彼が「小さな形式主義」と呼ぶ書証主義にしても、個人意思を無闇に文書という「形式」に従属させているわけではなく、一人ひとりの意思を大切にし、これを確かな証拠として残すように書証を義務づけているのである。また、書証機能以外の文書の働きにしても、それらが、当事者の真意にもとづく合意形成機能に収斂すべきものであることは論を俟たない。人間の意思は、書証なる「形式」の義務づけがあるにもかかわらず、否、むしろこの「形式」の心強い働きがあればこそ、至上のものとされているのではないだろうか。

3　日本法の省察

日本法は、フランス法と同じ意思主義の原理のもとにあると信じられてきた。ところが、母法は、「適法に成立した合意は、合意した者にとって法律の代わりになる」（二〇一六年改正前の民法典旧一一三四条一項、同年改正後の一一〇三条）としながら、確かな証拠もない合意を「契約の自由」と称して神聖視したりしない[62]。意思主義と書証主義は密接不可分の関係にある。それでは、書証主義から切り離された意思主義しか知らない現行日本法は、文書をどう扱っているのか。文書の働きは、この日本法において一体どう考えられているのか。

確かに、文書が担う情報提供機能（前述②の機能）に関しては、現状でも十分な認識が得られているように見える。割賦販売法四条、特定商取引に関する法律五条、現行貸金業法一七条[63]、宅地建物取引業法三七条といったように、消費者関係の諸法律が、これらの法規制を受ける業者に対し、一様に契約内容を明らかにする書面の交付を義務づけているのは、いずれもこの趣旨に即したものと解してよい。しかしながら、契約書面の交付は、どの規定でも契約を締結したあとの事後的な交付であり、そこでは、契約締結を前にして熟慮を促し、軽率な取引を防止する機能（前述①の機能）は全く考慮外とされていたのではないか。契約条件の事前開示（割賦販売法三条、貸金業法一四条）により、必要な情報は、契約締結に先立って消費者側に提供されているはずと言えば一応の説明がつくのだろうが、契約締結に際してその内容を明示する書面が後回しにされるというのは特異な発想のように思われる（建設工事請負契約に関し、建設業法一九条が契約締結時の書面交付を義務づけているのは例外的か。なお、新設された貸金業法一六条の二を参照）。よく考えてみれば、契約書面による前述②の情報提供機能も、契約締結後にとどまるとしたら、多分に気休め的であって、クーリング・オフに連動する場合を除けば、手遅れになる可能性が少なくないであろう。実際の取引では、契約締結時に書面の交付があるとしても、当事者間でその内容を確認し合う機能（前述⑤の機能）が発揮されなければ、事後の交付とほとんど変わりがない。この点、重要事項についての説明義務（宅地建物取引業法三五条）は、不動産業者以外の業者にも義務づけが望ましい規定ではなかろうか。

第三者の助言を引き出す機能（前述③の機能）は、宅地建物取引業者の「媒介」による契約においても期待されているように読める（同業法三四条の二参照）。定期借地権および定期借家権の設定について「公正証書による等書面」の作成が要求されているのも（借地借家法二二条・三八条）、この期待の現れのように読めなくはない。これに対し、任意後見契約が公正証書の作成を成立要件としているのは（任意後見法三条）、紛れもなく成年後見制度にも通じた公証人の適切な助言を期待してのことと思われる。けれども、日本法は、公正証書の作成権限を有する公証人に対し、明示的には助言義務を課していない。フランスの公証人も、明文規定によって助言義務を負うわけではないが、公署性付与と助言義務は、その職務の二本柱として位置づけられている。したがって、公証人によって証書が作成される場合、独自に開発された契約書式の鋳型に流し込まれた当事者意思は、必ず公証人の助言を前提としているのである。しかし、日本の公証実務は、依然として旧来のままであり、少なくとも現状では、公正証書を作成する公証人に対し、どこまで助言者としての積極的な役割を期待することができるのか、定かではない。

契約内容の標準化機能（前述④の機能）に関して言えば、おびただしい数の契約モデルが氾濫する現在の状況を目の前にして、標準化の利点を説くことにさほどの意味があるとは思われない。当事者の一方がそれこそ一方的に定めた約款の内容は、仮に各業界内で標準化されたものであっても、手放しで歓迎することができないのは当然である。だから、契約書式の定型化を志向する場合には、当事者間の力の格差を利用した「不当条項（clauses abusives）」[(64)]が入り込む危険性を常に警戒しなければならない。ただし、定型化という意味での標準化は、大量取引を予定した約款に限らず、単発的な個別取引においても望ましい場合があることは認知されてしかるべきであろう。フランスの公証人は、中世以来この方、不動産売買をはじめとする契約類型ごとの定型的な書式の改良を積み重ね、現にある法の具体的な適用場面での貢献のみならず、あるべき法の形成に向けた実績でも高く評価される存在である。[(65)]

契約内容の確認機能（前述⑤の機能）は、②の情報提供機能を前提とする。後者が機能不全であれば、前者も機能しないままで終わる。契約法の領域外にあるものの、公正証書遺言につき、遺言者が公証人に口授し、これを公証人が筆記して「遺言者及び証人に読み聞かせ、又は閲覧させる」方式を規定した民法九六九条三号（九六九条の二第一項・二項により、「読み聞かせ」は、口がきけない遺言者または耳が聞こえない証人のため、「通訳人の通訳」をもって代替可能）は、遺言内容の確認を目的としたものと考えられる。もっとも、「閲覧」（一九九九年の民法改正による追加）だけで確認機能をよく果たしうるかどうかは疑問が残る。また、初めから遺言者の遺言能力が不足しているときは、「読み聞かせ」による内容確認も前提を欠くこととなろう。日本の公証実務は、裁判例に現れた公正証書遺言の取り扱い[(66)]においても再検討の必要があるように見受けられる。

公証実務と並んで根本的な見直しを要するのは、不動産取引上の契約書面が公示の真実性を確保する十全の機能（前述⑥の機能）を果たしていないという問題である。日本法では、二〇〇四年の不動産登記法全面改正以前、公示の真実性確保機能を担うべき登記原因証書（旧不動産登記法三五条一項二号）が、申請書の副本をもって代用可能とされていたから（旧四〇条）、不動産物権の設定・移転の原因行為を証明する文書と登記簿上の記載が必要十分な連絡を欠いていた。二〇〇四年の全面改正後は、登記原因証明情報の提供が義務づけられ（現行不動産登記法六一条）、その結果、旧法下のような〝抜け道〟は認められなくなった。しかし、必ず提供すべき登記原因証明情報も、契約書そのものとは限らず、契約締結後の報告的な情報（売渡証書など）を含んでいると解されるから、やはり公示の真正担保機能を担うものとして不徹底さを免れていない。それでも、大方の場合は、公証人に代わって登記申請手続を一手に引き受ける司法書士が、不動産取引の最終場面に立ち会い、その取引の三要素をなす当事者本人（人）、目的物件（物）、契約内容（行為）を確認し、登記申請行為の真実性を担保するうえで大きな役割を果たしている。この司法書士の関与により、どうにか不実の登記を生まないで事なきを得ているのが実情であろう。しかし、これも考えてみれば、財産中の財産とみなされてきた不動産所有権の帰属変動を公示するに当たり、私文書にすぎない登記原因証書の証明で足りるものとし、いとも簡単にそれも不要化してしまう立法例は、世界広しといえども他に類例を見ないのではないだろうか。フランス法でも、一九五五年の不動産公示改革に至るまで私署証書による公示が許容されていたが、一九五五年一月四日のデクレは、その改革を大きな眼目とし、公署証書にもとづく公示の原則化を成し遂げた。公示すべき証書を公署形式に従わせる「この要求なくしては、いかにまじめな不動産公示の改革も実現することはできない[67]」との基本認識からである。二〇〇四年に日本でも実現した全面改正後の不動産登記法は、同じくらい骨のある見識を示しているだろうか。

総じて、日本法では、文書を通して最終的な合意に到達しようとするのではなく、文書に頼らず文字どおりの無方式で口頭の合意を交わしさえすれば、あたかもそれが意思主義ないし諸成主義を尊重する所以であるかのように理解されている節がある。これは、フランス法継受の過程で書証主義を完全に脱落させてしまった意思主義理解の帰結というほかないだろう。そうだとすれば、日本法固有の文書の扱い方は、法律行為と法律事実の区別なく自由心証主義が適用される民事訴訟と書証をめぐる諸問題にも波及しないではいないと思われる。しかし、ここでは、この問題に立ち入る用意がないのを遺憾とする。

三　書証主義の試練

形式主義がまだ支配的であった時代の契約当事者は、手振り身振りを伴う口頭の諸形式（宣誓 serment、手打ち paumée、布施 denier à Dieu など）であれ、公証人が普及させた書面形式であれ、契約締結のために同席し、相協力してその形式儀礼を執り行なう必要があった。形式主義の凋落と意思主義の興隆は、隔地者間の取引を可能にし、代理人による取引の発達を促したと言われる(68)。

時代は巡り、前世紀末には、情報科学が、一部の事情に通じた人々の専有物ではなくなり、インターネットによって構築された全世界的な情報網が、すぐれて現代的なテクノロジーを日常化し、地球規模の市場化のうねりと呼応し合って一挙に電子取引を「大衆現象(69)」化するに至った。「大衆現象」となった電子取引は、隔地者間の取引を極限にまで押し広げ、消費者との間では、事業者側が開発したサイト上の「電子書式（formulaire électronique）」を用いた契約締結により、「二十一世紀の附合契約」を浸透させている(70)。すでに今世紀前半の現時点で国家間の障壁を物ともしない仮想世界の巨大市場が現出しようとしているのである。まさに想像を絶するスケールとテンポで事態が進行する中で、これまで何世紀にもわたって意思主義に寄り添い、その核心をなす合意形成の道具立てとして文書を位置づけてきた書証主義は、一体どうなるのであろうか。

問題は、フランス法の場合、殊のほか重大であり、証拠法における「電子文書（écriture électronique）」の位置づけをめぐって提起された。司法省からの諮問を受け、この問題の検討に当たったピエール・カタラを中心とする研究グループ(71)の結論は、次の二点に集約される。

第一に、民法典を改正するのであれば、書証の端緒(二〇一六年改正前の旧一三四七条)の中に電子メールを含めたり、書証主義の例外を規定した旧一三四八条(二〇一六年改正前)に新たな例外として第三項を追加したりといった手直しにとどめることはできない。

第二に、電子文書は、取引上の証拠となるだけの十分な痕跡を残すものであり、これを書証の一形態として取り扱うべき時期が到来している。

このような見地に立ってまとめられた研究グループの草案は、書証の概念を定義づける規定を新たに設け、真正面から電子文書を書証として扱うものであった。しかし、「大胆さが求められ、慎重さも望まれる草案作りのバランスのとれた両立(72)」を図ろうとした起草者が、電子文書の証拠価値を原則的に承認する立場を大胆に打ち出しながら、その証明力の強度に関しては慎重な姿勢を崩さなかったため、電子文書に対する反証の方法やら、電子文書と紙に書かれた私署証書の衝突については、立法府の最終的な判断に委ねられることになった。

証拠法の情報技術への適合および電子署名に関する二〇〇〇年三月一三日の法律(73)は、全六か条からなる。その主要部分は、民法典第三編第三章第六節第一款の書証に関する五つのパラグラフの冒頭に「一般規定」と題して挿入された諸規定である(この新設により、改正前の一から五までのパラグラフはひとつずつ繰り下げられた。二〇一六年の民法典改正後は、一三六三条以下に繰り下げられた条名の変更にとどまらず、各条文の文言・表現も、少なくない修正あり)。

まず、二〇〇〇年の民法典改正後の旧一三一六条(二〇一六年改正後の修正一三六五条に対応)は、こう書証の概念を定義していた。

「書証（preuve littérale）、または文書による証拠（preuve par écrit）は、その媒体と伝達手段のいかんにかかわらず、理解可能な意味（signification intelligible）を与えられた一続きの文字、活字、数字またはその他のすべての記号もしくは表象から生じる。」

ムーランの王令以来、文書と言えば紙の上に書かれた文書に決まっており、このことが自明である以上、事改めて文書を定義するまでもなかった。本条は、いわば紙媒体に固着した文書概念からの脱却を目的とする規定であり、電子文書を文書概念に包摂するための布石の意味をもつ。これに続く二〇〇〇年民法典改正後の旧一三一六条の一（二〇一六年改正後の修正一三六六条に対応）は、次のような電子文書の定義規定である。

「電子形態の文書は、紙媒体の文書と同じ資格の書証として認められる。ただし、その文書の発信人を正規に同定することができ、その文書の全部（intégrité）を保証することが可能な条件のもとで証明され、保存されたものに限られる。」

次いで、二〇〇〇年民法典改正後の規定では、「電子媒体の文書は、紙媒体の文書と同じ証明力を有する」（旧一三一六条の三、二〇一六年改正後の修正一三六六条に対応）ことが宣言され、同じ証明力をもつとされた文書同士のコンフリクトについて法律にも約定にも依拠することができないときは、裁判官が、「その媒体いかんにかかわらず、あらゆる方法によって最も真実性のある証書を決定する」（旧一三一六条の二、二〇一六年改正後の修正一三六八条に対応）ものとされている。ここまで読めば、二〇〇〇年三月一三日の法律が、電子文書の証明力に関し、草案起草者が慎重を期して守ろうとした節度をかなぐり捨てて一歩踏み出していることがわかる。草案段階では、電子文書の証明力が紙媒体の私署証書と同列におかれることはなかったのである。

さらに、二〇〇〇年民法典改正後の旧一三一六条の四（二〇一六年改正後の一三六七条）は、私署証書の唯一の要件である署名について二通りの定義を与えている。

「ひとつの法律行為を完成するために必要となる署名は、署名する者が本人であることを同定する。その署名は、当該行為から生じる債権債務に対して当事者が同意したことを表示する。公署吏が署名するときは、これによって公署性が証書に付与される。

電子的に署名するときは、電子署名がなされた証書との関係を保証する同一性確認の高度に信頼することができる方法を用いるものとする。この方法の高度の信頼性（fiabilité）は、コンセイユ・デタのデクレにより定められた諸条件において電子署名が作り出され、署名者の同一性確認が確保され、かつ証書の全部が保証されるとき、反対の証明があるまで推定される。」

この規定を適用するための二〇〇一年三月三〇日のデクレは、電子署名の暗号化装置や第三者による電子認証に関する詳細を定めている。署名は、私署証書に書証の効力を授けるものであり、電子文書を書証として認める以上、これと対をなす電子署名のための法整備が不可避的であった(74)。見方によれば、今回の民法典改正は、電子文書に証拠法上の市民権を与えるため、紙を使った文書と電子文書、氏名を手書きする署名と電子署名という「二重の分離」(75)を実現しなければならなかったと言える。しかも、電子媒体の文書は紙媒体と同じ証明力とされながら、「認証を受けた電子署名付きの証書は、奇妙なことに、紙でできた私署証書よりも大きな証明力を認められる」(76)結果となったのである。

それにしても、二〇〇〇年三月一三日の法律による民法典改正は、法律名にも示されているように、証拠法の領域に限局された立法であったはずだが、元老院での審議中に提出された修正案により、公署証書に関する民法典旧一三一七条二項（二〇一六年改正後の一三六九条二項）として、「公署証書は、コンセイユ・デタへの諮問を経たデクレ（décret en Conseil d'Etat）が定める諸条件において作成され、保存される場合には、電子媒体の上に作成することができる」という規定が追加された。つまり、「電子公署性（authenticité électronique）」を導入する足がかりができたわけである。[77] ということは、電子文書が、証拠のための（ad probationem）文書としてのみならず、有効性のための（ad validitatem）文書としても承認される日が近いということではなかろうか。公署性の付与がしばしば厳粛契約の有効要件として求められることからすれば、「電子公署証書」の登場が待望される理由は一目瞭然である。

なお、片務契約上の債務を負担しようとする者が「自らの手で（de sa main）」私署証書の記載をなすべき旨を規定していた民法典旧一三二六条が改められ、「自分自身で（par lui-même）」の文言に入れ替わった点も見逃せない。これは、「人間の手と競合する『マウス』に場所を空けること」[78]を目的とした改正にすぎないと説明されている。

実のところ、元老院では、民法典旧一三一七条に関する修正案以外にも「電子形態の文書は、…証拠として認められる」と規定する一三一六条の一に「行為の有効性のためにも」という文言を加える提案があった。しかし、この修正案は、さすがに司法大臣から「証拠規範と効力規範の根拠のない寄せ集め」と一蹴され、不採択となった。[79] とはいえ、採択された旧一三一七条の修正により、民法典改正の目的が証拠法の次元を踏み越えてしまったことは否定しがたい。

とすれば、ここまで立法府を突き動かした要因は何か。

いわゆる共同体（ヨーロッパ連合）の圧力があったのは確かである。しかしながら、電子取引に関する二〇〇〇年六月八日のＥＵ指令[80]は、共同体を構成する諸国家に対し、「契約プロセスに適用される法制度が、電子契約の利用上の障害にならないようにすること、また、電子的方法によって締結された諸契約だからという理由でそのような契約の法的効力および有効性を奪わないようにすること」を求めつつ（九条一項）、不動産に関する諸権利の創設・移転に関する諸契約については、賃借権のほかはその適用除外としており（同条二項）、この点でフランス法はＥＵ指令以上のところに位置するとの評価もある。[81]これには、異論の余地もあるが、少なくとも立法府が「共同体の渦巻き[82]」に飲まれしまったとする見方は被害者的に過ぎるだろう。ピエール・カタラが、「インターネットの幻惑は、若々しい苛立ちを醸成させ、もう公署証書の傍らに最初のざわめきが感じられるくらい[83]」と表現しているように、やはり電子情報化の底知れない圧力が作用していると見るべきではないか。同じカタラの言葉を次に掲げよう。

「文書の性質はその物理的な媒体に依存せず、書証はもはや紙と同一ではない。[84]」

この現象自体は明らかだが、その影響がどこまで及ぶのかは明らかでない。二〇〇〇年の民法典改正に対する評判は、概して芳しくないが[85]、その評価が固まったわけではない。事態が流動的なのはわかるが、そのスケールとテンポは計り知れず、行き着く先も見定めがたい。ただ、ムーランの王令から数えても四五〇年の時空を旅した者でなければ気づかないことがひとつだけある。今、意思主義と共に歩んできた書証主義は、これからも新たな歴史を刻み続けるか、それとも新しい取引の障害物として見放されるかの正念場に立たされている。電子媒体の文書には、およそ紙媒体の文書に匹敵する多面的機能を期待すべくもないからである。その意味では、書証主義の試練である。それはまた、人間理性に課せられた試練でもある、と。

注

（1）H. Roland et L. Boyer, *Adages du droit français*, Litec, 3e éd. 1992, n° 152.

（2）Ph. Malaurie, *Cours de droit civil, Introduction à l'étude du droit*, Éd. Cujas, 1991, n° 305.

（3）*Ibid.*

（4）J.-Ph. Lévy, *Réflections sur l'importance et l'intérêt des questions de preuves*, in *Diachroniques, Essais sur les institutions juridiques dans la perspective de leur histoire*, Éd. Loysel, 1995, p. 17.

（5）J.-Ph. Lévy et A. Castardo, *Histoire du droit civil*, Dalloz, 2002, n° 579, p. 844.

（6）J.-Ph. Lévy, *L'évolution de la preuve, des origines à nos jours, Synthèse générale* in *Diachroniques*, p. 75.

（7）石井紫郎「外から見た盟神探湯」、石井紫郎＝樋口範雄編『外から見た日本法』（東京大学出版会、一九九五年）所収三八六頁。

（8）Montesquieu. *De l'Esprit des lois*, VI, liv. 28, chap. 17, in *Œuvres complètes* II, Pléiade, 1951, p. 813. 本文の引用では、野田良之＝稲本洋之助＝上原行雄＝田中治男＝三辺博之＝横田地弘訳『法の精神』下（岩波書店、一九八八年）一一七－一一八頁の翻訳に学びつつ、独自の訳を試みた（以下の引用も同じ）。

（9）山内進「中世ヨーロッパの決闘裁判――当事者主義の原風景――」『一橋論叢』一〇五巻一号六二頁以下のモチーフを発展させた同『決闘裁判』（講談社現代新書、二〇〇〇年）は、興味深い史料や挿話、挿画をふんだんに紹介し、一九世紀初頭まで生き長らえる決闘裁判と当事者主義にもとづく近代的裁判の連続面を浮き上がらせている。

（10）Montesquieu, *De l'Esprit des lois*, VI, 28, 25, Pléiade, p. 827.（野田ほか訳・下一三四頁）

（11）Ph. de Beaumanoir, *Coutumes de Beauvaisis*, Texte critique publié par Am. Salmon, t.II, Paris, 1900, chap. LXI-LXIV. 塙浩訳『ボマノワール・ボヴェジ慣習法書』（信山社、一九九二年）では、六七四頁以下。

（12）Ordonnance de Saint Louis contre les duels, *Les Établissements de Saint Louis*, publiés par P. Viollet, t.Ier, Paris, 1881, pp. 487–488.

(13) M. Boulet-Sautel, *Aperçus sur le système des preuves dans la France coutumière du Moyen âge*, in *Recueils de la Société Jean Bodin pour l'histoire comparative des institutions*, t.XVII, La preuve, 2e partie, Bruxelles, 1965, p. 319.

(14) J.-Ph. Lévy, *La hiérarchie des preuves dans le droit savant du Moyen-âge*, Annales de l'Université de Lyon, Recueil Sirey, 1939, p. 166.

(15) *Ibid*., p. 103.

(16) A. Loisel, *Institutes coutumières*, éd. Dupin-Laboulaye, Paris, 1846, t.II, n° 770.

(17) ラブレー第五之書・渡辺一夫訳『パンタグリュエル物語』（岩波文庫、一九九一年）一四八―一四九頁。

(18) Ordonnance de Moulins, *Recueil général des anciennes lois françaises depuis l'an 420 jusqu'à la Révolution de 1789* par Isambert, t.XIV, p. 203.

(19) J.-Ph. Lévy, *Coup d'œil d'ensemble sur l'histoire de la preuve littérale*, in *Diachronique*, p. 130.

(20) Isambert, t.XVIII, p. 137.

(21) Roland et Boyer, *op.cit.*, n° 124.

(22) 広中俊雄『契約とその法的保護』（創文社、一九七四年）二三八頁。

(23) 同前二二六頁以下。

(24) Beaumanoir, *op.cit.*, t.II, chap. XXXV.（塙訳四〇五頁以下）

(25) Lévy et Castaldo, *op.cit.*, p. 776.

(26) ベッカリーア・風早八十二＝風早二葉訳『犯罪と刑罰』（岩波文庫、一九五九年）四三―四五頁。

(27) J.-P. Royer, *Histoire de la justice en France*, P. U. F., 1995, n° 191.

(28) トゥルーズの商人ジャン・カラスは、自分の息子の自殺を隠そうとしただけであったが、息子殺しのかどで起訴され、車責めの刑に処せられた。その息子がカトリックに改宗するのを阻もうとしてカルヴィニストの父が殺人を犯したというのである。カトリックのプロテスタントに対する不寛容を象徴する事件のひとつとされる。しかし、最後には、ヴォルテールの強力な支援を受けた遺族が、誤判であったことを明らかにし、犠牲者の名誉回復を勝ち取った。

　この冤罪事件を告発するヴォルテールらしい批判の一端を紹介すると——

「トゥルーズの判決理由のひとつがわかりました。それは、定めしあなたの理性を驚かすことでしょう。これら西ゴート族の人々は、四分の四と八分の八の証拠を足せば二つの完全な証拠になるという格律をもっており、風聞の類いに対し、四分の一と八分の一の名分を与えてしまうのです。」（VOLTAIRE, *Lettre à Damilaville sur l'affaire Calas, 3 mai 1763* in Ph. MALAURIE, *Droit civil, Introduction générale*, Éd. Cujas, 1991, p. 125, n. 26）「カラス事件」に関する彼自身の著作として、VOLTAIRE, *Traité sur la tolérance à l'occasion de la mort de Jean Calas* in *Mélanges*, Pléiade, p. 563 et s.（ヴォルテール＝中川信訳『寛容論』中公文庫、二〇一一年）は必見の価値がある。この著作を含めてヴォルテールの刑事司法改革思想を取り上げるのは、石井三記『18世紀フランスの法と正義』（名古屋大学出版会、一九九九年）二三四頁以下。

（29）LÉVY, *Synthèse générale* in *Diachroniques*, p. 77.

（30）LÉVY et CASTALDO, *op.cit.*, p. 845.

（31）MALAURIE, *op.cit.*, n° 380.

（32）LÉVY et CASTALDO, *loc.cit.*

（33）LÉVY, *Coup d'œil d'ensemble sur l'histoire de la preuve littérale* in *Diachroniques*, p. 131.

（34）LOISEL, *op.cit.*, n° 357. Cf. ROLAND et BOYER, *op.cit.*, n° 283.

（35）J. FLOUR, *Quelques remarques sur l'évolution du formalisme* in *Études offertes à G. Ripert*, pp. 99-100.

（36）J.-L. SOURIOUX, *Recherches sur le rôle de la formule notariale dans le droit positif*, thèse, Paris, 1965, n° 26.

（37）J.-P. CHAZAL et S. VICENTE, *Le transfert de propriété par l'effet des obligations dans le code civil*, *RTD civ.* 2000.477.

（38）民法典制定当初以来の旧一一三八条一項と一五八三条の両規定の上に影を落とす形式主義の観念については、*ibid.*, nos 9, 10 et 40-43.

（39）FLOUR, *op.cit.*, p. 111 et s. は、立法における「形式主義の復権」と判例における「形式主義の衰退」を対置し、この一見して矛盾する傾向が、無思慮や不正行為に対する形式主義の予防的な役割に着目する立法者の視点と、個別事件の妥当な解決のために形式準則を犠牲にする裁判官の視点の違いに起因することを巧みに論証してみせた。この総括は、同論文の発表時から半世紀以上を経た現在、「古典」の形容にふさわしい威風を醸し出しているが、X. Lagarde, *Observations critiques sur la renaissance du formalisme*, *J. C. P.*, éd. G. 1999. I. 170 は、フルール論文以後の新しい事実として「古典的自由論に対する判例の無感覚と、立法者の形式主義的な教理に対する同じ判例のほぼ全面的な追従」(*ibid.*, n° 3) を指摘し、立法上も判例上も「形式主義の復権」を確認しうるとの見解を示す。

(40) G. Lepointe, *La preuve judiciaire dans les Codes Napoléoniens* in *Recueils de la Société Jean Bodin pour l'histoire comparative des institutions*, t.XIX, La preuve, 4e partie, Bruxelles, 1963, p. 156.

(41) J.-L. Mouralis, *Rép. civ. Dalloz*, v° *Preuve*, 2002, nos 1123–1126.

(42) Fr. Terré, *Introduction générale au droit*, Dalloz, 5e éd., 2000, n° 545.

(43) Ph. Malaurie et L. Aynès, *Les obligations*, Defrénois, 2003, n° 563. しかし、証拠の自由は、あくまで商人同士の取引の場合であって、「民商混合行為 (acte mixte)」と呼ばれる商人と個人の間で取引があった場合には、個人は証拠の自由を享受できるが、商人の方は書証主義に従わなければならない。

(44) Mouralis, *Rép. civ. Dalloz*, v° *Preuve*, n° 581.

(45) Lévy, *Synthèse générale* in *Diachroniques*, p. 81.

(46) M. Dagot, *La publicité foncière*, P. U. F., 1981, p. 122.

(47) 公署証書を作成する公証人の職務と責任については、本書第二章二2・3 (四四頁以下)。

(48) Ordonnance de Villers-Cotterets, art. 111, Isambert, t.XII, pp. 622–623.

(49) P. Catala, *Le formalisme et les nouvelles technologies*, *Defrénois* 2000, art. 37210, n° 15.

(50) M. Planiol, *Traité élémentaire de droit civil*, revu et complété par G. Ripert, avec le concours de J. Boulanger, t.II, L. G. D. J., 2e éd., 1947, n° 397.

(51) Lévy, *Coup d'œil d'ensemble sur l'histoire de la preuve littérale* in *Diachroniques*, p. 132.

(52) 民法典は、使用言語についても特別の要件を設けていないが、一九九四年八月四日の法律 (Loi n° 94-665 du 4 août 1994

relative à l'emploi de la langue française）、いわゆるトゥーボン法（loi Toubon）の第二条が、さまざまな商品の「表示、価格、使用方法、保証の範囲・条件の記述、請求書および領収証」の果てまでフランス語の使用を義務づけているため、これはこれでEU法への牴触が問題となっている。

日付の記載も、手形や小切手、遺言を除き、必要事項とされていないのだが、実際上は欠かすことができない。当事者間では、私署証書の日付でも反証があるまで証明する。しかし、第三者との間では、確定日付がなければ対抗することができない（二〇一六年改正前の民法典旧一三二八条、改正後の一三七七条）。

（53）判例の推移を概観するうえでは、H. Capitant, F. Terré et Y. Lequette, *Les grands arrêts de la jurisprudence civile*, t.II, Dalloz, 11e éd., 2000, nos 275-277 に掲載された三つの判決とその辛口の解説が至便であり、一読に値する。ただし、解説者が「法務官的で大仰な創造物は危険や失敗なしでは済まない」（*ibid.*, p. 601）と批判する旧判例の考え方は、現在では、消費生活法典上の明文規定によって受け継がれている点に注意する必要がある。自然人が消費者の保証人または連帯保証人となる場合には、元本、利息等の弁済を担保する保証債務の限度額や保証期間の手書きによる記載がない保証契約は無効とされ（同法典L三一四―一五条およびL三一四―一六条）、この保証契約の要式契約化は、自然人の「職業上の債権者（créancier professionel）」に対する保証一般にまで拡張されているのである（同法典L三三一―一条ないしL三三一―三条）。

（54）J. Flour et J.-L. Aubert, *Les obligations*, t.III, Armand Colin, 2001, n° 37, n. 6.

（55）Malaurie et Aynès, *op.cit.*, n° 560.

（56）本書第二章二2⑶四八頁を参照。

（57）J. Ghestin, *Traité de droit civil, Les obligations, Le contrat: formation*, L. G. D. J., 2e éd., 1988, n° 272.

（58）二〇一六年改正前の民法典旧一三二六条は、片務契約を私署証書とする場合の数少ない方式として、一九八〇年の改正によって削除されるまで本文のような決まり文句の手書きによる記載を求めていた。

（59）意思自治理論については、山口俊夫『概説フランス法下』（東京大学出版会、二〇〇四年）一八頁以下および北村一郎「私法上の契約と『意思自律の原理』」、『基本法学4』（岩波書店、一九八三年）所収一六五頁以下からその内容の豊富さを感得することができる。

(60) FLOUR, *op.cit. Ét. Ripert*, p. 99.

(61) LÉVY et CASTALDO, *op.cit.* n° 543, p. 798.

(62) 本書第一章一で紹介した裁判例は、時価二億円に上る山林等を目的とした売渡担保契約が、被担保債権に当たる融資金の借用証書すら残されていないため、関係者の証言だけで認定された特殊な事案であったが、日本法の場合には、そのような「取引」が全くの例外事例とは言いきれず、「契約の自由」の名のもとでいとも簡単に正当化されてしまう危険が潜んでいるように思われる。

(63) 同条により貸金業者が義務づけられる契約書面の交付は、利息制限法違反の約定利率による制限超過支払分の元本への充当、さらに元本完済後の制限超過支払分の返還請求まで認める最高裁の大法廷判決（最大判昭和三九年十一月一八日民集一八巻九号一八六八頁、最大判昭和四三年十一月十三日民集二十二巻十二号二五二六頁）があったにもかかわらず、制限超過部分の支払いを利息債務の有効な弁済とみなす同法の、いわゆるみなし弁済規定（二〇〇六年改正前の貸金業法旧四三条）の適用要件とされていた。けれども、この適用要件の厳格解釈を打ち出す最高裁判決が相次ぎ（二〇〇四年二月二〇日付けの二つの第二小法廷判決・民集五八巻二号三八〇頁および四七五頁）、こうして勢いづいた判例の流れが、貸金業法のみなし弁済規定の廃止、ひいては利息制限法一条二項の廃止を実現する梃入れになったと考えられる。もはや立法上解決済みとなった観はあるが、消費者金融における書面の位置づけという観点に立つならば、過去の問題と言いきれるかどうか、なお検証を要する。この点に関し、今村与一「判例研究・貸金業法四三条一項のいわゆるみなし弁済規定の適用要件」『横浜国際経済法学』十三巻三号三七頁以下。

(64) 「不当条項」に対するフランス法の総合的な対応に関しては、J. CALAIS-AULOY et F. STEINMETZ, *Droit de la consommation*, Dalloz, 6e éd., 2003, nos 173 et s.

(65) 公証人が作り上げてきた契約書式の意義を考えるうえでは、実定法の視点から見たSOURIOUX, *op.cit.*, nos 125 et s. とともに、歴史的視点から見たJ. HILAIRE, *La science des notaires, Une longue histoire*, P. U. F., 2000 が示唆に富んでいる。

(66) 伊藤昌司『相続法』（有斐閣、二〇〇二年）三九頁以下は、この問題点の深刻さをよく伝えている。

(67) H. L. et J. Mazeaud, F. Chabas, *Leçon de droit civil, Sûreté et publicité foncière*, Montchrestien, 7e éd., 1999, n° 686.
(68) A. Dumas, *Histoire des obligations dans l'ancien droit français*, Aix-en-Provence, 1972, p. 90.
(69) Catala, *op.cit.*, *Defrénois*, n° 6.
(70) P.-Y. Gautier et X. Linant de Bellefonds, *De l'écrit électronique et des signatures qui s'y attachent*, J. C. P., éd. G, 2000. I. 236, n° 2, p. 114.
(71) このグループの基本的見解を知るためには、*L'introduction de la preuve électronique dans le Code civil*, J. C. P., éd. G, 1999. I. 182とともに、これと重複する部分があるものの、P. Catala, *Écriture électronique et actes juridiques*, in *Mélanges M. Cabrillac*, Litec, 1999, p. 91 et s. を読み合わせる必要がある。
(72) *Ibid.*, n° 13.
(73) Loi n° 2000-230 du 13 mars 2000 portant adaptation du droit de la preuve aux technologies de l'information et relative à la signature électronique, *J. O.* n° 62 du 14 mars 2000, p. 3968.
(74) F. Guy Trébulle, *La réforme du droit de la preuve et le formalisme*, *Petites affiches*, 20 avril 2000, n° 79, p. 13.
(75) Flour et Aubert, *op.cit.*, n° 23.
(76) Malaurie et Aynès, *op.cit.*, n° 572.
(77) その後、電子媒体の上で公署証書を作成する可能性は、二〇〇五年八月一〇日のデクレにより、とうとう公認されることになった。同デクレは、公証人による証書の作成・保存方法の詳細を定めた前掲・一九七一年十一月二六日のデクレを大幅に塗り替え、紙媒体の公署証書と電子媒体のそれを並列的に規律するものとなっている。特に物議を醸したのは、電子公署証書に関し、隔地者間での証書作成を可能にした同前デクレ第二〇条の規定である。紙媒体の公署証書を作成する場合には、証書作成を受託した公証人の面前に当事者（少なくともその代理人）が自ら出頭し、署名することが求められるのに対し、同条によれば、遠隔地の一方当事者またはその代理人は、受託公証人とは「別の公証人の面前に出頭し、証書作成に参加する」ことが認められる。この場合、証書作成上必要なやりとりは、情報処理・伝達システムの方法（ビデオ会議）を用いて行われ、各公証人がそれぞれの面前で当事者の同意および署名を記録に残せば、受託公証人による電子署名があった時、当該電子公署「証書は完全なものとなる。」公証人が作成する公署証書への信頼という観点から見れば、随分思いきったやり方だが、最終的な評価は、今現在の公証人実務を検証するまで留保せざるをえない。

(78) Gautier et Linant de Bellefonds, *op.cit.*, n° 4, p. 1114.

(79) この経緯については、P.-Y. Gautier, *Révolution internet: le dédoublement de l'écrit juridique*, *D.* 2000, n° 12を参照。

(80) Directive 2000/31/CE du Parlement européen et du Conseil du 8 juin 2000 relative à certains aspects juridiques des services de la société de l'information, et notamment du commerce électronique, dans le marché intérieur, *J. O.* n° L178 du 17 juillet 2000, p. 1.

(81) Terré, *op.cit.*, p. 581.

(82) Trébulle, *loc.cit.*

(83) Catala, *op.cit.*, *Defrénois*, n° 14.

(84) Catala, *op.cit.*, *Mélanges Cabrillac*, p. 96.

(85) おそらく最も峻烈な批判を加えたのが、A. Raynouard, *Adaptation du droit de la preuve aux technologies de l'information et à la signature électronique*, *Defrénois* 2000, art. 37174であろう。同論文の批判の矛先は、二〇〇〇年の改正法全部に向けられているが、「証拠に関する民法典の諸規定の文言が電子取引の発展の妨げになっていたということが全然論証されていないにもかかわらず、支配的な意見では、実定法が電子文書を現実的に考慮することを認めず、このため、立法の介入が必要とされた」(*ibid.*, n° 8)との見方がその根底にある。

第四章　意思自治の観点から見た司法書士像

一　問題の端緒

二〇〇一年六月十二日、内閣総理大臣に提出された司法制度改革審議会の「意見書」には、次の一節が入っていた。

「弁護士法第七二条は、弁護士でない者が報酬を得る目的で法律事件に関して法律事務を取り扱うことなどを業とすることを禁止している。一方、司法書士、弁理士、税理士、行政書士、社会保険労務士、土地家屋調査士などのいわゆる隣接法律専門職種は、それぞれの業法に定められたところに従い、限定的な法律事務を取り扱っている。

弁護士と隣接法律専門職種との関係については、弁護士人口の大幅な増加と諸般の弁護士改革が現実化する将来において、各隣接法律専門職種の制度の趣旨や意義、及び利用者の利便とその権利保護の要請等を踏まえ、法的サービスの担い手の在り方を改めて総合的に検討する必要がある。しかしながら、国民の権利擁護に不十分な現状を直ちに解消する必要性にかんがみ、利用者の視点から、当面の法的需要を充足させるための措置を講じる必要がある。

このような認識に立ち、訴訟手続においては、隣接法律専門職種などの有する専門性を活用する見地から、少なくとも、司法書士の簡易裁判所での訴訟代理権（簡易裁判所の事物管轄を基準として、調停・即決和解事件の代理権についても同様）、弁理士の特許権等の侵害訴訟（弁護士が訴訟代理人となっている事件に限る。）での代理権については、信頼性の高い能力担保措置を講じた上で、これを付与すべきである。税理士について、税務訴訟において、裁判所の許可を得ることなく、補佐人として、弁護士である訴訟代理人と共に裁判所に出頭し、陳述する権限を認めるべきである……。」[1]

この引用箇所を読む限りでは、同意見書がいう「隣接法律専門職種」に対する権限拡大を手放しで評価してよいかどうかはさておき、これら専門職の存在自体が、弁護士人口の大幅な増員を実現するまでの一時的ないし過渡的なものとして位置づけられているわけではない。しかし、経済界では、司法書士や行政書士といった資格を統合し、法律専門職としては弁護士に一元化すべしとする意見が現にあり、[2]こうした尖鋭的な主張を伴う全体の論調が、司法書士職の将来に影を落とす要因となっているのも事実である。

とはいえ、今後、先の司法制度改革の申し子とも言うべき法科大学院出身弁護士の大量増が見込まれるにしても、それがため、司法書士法第一条において「登記、供託及び訴訟等に関する手続の適性かつ円滑な実施に資し、もって国民の権利の保護に寄与すること」と銘記された司法書士の職業的使命がにわかに色あせてしまうとは思われない。ある意味では、日本の司法制度の特徴的な一面を体現するかのように、戦前戦後を通じ、弁護士職の歴史と分岐した道を歩みながら、それとも交錯し合う独自の足跡を残してきた司法書士職の歴史的経験に徴すれば、これはほとんど揺るぎない確信でさえある。[3]

そこで、本稿では、個人意思にもとづく私的自治の担い手という観点から、特に不動産取引における司法書士の関与のあり方を探究し、この専門職の将来像を素描してみようと考えるに至った。[4] 以下の叙述の大まかなプランを示せばこうである。司法書士は、従来、どのようなイメージの存在であったか（二）。法律専門職は、一般に意思自治の原理のもとでどのような役割を期待されているか（三）。これからの司法書士は、どのような法律専門職を目ざすべきか。その場合、どのような見地に立つ必要があるか（四）。

法律専門職としての位置づけは、それ自体が長いキャリアを積んだ同職者にとって感慨ひとしおの響きをもつかもしれない。戦後だけでも、数次にわたる司法書士法改正により、専門職としての地歩を固めるまでの道のりは決して平坦ではなかったからである。ここで若干の個人的な事情を述べることが許されるならば、筆者自身、文字どおり専門職と呼ぶにふさわしい実務家諸氏と親しく接する機会に恵まれ、日本の全国各地で行われている不動産取引の現実に眼を見開かれたのであった。それだけに、そうした方々と共に法律専門職としての司法書士像の将来を展望したいと願うこと切なるものがある。

二　これまでの司法書士像

冒頭に引用した「司法制度改革審議会意見書」の内容を立法化した二〇〇二年の司法書士法改正（平成一四年法律第三十三号）により、司法書士の業務に関する規定は、一条繰り下げられて現行の第三条となり、そのボリュームも格段に増している。しかし、それ以前は、司法書士が業として扱うことのできる事務と言えば、もっぱら「登記又は供託に関する手続について代理すること」（旧二条一号）と「裁判所、検察庁又は法務局若しくは地方法務局に提出する書類を作成すること」（同条二号）の二つに限られていた。要するに、従来の司法書士像も、これらの基本的職務と一体不可分のものとして描かれてきたのである。

だが、登記申請手続に関する事務と訴訟手続に関する事務は、いずれも文書の作成が中心となるほかは共通項もなく、同一の専門職が二つの事務を取り扱う必然性は乏しいようにも思える。このことから、渾然として両方の見分けがつかない単一の司法書士像に対しては、かねてより批判的な見方がなくはなかった。しかし、大切なのは、たとえ司法書士職が「二重性格」的であるとしても、それは、同職者が好んで選びとった性格規定ではなく、国民の切実な要求に応えようとして積み重ねられてきた永年の職業活動の帰結にほかならないということである。(5)

では、司法書士職は、どのような経緯から相異なる二重のイメージで捉えられるようになったのであろうか。司法書士の基本的職務をめぐって争われた裁判では、この二つの司法書士像についてどのような見解が示されたのであろうか。

1　二つのイメージ

司法書士職の歴史は、はるか明治初年にまで遡ることができる。

一八七二年（明治五年）八月三日、太政官無号達として発せられた「司法職務定制」(6)は、その前年に創設されたばかりの司法省内部の職制、本省の所掌事務・諸権限をはじめとして、判・検事の職制、司法警察、各種裁判所の構成、明法寮、刑事施設といった司法組織ならびに司法行政組織の全体を網羅する二十二章、条数にして一〇八か条からなる大法令であったが、この中に第一〇章として「証書人」、「代書人」および「代言人」に関する定めがあった。

これによれば、「証書人」は、各区戸長役所におかれ、「田畑家屋等不動産ノ売買貸借及生存中所持物ヲ人ニ贈与スル約定書ニ奥印」することを職務とし（四一条第一）、各区におかれる「代書人」は、「各人民ノ訴状ヲ調成シテ其詞訟ノ遺漏無カラシムル」（四二条第一）ことを職務とした。そして、各区の「代言人」は、「自ラ訴フル能ハサル者ノ為ニ之ニ代リ其訴ノ事情ヲ陳述シテ枉冤（おうえん、誤判のこと——引用者注）無カラシム」ことを職務とし（四三条第一）、「代書人」と同様に訴訟業務を専門としながらも、一方の「代書人」は、訴訟当事者に代わって訴状を作成し、書面作成の役割に専念するのに対し、他方の「代言人」は、当事者に代わってその主張を代弁して陳述し、弁論の役割に専念するという両者の分業が予定されていた。ただし、「代書人」を用いるにせよ、「代言人」を用いるにせよ、「其本人ノ情願ニ任ス」ものとされており、いずれも任意であった。ここで見逃してならないのは、訴訟外での各種約定書の公証（認証）を専門とする「証書人」が、他の二者とは異なり、強制的関与を予定されていたことである。

「司法職務定制」の制定に当たっては、「お雇い外国人」として来日した法律家第一号、それまでパリ控訴院付きの弁護士であったジョルジュ・ブスケの功績が大きいと言われる。そうだとすれば、「証書人」・「代書人」・「代言人」の各職務は、フランス法における公証人・代訴士（avoué）・弁護士のそれに倣ったものかもしれない。もっとも、彼自身は、西欧近代の諸法典をすぐさま移植しようとする立法上の拙速主義を望まず[7]、この点では、明治五年四月、初の司法卿に就任して以来、司法全般にわたる制度改革に向けて邁進し、「司法職務定制」制定の立役者となった江藤新平とは必ずしも意見が一致していなかったようである[8]。

ともかく、江藤司法卿の時代に目ざそうとしていた司法改革の方向性[9]、なかでも訴訟内外での専門職集団による分業体制は、翌一八七三年（明治六年）に発せられた「訴答文例」（同年七月一七日太政官布告第二四七号）にも生かされている。「訴答文例」は、民事訴訟の口火を切る訴状と答弁書の書式を示しつつ出訴要件等の手続を定めることにより、さまざまな民事紛争を統一的な訴訟手続に乗せ、司法的解決を図るための門戸を開放するものであった[10]。そして、この太政官布告にも、「代書人」と「代言人」の出番が用意されていたのである。

「訴答文例」の一大特色は、必ず「代書人」を用いて訴状（答弁書）を作成し、原告（被告）自らがそれを作成してはならないとする代書人強制主義を原則としていることである（三条本文、三四条）。これは、そのまま任意主義が維持された「代言人」（三〇条、三五条）を併存させ、それぞれに訴訟上の書面主義と口頭主義を担わせる弁護士二元主義の採用を意味した[11]。その代わり、共同体的な拘束にもとづく訴訟抑制的機能を果たしていた「差添人」の制が廃止され（三条但書き）、「司法職務定制」に残っていた町村役人の付添いもなくなったと見られている[12]。ここで注目すべきは、「訴答文例」が、訴状の記載事項として証拠文書の「写載」を要求していることである。別途書証の写しの提出を求める裁判所の長い実務慣行もその頃から始まったとすれば、いかに徹底した書面中心主義が採用されていたか、十分に察しがつくであろう[13]。このことの裏返しとして、訴訟手続の前面には現われないものの、訴訟外での「証書人」の公証機能が前提にあることは改めて指摘するまでもない。いうなれば、「証書人」・「代書人」・「代言人」の三つ巴の連携による訴訟内外の当事者支援システムの構想である。

ところが、この専門的分業体制は多分に画餅の観があった。何より、そうした構想を描いた江藤は、明治六年の政変により、自分の手で実現すべき司法政策の第一線から早々と降板してしまった。そのうえ、複数の専門職を担う人材の当てもなければ、養成機関もない時代であった。とりわけ、「証書人」は、当初より「有名無実の存在[14]」であったから、その職務は、名主・庄屋の名を改め、地方行政の末端組織に組み入れられた数村単位の各区戸長が代替することになった。実質的には、旧幕藩体制下の名主加判の慣行を引き継ぐ公証制度である。だから、「地所質入書入規則」（一八七三年）、「建物書入質規則」（一八七五年）など相次ぐ民事立法では、戸長役場における公証が、不動産を担保化するうえで不可欠の公示方法を提供するであろう。

かくして、「訴答文例」の施行からわずか一年も経たないうちに、「代書人」の強制は廃止され、代書人を用いないときに親戚朋友が訴状等へ連印する「差添人」が復活した（明治七年七月一四日太政官布告第七五号「代書人用方改定」）。しかし、この「差添人」もその翌年には不要とされ（明治八年二月三日太政官布告第十三号）、結局、「代言人」の選任は、一八八九年（明治二十三年）の旧々民事訴訟法制定以降も強制されることがなかったから、ここに本人訴訟が原則化したと言われる。そうは言っても、独力で訴状を書き、堂々と法廷で陳述し、誰の助けも借りずに訴訟を遂行できる紛争当事者が稀有の存在であるのは今も昔も変わりがない。弁護士二元主義はおろか一元的弁護士の選任さえ予定しない当事者支援システムの制度上の欠落は、裁判所から市井の人々を遠ざける司法政策の百八十度の転換にほかならなかった。けれども、皮肉なことには、職業的「代書人」が登場するようになるのも、その政策転換の最中であった。[15] 彼らは、「訴答文例」以下の諸法令を足場にして本人訴訟を支援する役割を担うこととなる。ただし、任意とされた訴訟代理人は、原則として弁護士に限定され（旧々民事訴訟法六三条一項、旧民事訴訟法七九条一項、現行民事訴訟法五四条一項を参照）、昭和年代に入り、弁護士でない者による訴訟事件等の取り扱いが厳しい取締りの対象となるのは周知の事柄と言えよう（一九三三年の「法律事務取扱ノ取締ニ関スル法律」、現行弁護士法七二条）。以上は、「司法代書人法」の制定（一九一九年）を経て現行司法書士法に至る系譜の始まりであると同時に、現在の司法書士に対して抱くひとつのイメージの由来でもある。

ところで、もうひとつのイメージの由来を知るためには、もう一度、今から二世代前の「登記法」の制定前後にまで遡らなければならない。

土地の自由流通が公認されて以来（田畑永代売買の解禁、一八七二年）、土地売買譲渡のたびに地券が交付され、地券交付済みの土地を売買の目的とするときは、地租負担者としての地券名義人の変更を表示するために必ず書替えを要するものとされた（同年二月二四日大蔵省達第二五号「地券渡方規則」第七）。この地券書替えが、実際、土地所有権の移転を対世的にも公示する機能を果たしていた。しかし、担保化を目的とした取引については、地券以外の方法を講じる必要があった。このため、前述した「地所質入書入規則」(明治六年一月一七日太政官布告第一八号)は、町村戸長が、願出のあった取引上の証文に公証文言を奥書・証印し、戸長役場備付けの奥書割印帳に当該証文の内容を記載し、その帳面と証文の双方に番号を朱書して割印する手続を定めた(同規則九条)。そして、同様の公証手続が、初めから地券取引のらち外にあった建物の売買譲渡・担保化にも採用され(明治八年九月三〇日太政官布告第一四八号「建物書入質並ニ売買譲渡規則」)、船舶の売買譲渡・担保化(明治一〇年三月八日太政官布告第二八号)にとどまらず、ついには、「土地売買譲渡規則」(明治十三年十一月三〇日太政官布告第五二号)により、土地の売買譲渡にも地券書替え(明治十二年から裏書方式)と併用されることとなった。

元来が、戸籍事務の取り扱いから出発した公証制度だが、こうして不動産取引全般を対象とするに至り、土地の商品化に伴う市場取引の激増と相まって、もはや公示機能を果たす任に堪えきれず、制度上の欠陥を露呈させてしまう。内閣制に移行してまもなく、一八八六年(明治一九年)八月十一日、公文式による法律第一号として制定公布された「登記法」(翌一八八七年二月一日施行)は、奥書・割印の方式も奥書割印帳の記載・保管方法も統一せず、見出帳がなく検索も不便であった戸長役場の公証制度を改め(地券制度の廃止は一八八九年)、恒久的な公簿の完備した不動産公示制度を創設する画期的な立法である。(16) その内容は、ボワソナード草案にもとづく民法編纂事業の進行を横目に見ながら、治安裁判所を登記機関とし(法三条)、最新式の物的編成による登記簿を採用するなど、むしろドイツ法系の特徴を帯びていた。ただ、同法が「登記簿ニ登記ヲ為サヽル地所建物船舶ノ売買譲与質入書入ハ第三者ニ対シ法律上其効ナキモノトス」(法六条)と規定したところは、一見してフランス法系に属し、初めていわゆる対抗要件主義を明文化したものであった。

それはさておき、ここで問題とすべきは、新しい制度における公証機能と公示機能の関係いかんである。というのも、旧制下の慣行に依拠した公証手続は、確かに、二重の公証、公証の偽造といった事件が跡を絶たず、天災による焼失・流失のほか、「虫喰」、「鼠喰」、「雨漏」等による公証簿の事故が頻発し、著しく信頼を損ねていたが、曲がりなりにも一連の手続の中で公証機能（証書への奥書）と公示機能（割印帳への記載）の両方をこなしていたからである。未分離のままであったこれら二つの機能は、「登記法」制定以後、どのような変転を遂げるのであろうか。

両者のうち、公証機能の方は、「登記法」と同時期に制定された「公証人規則」（明治一九年八月十三日法律第二号）にすっかり吸収されたと見るのが自然かもしれない。ただ、同規則は、全く「登記法」との連絡を欠いており、「登記法」には、まだ登記機関の公証機能を期待する趣旨が含まれているようにも読める。このことに関しては、断定的な言い方を控えなければならないが、「登記法」の改正（一八九〇年）、明治民法制定後の旧不動産登記法制定（一八九九年）へと目まぐるしい立法上の改変を重ねるうちに、いつのまにやら登記原因の公証と連動しない登記手続が定着したことだけは確かである。[17]

こうして町村戸長が一身に担っていた公証機能と公示機能は分断されてしまうけれども、後者の機能を担う登記手続が、公証手続の橋渡しを失い、利用者から疎んじられる一方となるわけではない。手軽であった旧制度と異なり、税収入が新制度導入の大きな眼目であっただけに登記料が高く、登記所となった裁判所は遠方にあり、登記官は高圧的で不親切極まりなく、庶民の目から見れば、決して利用しやすいはずはなかったが、それでも次第に制度としての確立をみるのである。そこには、公証権限を有しないにもかかわらず、当事者に代わってあたかも「閻羅庁」[18]のごとしと形容された登記所に出頭し、黙々と登記申請手続に従事する職業人の姿があった。これが、旧不動産登記法の制定から数えても百有余年の歴史を重ねた司法書士職に対するもうひとつのイメージの由来である。

さて、二重のイメージで捉えられた司法書士職は、その生い立ちから久しい間、訴訟当事者に代わって必要な書類を作成し、不動産取引の当事者から受託した登記申請手続を代行する「法律補助職」の位置づけに甘んぜざるをえなかった。それぞれのイメージに対応する専門職性は、裁判所においても容易には認められなかったのである。

2 二つの裁判

裁判所の司法書士職に対する理解のほどを示すため、ここでは、戦後に起こった二つの事件のみを取り上げる。

(1) 「松山・弁護士法違反事件」

被告人は、大学卒業後に司法書士となり、愛媛県新居浜市内に事務所をもったが、ほどなく本業の登記事務などを知り合いの同業者に委ね、訴訟関係の事務を扱うようになり、依頼があれば、熱心に研究し、あらゆる手段を用いて争い、徹底して解決しなければ気がすまない性格であったから、隣県からも法律事件の解決を求める依頼が寄せられていたと言う。公訴事実によれば、①盆栽の横領をめぐる紛争の示談交渉、②通行権の確認訴訟を提起された被告が応訴するのに必要な訴訟関係書類の起案作成と訴訟維持の指導、③三億円余の負債を生じて経営危機に直面した債務者が所有する工場機械等担保物件の競売延引策、④協同組合の代表理事が組合資金数百万円を不正使用したという事実に関する調査、刑事告訴および民事訴訟の提起、⑤依頼者から預った約束手形上の手形金債権の取立て、⑥交通事故の被害者による損害賠償請求訴訟の提起、⑦婚約破棄を理由とする慰謝料請求訴訟の提起のいずれについても、被告人が、報酬を得る目的で業として扱ったものとされている。本件は、これらを合わせて七つの行為が、弁護士法七二条により、弁護士でない者に禁じられた「法律事務」に当たるか否かの判断を求められた刑事事件である。

第一審（松山地西条支判昭和五二年一月一八日判時八六五号一一〇頁）は、①、③および⑤を除く行為についてはを罪に当たらないとした。「宗判決」の名で知られる一審判決では、司法書士の職務は、機械的な書類作成ではなく、書類作成を依頼する嘱託人が達成しようとする目的を汲みとりながら、「嘱託人から聴取したところに従い、その真意を把握し窮極の趣旨に合致するように法律的判断を加えて」必要な書類を作成することに意義があり、弁護士法七二条違反は、「書類作成嘱託の窮極の趣旨を外れ、職制上与えられた権限の範囲を踰越し、自らの意志決定により自己の判断を以て法律事件の紛議の解決を図ろうとしたものであるかどうかによって判断すべき」とする基準が示された。

しかし、控訴審（高松高判昭和五四年六月十一日判時九四六号一二九頁）は、原審とは異なる判断を示した。すなわち、司法書士が書類作成に当たって法律的判断を加えるのは当然であり、その職責でもあるが、司法書士による法律的判断作用は、「法律常識的な知識に基く整序的な事項に限って行われるべきもの」である。したがって、控訴審判決によれば、司法書士の職務の範囲は、当該行為の実質、つまり「その行為が嘱託に基く事務処理全体から見て個別的な書類作成行為に収束されるものであるか、これを越えて事件の包括的処理に向けられ……、他人間の法律関係に立ち入るものであるか」を把握して決すべきと解される。このような基準により、②、④、そして⑥の公訴事実も弁護士法七二条に違反するものとされたのである。

両判決は、司法書士が、単純な書類作成にとどまらず、一定の法律的判断を加えているという認識に立つ限りで共通するものの、その法律的判断の理解に関しては大きな開きを感じさせる。原審判決は、書類作成を依頼した紛争当事者が最後の決断をなすべきであり、その限度を超えた司法書士の独断専行を許さないが、これは、受任者・受託者一般の権限行使における当然の制約とも言える。それでも、司法書士の職務権限を相当に広く認めるのが原審判決であるのに対し、控訴審判決は、弁護士の職務とする包括的紛争処理と個別的事務処理にすぎない書類作成を対比させ、司法書士の職務の限定性をことさらに強調し、書類作成上求められる判断を常識的で「専門的な鑑定」に属さない事項に押し込めようとする意図をあからさまにしている。その根底には、争訟性、俗に言う「事件性」を帯びた法律問題は、そうでないものより専門性が高く、弁護士にしか扱えないという「法曹」像が横たわっているのだろう。いわゆる非弁活動の取締りに関する弁護士法七二条が、そのような「法曹」像を支える土壌となっていることは改めて言うまでもない。(19)

(2) **「埼玉・名誉毀損事件」**

原告Xは、埼玉弁護士会に所属する弁護士である。Xは、顧問先のA建設会社の増資にかかわる事務一切を処理し、それに伴う株式会社変更登記を管轄法務局に申請した。この情報を入手した被告Y（埼玉県司法書士会）は、司法書士のみが商業・法人登記を代理申請できるとの立場から、Aに対し、次回の登記申請の際は司法書士に嘱託するよう促す文書を送付した。これにより、Xは、依頼者の信頼を失うなど多大な損害を被ったとして、Yらを相手どり、不法行為にもとづく損害賠償請求訴訟を提起した。本訴のあらましはこうだが、Yは Yで、本件訴状の陳述中にXが不適切・不穏当な表現を用いてYの社会的評価を失墜させたとして反訴を提起した。

裁判所は、第一審（浦和地判平成六年五月十三日判時一五〇一号五二頁）、控訴審（東京高判平成七年十一月二九日判時一五五七号五二頁）ともに、登記手続をもって司法書士の独占的職域とするYの主張を排斥し、弁護士もまた登記の代理申請を担当できるとの一致した見解を示した。弁護士法三条一項がいう「その他一般の法律事務」には、登記事務も含まれると解されたのである（現行司法書士法七三条一項ただし書きをも参照）。

この事件では、Y司法書士団体側から、弁護士法三条に規定された弁護士の職務、さらに同条を受けた七二条による取締りの対象は、「事件性」（紛争的性格）を有する「法律事務」に限られ、「事件性」を有しない登記申請行為は弁護士の職域に属さないと主張する論理が積極的に展開されている。「松山事件」の帰結を逆手に取った論法と言うのであろうか。しかし、それは、司法書士固有の活動領域を確保しようとするあまり、「事件性」なる概念を職域の線引きのために用いるものであり、いかにも便宜論の印象を拭えない。一審判決が、「『事件性』という不明確な要件を導入することはかえって処罰の範囲を曖昧にし、罪刑法定主義の精神に反する」としたのは正論であろう。(20)

「埼玉事件」は、現在に至るまでその禍根を残しているように思われる。

無視しがたいひとつの実例として、今後の司法制度改革の進展により、弁護士が大幅に増員され、「登記申請手続は、弁護士でも可能であるとの認識が国民に浸透したとき、条件が同一であれば、弁護士に登記事務を依頼することは必然の理」のように予測する見方がある。だから、同じ予測のもとに、「司法書士は、原点に立ち返って『裁判事務』に活路を見い出して欲しい(21)」とも提言されるのである。素直に受けとるならば、それもこれも司法書士職の将来を案じればこその意見なのであろう。しかし、今日まで司法書士が積み上げてきた実績とその職務への信頼は、かくも脆いものだったのだろうか。

そもそも、裁判事務であれ、登記事務であれ、これは裁判所も認めるように、当事者の言いなりに書面を作成する単純作業ではない。筆者自身は、裁判事務に「活路を見い出す」代わりに、職域として手放すこともやむなしとされる登記事務にあえてこだわってみたいと考えるのである。果たして、これまで登記事務にかかわる一切を司法書士に委ねてきた利用者は、これからは、登記事務の経験のない現役弁護士や法科大学院を修了したばかりの弁護士に依頼するようになるというのであろうか。「埼玉事件」の原告となった弁護士が取り扱ったのは法人登記の申請であったが、不動産登記の申請についても同様に弁護士か司法書士かの選択がありうるのだろうか。登記事務と呼ばれる職務の中では、実際、多様な法律問題を包蔵した事例に出くわすことが少なくないはずだが、その場合には、多方面にわたる専門的知識を動員しつつ、これを登記手続に収斂させてゆく特殊経験的な技能が要求されるのではないだろうか[22]。

もっとも、そう述べたからと言って、司法書士職の現状が満足すべきものであることを意味しない。そこで次には、当事者の合意が、契約の成立ばかりか、物権変動の根拠にもなる意思（諾成）主義の原則のもとにあって、法律専門職がどのような役割を期待されているかを検討し、司法書士職の将来像を構想するよすがとすることにしよう。

三　法律専門職に期待される役割

日本の民法では、当事者の合意にもとづく契約の成立（五五五条、六〇一条、六二三条、六三二条、六四三条など）と、やはり当事者の合意にもとづく物権の設定・移転（一七六条）は、「諾成主義」、「意思主義」と別々に呼称され、それぞれが債権法と物権法の各領域で仕切られたその限りでの法原則のように理解されている。しかしながら、これらは、本来、財産法全体を貫くひとつの指導原理にほかならない。

ところが、日本の取引社会において「契約の自由」や「私的自治」の大義が語られるのは、登記流用やら、暴利性の高い売渡担保やら、とにかくその合意の効力を是認せざるをえないような譲歩の場面を正当化する文脈であることが多い。その意味では、人間理性に信頼し、個人意思を最大限に尊重し、二当事者の個人意思の合致を意味する合意により、財貨の流通・帰属を秩序づけようとする指導原理からすれば、おそろしくかけ離れた用語法である。とすれば、本来、個人意思に立脚した私人間の自治はいかにあるべきかという根本のところから考え直さなければならない（1）。そのうえで、この意思自治の基本的な考え方との関連において法律専門職に期待される役割を検討し（2）、日本における法律専門職の実情と照らし合わせてみるべきだろう（3）。

1　意思自治の考え方

「おお、自然よ、おお、わが母よ。わたしはいまここに、おん身一人の保護のもとにいます。ここには、おん身とわたしのあいだにわりこむずるい悪者はいません。[23]」

これは、『社会契約論』、『エミール』の代表作を相次いで公表したのち、パリを追われ、身を隠していたプロシア大公領ヌーシャテルでも迫害され、ビエンヌ湖に浮かぶサン・ピエール島に逃げ込んだ折、ジャン・ジャックことルソーその人が、湖上の小舟から発した言葉とされる。彼は、人為的なものすべてを剝ぎ取った人間の本性（自然）を存分に発揮できるように、家族を含めたあらゆる団体を解体して個人に還元し、そこから再び社会を構成する者同士を結合させ、さらに国家と各構成員を関係づけるための理論的根拠を挙げて合意に求めようとした。このようにして人間の意思を解放しなければ、真の自由はなく、人間相互の平等も保障されないと考えたのである。

しかし、ルソーの思想をつきつめてゆけば、あらゆる中間団体は、個人意思を束縛するものとして排除を免れられないであろう。現に、彼が生前目撃することのなかったフランス革命では、中間団体であった大学も弁護士職も代訴士職も、封建的諸特権にしがみつく存在として廃止を余儀なくされる。そして、「法の政治化」が極限にまで達した革命の最高揚期には、それは、弁護士・代訴士業の完全自由化、ついには革命裁判所での弁護自体の禁止を帰結することとなる。いうなれば、「法律素人主義」、「法律はだれにでも容易に理解されるべきもので、専門的な知識や技術よりも普通の人の常識が重要であり、法律の専門家は不要であって善良な市民ならだれでも法律の仕事をなしうる[24]」とする考え方が前面に現れたわけである。こうして一度は解体された法律専門職が再建されるのは一八〇四年の民法典制定前後のことであり、その間の劇的な変動は、「プロフェッションとしての法曹の意義を強調する立場から、医者や聖職者がそうであるように、高度の教育と技術的訓練を経た学識ある専門家に法律問題は委ねられるべきで、素人の介入は余計な雑音・混乱を引き起こすにすぎない」と考える「法律専門家主義」[25]との対抗軸として捉えることができるのであろう。

革命期以降の考え方は、極端から極端に転ぶ愚を避け、両対抗軸の間をとっているように見えるが、それにしても法律専門職の位置づけは明瞭である。

「訴訟当事者だけが裁判官の面前に出頭すべきものとされる介在者なしの裁判が、唐突にも夢想されることがある。これこそは錯覚である。一般的な法の学問と特殊な裁判の作用とは事態の複雑さを示している。原告、被告の双方が、助言を受け、付き添われ、時に代理さえしてもらうのは不可欠である。[26]」

法律専門職の必要性は法廷内にとどまらない。実際、訴訟事件のうちには、もっと早期に法律家が関与していたならば、未然に防止できたであろう紛争が少なくないのであり、訴訟提起前の争訟外における法の適用は、訴訟段階での法の適用に匹敵するか、あるいはそれ以上の重要性を帯びている。[27]したがって、紛争予防を目的とした法律専門職の役割はきわめて大きいと言わなければならない。

とはいえ、私人間の取引にことごとく法律家が介入し、あたかも自分が主人公のように振る舞うのであれば、およそ自治の世界とは呼べない代物になってしまう。過干渉、過保護は厳に慎まなければならない。そうなると、法律専門職の役割も絞られてくる。

2　法律専門職のあり方

ひとつは、各取引当事者の受任者代理人として本人のために専門職性を発揮する選択肢が考えられる。たとえば、渉外取引では、準拠法をはじめとして取引慣行の相違にも通じた代理人を立てることがしばしば必要となるのではなかろうか。しかし、この場合には、当然に代理人となる者の第三者性は失われ、一方当事者と利害を共にすることとなる。

もうひとつの選択肢は、最後まで第三者性を失うことなく、助言者として当事者の一方または双方の賢明な判断を引き出す役割に徹するか、それとも、どちらの当事者にも偏しない公平無私の証人として当該取引に立ち会うかのいずれかであろう。

また、法律専門職の関与のあり方を考えるにあたっては、特定・不特定の取引当事者の範囲や、目的物件の価額等による取引の規模・重要度のほか、無償の贈与、保証、抵当権設定など契約内容それ自体の危険度(28)にも留意しなければならない。

個人消費者を一方当事者とする売買を例にとるだけでも、コンビニやスーパーでの日常的な買物と、マイホームを取得するための不動産売買とでは雲泥の差がある。前者であればこそ、意思（諾成）主義の利点とされる取引の簡便さが物を言うが、後者では、当事者は、簡便さよりもむしろ慎重さの方を優先するはずである。

取引当事者以外の第三者、特に法律専門職の関与は、いうまでもなく後者のような取引において求められる。この場合、第三者としての専門職の役割は、代理人を第三者と混同しないかぎり、助言者または証人としてのそれに帰着するであろう(29)。

では、同じ意思主義の原則のもとにあると信じて疑われることのなかったフランス法と日本法だが、両者の間では、第三者としての法律専門職の役割に関してどのような違いが見られるだろうか。何はともあれ、この意味での法律専門職を代表するフランス公証人職の働きぶりを概観しておく。

(1) 公証人の職務

フランスの公証人は、①自らが作成する証書への公署性（authenticité）の付与（「全き証明力」と執行力はその大切な果実）と、②有効に公署証書を作成するための助言義務を基本的職務としている。①は、身分規程上の職務の中心に位置づけられ、②も、判例上、公署性の付与と肩を並べる不可欠の補完的義務とされている。つまり、フランスの公証人は、「特権的な証人」として公署性付与の権限を行使する傍ら、場面に応じて助言者の役割を使い分けているのであり、この適切な助言義務の履行があればこそ、当事者が真の合意形成に至ったことを前提とすることができる。公証人自らその合意を目撃したうえ自らの手で作成した証書が、ほとんど反証不可能な証拠として扱われるのに何の不思議があろうか。(30)

では、とりわけ助言者の役割が期待される場面として、二重に売買の目的とされた不動産の第二の買主から証書作成の嘱託を受けた公証人は、どのような職務上の義務を負うのだろうか。

まず、第一の売買がすでに公示されている場合ならば、公証人は、嘱託人のため、すぐさま調査を遂行し、第一の売買の存在をつきとめた段階で必要な助言を与えなければならない。嘱託人は、公示情報の提供を受け、最終的な決断を迫られることとなるが、通常、二重売買は回避されよう。

次に、第一の売買が公示されていない場合でも、公証人は、やはり調査義務を課せられており、先行する売買の存在が判明すれば、嘱託人に対し、必要な助言、前の例より専門的な法的助言を与えるべきである。(31) このあと、二重売買が回避されるかどうかは嘱託人の最終的な判断いかんにかかっている。相手方の売主は悪意に決まっているから、公証人の調査によっても第一の売買の存在がわからない事例は例外的であろうが、そのときにこそ、登記欠如による対抗不能のサンクションが適用され、第一買主は、同じ前主から同一不動産の競合する権利を取得し、有効に公示された第二買主に対抗することができない(32)（不動産公示に関する一九五五年一月四日のデクレ三〇条）。

ただし、第一の売買の存在を知った公証人の助言にもかかわらず、あえて第二の売買を締結し、先にその公示を済ませた第二買主は、取得時から悪意であったこととなり、判例上、公示を欠いた第一買主の対抗不能を主張することができない。とすれば、フランスでの判例の立場は、必ず不動産取引に介在する公証人の働きを抜きにしては理解しがたく、日本でいう民法一七七条の「第三者」から単純悪意者を排除する議論と同列に論じることはできないのではなかろうか。

(2)　不動産取引への関与

不動産の売買その他の取引を念頭におくならば、公証人の関与は、特定の当事者が事前の交渉を終えたのち、いよいよ本契約を締結する段階から始まり、その公示手続の完了まで続く。

不動産公示に服するあらゆる証書は、公署形式で作成されなければならない（前掲・一九五五年一月四日のデクレ四条）。したがって、不動産取引の当事者が、私署形式の書面で事前の合意を済ませている場合でも、最終的な合意の成立は、公署証書によって証明される必要がある。公証人は、当事者の合意を自己の面前で目撃し、これを記載することとなる。もっとも、ここで用いられる書面は、公証人職の豊富な経験にもとづいて精密に定型化されており、現実には、当該取引の具体的な内容に適合させつつ、当事者の意思が定型的書式のいわば鋳型に流し込まれる格好となる。実のところ、公証人がそこまで関与しなければ、不動産にかかわる重要取引を素人だけで処理できるものではない。こうして、証書作成者としての公証人の介在は、契約締結前後にわたって不可避的となっているのである。

契約締結後に関して言えば、生存者間における先取特権および抵当権以外の不動産物権の設定・移転を証するすべての書面は、不動産公示を義務づけられており（前掲・一九五五年一月四日のデクレ二八条一号a）、当該書面を作成した公証人は、「当事者の意思にかかわりなく」その公示義務を負う（同デクレ三二条一項）。抵当権の登記も、抵当権設定証書の作成者である公証人にとって義務的だが、それは、証書作成を受託した約定にもとづくものであり、不動産公示の準則を根拠としているのではない。この意味で、抵当権の公示は、「義務的公示」と区別された「任意的公示」に分類される。権利に関する登記を丸ごと当事者の任意申請に委ねる日本法とは、「任意」の意味が異なる点に注意を払う必要がある。

いずれにせよ、不動産取引は、公証人の関与なしには完結しない。しかし、それだからと言って、公証人の必然的関与を予定した取引実務が、「契約の自由」や意思自治に反しているわけではなく、むしろその形骸化を招かないようにする防波堤の役目を果たしているのである。

3　日本の法律専門職

フランスの公証人職を理想化するつもりは毛頭ない。けれども、彼我の差はあまりにも顕著であり、日本の公証人職は、同じ専門職として語ることさえ憚られる。

大まかに日本の公証人職の特徴を整理すれば、以下の三点に要約されよう。

第一の特徴は、公証人の公務員性が強調され、任用・分限・懲戒といった公証人団体の自治不在のまま国家試験による若い人材登用の道が事実上閉ざされており、公証人の過失による損害賠償についてはすべて国家賠償法に委ねられてしまうことである。

第二は、これが意思自治との関連では最も重大だが、第三者としての法律専門職の役割が極小化され、現行の公証人実務では、公平無私の助言者はおろか、当事者間で成立した合意の真正さを証明する証人としての役割もあまり期待できそうにないことである。「代理嘱託」の例が典型的であるように、公証人の証明すべき法律行為がすでになされており、多くの場合が合意の成立したあとの事後的関与でしかないとすれば、公正証書は、嘱託人がかくかくしかじかの契約の締結を陳述したという、ただそれだけの事実を録取したものにすぎない。このような場合には、当事者への助言の機会がないばかりか、いかなる意味で受託公証人が当該法律行為の「証人」と言えるのかも疑問となる。日本の民事執行手続では、かくも簡便に作成された公正証書が、一定の要件を満たせば債務名義として通用するのである。(33)

第三の特徴は、公証人が意思自治を支援する立場にあることを必ずしも自覚していないように見受けられる点である。良きにつけ悪しきにつけ、フランスの公証人職は、歴史的に蓄積された実務慣行を時代ごとの立法にも反映させ、圧力団体としての存在感を示してきたが、日本の公証人職は、争訟外の予防法学的見地に立って従来の慣行を刷新する公証実務を実践したり、その実践にもとづく提言を携えて立法府に働きかけたりといった前例に乏しい。唯一の例外は、「相続させる」旨の遺言に関する公証実務だが、これについては、大いに評価が分かれるところであろう。(34)

最後に、周知のことながら、不動産取引において公証人が関与する場面は、定期借地、定期借家の例を除けばほとんど見られず、明治期以来の公示と公証の断絶状態が疑われることもなく持続しているのは、諸外国にも類例を見ない現象である。

【不動産取引への第三者の関与】

不動産売買のプロセス　　　　第三者の関与

契約締結前

○取引相手・取引物件の探索　←　宅地建物取引業者の「媒介」（法34の2）

＝買い手探し、物件探し

○取引交渉

◎当事者に関する調査

同一性の確認

売主の権利

買主の資力

◎ 目的物件に関する調査

現況

権利関係

市場価格　←　不動産鑑定士（どの程度？）

契約締結時

◎契約内容の吟味検討

（取引交渉の段階で大枠が決まっている？）

代金額

代金の支払時期・方法
↓金融機関との融資契約、担保権の設定
登記・引渡しの時期
担保責任
危険負担
手附
契約違反があった場合
その他の特約事項
◎契約書の作成（公証人はほとんど関与せず？）
◎当事者への説明 ← 宅地建物取引業者による重要事項の説明
↓署名・捺印　　　（法35）、書面の交付（法37）
＝契約の成立
契約締結後
◎登記手続 ← 司法書士、土地家屋調査士
◯税金 ← 税理士
◯瑕疵担保、数量不足、債務不履行等

さて、現状では、公証人職に多くを期待しがたいとすれば、不動産取引に対する第三者の関与は一体どうなっているのだろうか。そこで、不動産売買を念頭におき、この取引の進行過程でどの事項についてどのような第三

者が関与しているかをフロー・チャート風に図示してみた（○・◎は、特に重要な事項であることを示す）。

予めフランスの公証人が関与する場面を説明しておけば、この第三者は、売手と買手の双方が特定されてからのち、当事者および目的物件に関する調査を手始めに、契約締結後の公示手続までをカバーしてくれる心強い存在である。ところが、日本では、これに見合う第三者を見つけることができない。現代の取引の流れでは、フランスにおけると同様、不動産業者が、取引相手、取引物件の探索から担当し、特定された当事者を引き合わせ、契約締結に伴う一切合財を処理する事例が多数を占めるようになっている。しかし、宅地建物取引主任者の資格を有する仲介者が、純然たる第三者と言えるかどうか、その専門職性を認めることができるかどうか、実情に即して検討する必要がある。

こうしてみると、専門家の関与は断片的でしかなく、相互の連絡も密でない。司法書士の「立会」が重要な局面に当たるのは確かだが、多くの場合、やはりそれが契約締結後の事後的関与に限られるとすれば、そこで自らに調査・助言義務を課しても、当事者の真の合意形成に資するところは少ないと言わなければならない。必要十分な調査と専門的知見にもとづく助言は、法律行為の成立を証する書面上に反映されてはじめて意味をもつものだからである。

それならば、ひとまず不動産取引から離れ、近年とみに関心が寄せられる高齢者の財産管理に対する第三者の関与はどうなっているだろうか。

成年後見制度の導入（二〇〇〇年）後、同制度の、介護保険とタイアップした仕組みの難解さにもかかわらず、着実にその利用度は高まっている。しかし、たとえば、成年後見人の内訳を見ると、現在でも、親族が約半数を占め、第三者後見（弁護士、司法書士など）は、残りの半数弱にとどまっている。先進的なケースも報告されているが[35]、今後の普及はなお未知数と言わざるをえない。

また、高齢者が亡くなったあとの財産承継も、生前の財産管理と同じくらい重要視されるべき問題だが、成年後見から遺産承継への道筋はいまだ整備されていない未開拓の領域である。(36) まさに骨肉相食む親族間の紛争を惹起しやすい領域だけに、法律専門職の積極的な関与が待たれるところである。

四　これからの司法書士像

ここでは、司法書士職の現状が「法律専門職」と呼ぶにふさわしいか否かの認識を問題にしているのではない。日本の実情に鑑みれば、否が応でも法律専門職としての将来像を明確にしなければならないと考える。そこで、将来像を描くにあたって考慮すべき諸点を以下に掲げよう。

①　意思主義と法律専門職の不即不離の関係を前提とすること

湖上から発したルソーの言葉はひとつの理念ではある。しかし、一人ひとりの人間は、現実には、生涯を終えるまで、より正確には、死後に至るまで物質社会、つまるところ財貨の帰属・移転秩序との関係を断ち切ることができない。自ら（auto-）の法（nomos）をもって自らを律する自治の精神を謳うのはやさしいが、自ら範を示すとなれば、誰にでもできることではない。法律家は良き隣人でなければならない。ところが、日本の実情はどうだろうか。

国際競争力を高めるための法的支援体制は、国の政策課題として意識される一方、個人意思の主体とされた市井の人々は、相も変わらず〝置いてけぼり〟の状態のままであり、リフォーム商法、〝振り込め〟詐欺等々悪質な手口の餌食になる例があとを絶たない。だが、意思自治、言いかえれば、個人意思にもとづく自律的な取引秩序は、いつでも素人同士のやりとりで成り立つわけではなく、殊に重要取引においては法律専門職の必然的な関与を予定している。意思自治の世界に包摂された意思（諾成）主義も、初めから法律専門職の存在を織り込んだ法原理と言ってよい。新たな司法書士像を描く際には、まず、このことを再認識する必要がある。

② 異種法律専門職の競合を乗り越えること

二〇〇三年の弁護士法改正により、いわゆる非弁活動を禁じた同法七二条のただし書きが、「この法律又は他の法律に別段の定めがある場合は、この限りでない」と改められ、傍点部分の文言が付加された。これにより、改正司法書士法（二〇〇二年）の三条二項は、「他の法律に別段の定めがある場合」に該当することとなり、非弁活動の取締りの対象外であることが明らかにされた。こうした例外扱いは、弁理士および税理士にも認められており（ただし、単独で訴訟代理人になることができるのは司法書士のみ）、事実上のみならず、法制度上も異種の法律専門職相互の競合関係が生じている。

規制緩和の世界的な潮流の中で、法律専門職によって提供されるサービス自体も商品化・市場化にさらされ、その傾向が一層助長されているとすれば、上記の競合関係は、決して日本だけの特異な現象ではない。しかし、本来、「リーガル・サービス」は市場化になじまないものであることを忘れてはならないだろう。新たな司法書士像の構築は、無用の競争・競合関係を解消し、法律専門職ごとの職業的な活動領域の棲み分け、相互の連携体制を実現することでもある。それは、各専門職の社会的使命をさらに深く自覚する契機となるにちがいない。

③ 不動産登記法改正との相乗作用を図ること

「不動産登記法が変わったから、司法書士も変わらなければならない」とする議論は、主客を転倒させた発想のように思われる。戦前戦後を通じた司法書士の歴史を顧みれば、登記事務にせよ、裁判事務にせよ、法律専門職の誰も手がけない「制度的間隙」(37)を埋めてきたのが司法書士であり、不動産登記法の内容いかんにより、当然にその職務が規定される謂《いわ》れはないからである。

とはいえ、司法書士の将来像を考えるうえで不動産登記法改正を度外視することはできない。要は、改正法を前提としつつ、その限界や問題点を補完し、再度の法改正の動因となるくらいの登記実務を実践することである。このたゆみない実践なくしては、司法書士職が、「法律補助職」の意識からなかなか抜けきれない層をも巻き込んで法律専門職としての職能集団に脱皮することはできないだろう。

④　登記原因証明情報を新たな登記実務の梃子にすること

二〇〇四年に全面改正された現行不動産登記法の中で特に注意すべきは、登記申請情報と併せて提供すべき登記原因証明情報（法六一条）の取り扱い方いかんであろう。立案担当者の説明によれば、ここでいう登記原因証明情報は、改正前旧法における登記原因証書と大差はなく、売買の例では、いわゆる売渡証書のようなものも含まれる。異なるのは、旧法の場合、申請書の副本をもって代替させることができたのに対し、新法の場合、そのような代替手段が認められないという点である。

では、登記義務者が自らの権利喪失を自認している文書であれば、登記原因情報として事足りるとされるのであろうか。とするなら、登記義務者から一種の自白調書を手に入れさえすればよいことになる。このことを受け、旧法下の取り扱いとさしたる違いがないとして安堵するか、それとも、法務当局の事なかれ主義に憤激し、旧態依然たる取り扱いに飽き足らず、あるべき実務を模索するか、そこから道は分かれる。

⑤　意思自治の実質を支える自覚をもつこと

繰り返しになるが、人間の意思を最大限に尊重した自律的な社会秩序は、素人ばかりのあやふやな口約束で成り立っているわけではない。確かな専門的知識と豊富な実務経験に裏打ちされた法律専門職の関与は、初めから織り込み済みとなっているのである。

司法書士に関して言えば、その専門職性の発揮は、当事者の合意（意思）形成の過程での適切な助言とともに、その合意（意思）を的確な法的言語表現で写し取った真正文書にあると考える。なかでも、文書の真実性は、登記の真正さを確保するための絶対的条件であり、真正登記は真正文書の帰結にほかならない。そして、一つひとつの文書の真正さは、当事者自身の納得ずくの署名・捺印はもちろん、これを引き出す司法書士の関与によって確保されるものだと覚悟を決めるべきである。(38)

このような司法書士像が現実のものとなったときにこそ、日本社会も初めて「自治 autonomie」の名に値する域に達したと言えるのではなかろうか。

注
（1）司法制度改革審議会「司法制度改革審議会意見書——21世紀の日本を支える司法制度」八六—八七頁。
（2）社団法人経済同友会「司法制度改革審議会に望む（第2次）わが国司法の人的基盤改革のビジョンと具体策——『成長・発展型』実務法律家の養成をめざして」（二〇〇〇年七月五日）五—六頁。
（3）筆者の念頭にあるのは、日本司法書士会連合会編『日本司法書士史（明治・大正・昭和戦前編）』（ぎょうせい、一九八一年）である。同書は、その叙述の裏づけとなる貴重な史資料を網羅的に収録しており、本章の執筆を進めるうえでも大いに助けられた。
（4）本稿は、二〇〇六年一月七日、群馬県司法書士会新人会員研修において講師役を務めた折の記録に由来している。当日は、司法書士名簿への登録（司法書士法八条）前の研修中であった新人のみなさんをはじめ、主催者の方々が同席され、経験豊富なベテラン層から将来を担う若手の層まで、さながら司法書士職の全世代を網羅する聴衆を前にして、司法書士職のあるべき姿を問いかけ、訴えかける場となった。大要は、録音テープを起こしてもらったうえ、同司法書士会会報（『執務現場から』三八号八四頁以下）にも掲載していただいたが、あとで読み返してみると、甚だ意に満たないところがある。この記録を全面的に見直し、全体の趣旨をより徹底させるべく、典拠を示した論文の体裁に改めることにしたのは、講師として招いていただいた最低限の責めを塞ぐためであった。

（5）以前から「二重性格」的な司法書士像を問題視していたのは、五十部豊久「司法書士制度の現状とその問題点——その裁判事務を中心として」『判例タイムズ』二〇一号五八頁。けれども、同誌同号に併載された沢口祐三「司法書士制度の現状と将来」六〇―六二頁は、司法書士の職務がどう見られようとも、現実に差し迫った社会的な要請があることを見事に代弁していてあますところがない。

（6）「司法職務定制」の目的が、地方ごとに分散していた司法裁判権を府県から取り上げ、司法および司法行政組織の中央集権化を図り、「もって廃藩置県（一八七一年七月一四日——引用者注）の終局的達成を期するにあった」とすれば、それは、まさに近代日本の司法制度の「起点」をなすと言ってよい（福島正夫「司法職務定制の制定とその意義——江藤新平とブスケの功業」『福島正夫著作集　第一巻　日本近代法史』所収、勁草書房、一九九三年、八九頁）。しかし、反面、そこでは、目安糺（民事）、拷問制（刑事）など幕藩体制下の旧制が露骨に温存されており、同法令が「一種の奇観ともいえる矛盾」（同前八八頁）をはらんでいたことも忘れてはならないだろう。

（7）ブスケ＝野田良之・久野桂一郎訳『日本見聞記2』（みすず書房、一九七七年）五五八―五五九頁。

（8）江藤司法卿が上奏した「司法職務定制」案をわずか一か月で裁可した太政官は、その際、「仮定之心得ヲ以テ施行可致事」との但書きを加えた。性急ゆえの危うさに釘をさす意味があったとも考えられる。

一八七四年（明治七年）の「佐賀の乱」の首謀者として非業の死を遂げた江藤新平の不幸は、極刑を宣告された「裁判らしからぬ裁判」に象徴されるように、戦前日本の司法の不幸を予知しているように思われてならない（大島太郎「佐賀の乱」、我妻栄編『日本政治裁判史録（明治・前）』所収、第一法規、一九六八年、三三八頁以下参照）。

（9）これを近代日本の路線選択上の政治過程に位置づけるのは、利谷信義『日本の法を考える』（東大出版会、一九八五年）二頁以下および五九頁に掲げられた諸文献、特に同「明治前期の法思想と裁判制度」『法律時報』三五巻六号八頁以下。

(10) 実際、「訴答文例」には、貸付・預米金（小作関係や借地・借家関係を含む）、売掛代金、手付金売買といった取引上の紛争、主人と奉公人の関係をめぐる紛争、専売免許や商社中取引をめぐる紛争、夫妻離別や養子女離別、家督相続といった家事紛争、田畑山林等売買や土地境界をめぐる紛争ほか一八種類の訴訟形態ごとに定型化された書式が用意され、実体法上の請求権が規定されていた。その新機軸に注目するのは、福島正夫『日本資本主義の発達と私法』（東大出版会、一九八八年）三八―三九頁および二〇三―二〇四頁。

(11) この弁護士二元主義の歴史的意味は、江藤价泰「明治初期の『弁護士』制度について」、兼子博士還暦記念『裁判法の諸問題』下（有斐閣、一九七〇年）所収三頁以下で先駆的に分析されている。

(12) 瀧川叡一「訴答文例小考」、同『日本裁判制度史論考』（信山社、一九九一年）所収三九―四〇頁。

(13) 同前四八頁以下。もっとも、「証書人」不在のもとでは、およそ書面中心主義を貫徹することができず、フランス法を参考にした「書証の端緒」による例外が認められていた点は興味深い（同「訴答文例小考補遺」、前掲『日本裁判制度史論考』所収八二頁以下）。「書証の端緒」については、本書第三章二1(2)一一五―一一六頁。

(14) 前掲『日本司法書士史（明治・大正・昭和戦前編）』一一一頁。

(15) 前掲『日本司法書士史（明治・大正・昭和戦前編）』一五六頁以下が、諸々の司法省指令や訴訟記録中に「代書人」の存在を確認している。当時の様子をおもしろく伝えるのは、そこでも引用される尾佐竹猛「代書人といふこと」『法曹会雑誌』九巻十二号一〇九頁以下（前掲書・資料編・論説9）。

(16) この間の経緯については、①福島正夫「旧登記法の制定とその意義」（『福島正夫著作集　第四巻　民法（土地・登記）』所収、勁草書房、一九九三年）の特に三四二頁以下、②同「日本における不動産登記制度の歴史」（同前著作集第四巻所収）四一四頁以下および③同「わが国における登記制度の変遷」（同前著作集第四巻所収）四三二頁以下の〝三部作〟を必読文献とする。後二者では、戦前に公表できなかった典拠資料が明らかにされており（③のはしがきを参照）、同一事象を扱う叙述にも微妙なニュアンスの差異が感じられるので、相互に注意深く読み合わせる必要がある。

(17) 福島博士の〝三部作〟の足跡を克明にたどり直し、この謎に迫ろうとするのは、清水誠「わが国における登記制度の歩み」（日本司法書士連合会編『不動産登記制度の歴史と展望』所収、有斐閣、一九八六年、九九頁以下）。

(18) 福島・前掲論文①（同著作集第四巻所収）三七二頁、注3。
(19) 宮川光治「法律事務独占の今日的課題」（『自由と正義』三五巻二号七頁以下）は、弁護士としての高い識見から「非弁問題」を見直そうとする貴重な論考である。その同じ著者にして「松山事件」への不快感を隠さない（同前一四頁）のは、本件それ自体に帰せられる原因があるからではないだろうか。
(20) 高中正彦『弁護士法概説』（三省堂、第二版、二〇〇三年）三四八頁。
(21) 山本正士「埼玉訴訟を通してみた諸問題」（『日本の司法書士』所収、民事法研究会、一九九九年）一六五頁および一六七頁。
(22) 江藤价泰監修、北田玲一郎・小川勝久編『ドキュメント司法書士』（日本評論社、一九九一年）や江藤价泰ほか編『司法書士始末記』（日本評論社、一九九八年）が紹介する幾多の事例を想起せよ。
(23) ルソー＝桑原武夫訳『告白』下（岩波文庫、一九六六年）二三四頁。
(24) 石井三記『18世紀フランスの法と正義』（名古屋大学出版会、一九九九年）二九八頁。
(25) 同前二九八―二九九頁。同書第10章は、二つの対抗軸で革命期司法を分析し、その歴史過程を鮮明にしている。
(26) R. Perrot, *Institutions judiciaries*, Montchrestien, 10e éd., 2002, n° 403.
(27) *Ibid*., n° 404.
(28) フランス法においては、これらの契約は、明文により厳格な要式契約とされるか、判例上の実質的な要式化を経て立法上も明文化されており、諾成主義の例外をなしている。民法典以外でも要式契約化の傾向が著しく、そうした例外が原則を上回るほどである。加えて、二〇一六年の民法典改正まで合意の有効要件として求められた適法なコーズ（cause licite）、不動産売買における当事者間の給付の不均衡を理由とする取消し（lésion）といったフランス法特有の諸制度が、意思（諾成）主義の弊害を除去するため、城塞を囲む濠のように幾重にも張りめぐらされている（同年の民法典改正により、前者は廃止されたが、後者は、修正を受けることなく無傷のまま健在）。残念ながら、本章では、フランス法独自の工夫を伴った意思自治の全貌を詳しく論じることができない。
(29) 第三者としての法律専門職の役割については、本書第二章二1(2)四二―四四頁でも検討を試みた。

(30) 一定額以上の取引については、必ず文書による証拠を課し、書証以外の証拠を認めないのがフランス法の原則である。公署証書が、この意味での書証主義の頂点に位置するのは言うまでもない。フランス法はまた、不法行為等を除く債権法領域において法定証拠主義の立場でもある。これらの証拠準則と意思主義の関係については、本書第三章を参照。

(31) 現在では、公証人の管轄区域が国内全土に及んでいるため、嘱託を受けた公証人の所在が目的物件から遠ければ遠いほど、公示情報以外の履歴情報を入手し、当該不動産の法的状況を正確に知ることが容易でなくなるという指摘がある(A. Fournier et D. Brach-Thiel, *Rép. civ. Dalloz*, v° *Publicité Foncière*, n° 495)。不誠実な売主は、そうした事情を悪用するのだろうか(*ibid.*, n° 480)。

(32) この公示欠如によるフランス法上の対抗不能のルールは、日本法の「対抗要件主義」と同一視されてきたが、今日では、似ても似つかないほど両者の間に大きな隔たりが生じている。この問題については、本書第五章で取り上げる。

(33) 「釧路公正証書事件」(最判平成九年九月四日民集五一巻八号三七一八頁)は、現行の公証実務の問題点を浮き彫りにする事案であった(本書第二章四、七五頁以下)。

(34) この問題と正面から取り組むのは、松尾英夫「公証制度と不動産登記制度の交錯」『登記研究』六〇一号八三頁以下、七戸克彦「日本における登記制度と公証制度(の機能不全)」『法学研究』七二巻十二号二四五頁以下。

(35) 江藤价泰ほか編『司法書士の新展開』(日本評論社、二〇〇五年)七四頁以下、江藤价泰ほか編『司法書士の羅針盤』(日本評論社、二〇一〇年)一〇七頁以下の諸事例を参照。

(36) 佐藤純通「天国からの代理人」(前掲『司法書士始末記』所収)八四頁以下参照。

(37) 前掲『日本司法書士史』五一頁および五七頁。

(38) 座談会「登記原因証明情報制度と司法書士の役割」『月報司法書士』二〇一三年二月号二九頁以下でも、筆者は、同様のメッセージを送り続けている。

第四章 〔補論〕 民法、そして不動産取引のこれから

民法第四編親族・第五編相続の全面改正（一九四八年）はすでに歴史的事実に属するが、その後も、根抵当権に関する明文規定（三九八条の二以下、一九七一年）や特別養子制度の導入（八一七条の二以下、一九八七年）を除けば、民法改正が本格的に論じられることは久しくなかった。解釈論に専念する民法学者の間では、「立法論」は、一頃まで守備範囲外とされ、そうした民法学界の重い腰を尻目にしながら、民事執行法の制定（一九七九年）を皮切りとして、民事手続法分野における立法改革が矢継ぎ早に実現したのはまさに対照的であった。

ところが、成年後見に関する民法改正（一九九九年）、担保・執行法改正（二〇〇三年）、現代用語化に伴う民法改正（二〇〇四年）を経てからというもの、財産法領域の大がかりな改正を辞さない学界内外のムードが日増しに強まっているように見受けられる。

これには、いくつもの要因が作用しているのであろう。第一に考えられるのは、国境に隔てられた市場の垣根が取り払われるにつれ、新たな市場の開拓と市場統合を加速させる電子情報化の巨大な波に乗りながら、地球上に生息する人類が有史以来未曾有の経済活動を展開していることである。もともと、一九世紀初頭からヨーロッパ大陸諸国で誕生した民法典が、「国民経済」と呼ばれる恒常的な広域市場圏を想定したものであったとすれば、世界中を巻き込んだいわゆるグローバル化現象は、およそ各国単位の民法典の想定をはるかに超えた事態と言わなければならない。その意味では、人間の市場行動を規律し直し、全体として新たな秩序づけを求める立法上の動きは、日本だけに限られたものではなく、世界的趨勢でもある。このほか、民法の精神的基盤をなす近代思想

への懐疑、債権法全般にわたる国際的平準化への要請、特別法の増加に伴う民法の「空洞化」に対する危機意識、実定法規範と取引・裁判実務等の乖離などが考えられよう。

しかし、およそ二〇〇年前、ヨーロッパ中が立法熱に沸き立ったと言われる「啓蒙」の時代、どのような人間観にもとづく法典が構想されたのか、二十一世紀の今日、それがどのような変貌を遂げようとしているのか、日本の土壌に初めて民法が継受される過程でどのような加工・修正が施されたのか、その後、日本社会に根づいた民法の歩みはどのような問題を包蔵し、あるいは惹起しているかといった基本的見地を抜きにして、あたかも文化的「国際競争」の一環のごとく民法改正を論じるのは無謀に過ぎる。確かに西欧の「ブランド力」に対して卑屈になる必要はないが、古典古代から引き継がれ、近代諸法典の各所にも生かされた人類の英知、何より、歴史・文化の違いや言語の壁を物ともせず、明治民法に結実させた先人の偉業に対する敬意を忘れてはなるまい。この冷静かつ謙虚な姿勢が一大立法事業の大前提とされるべきである。

以下では、そうした見地に立ち、過去と現在をつなぐ民法の歩み、特に同法第一七七条が予定する不動産登記制度創設前後の事情を振り返り、これに端を発してどのような問題が生じたか（一）、現在を生きるわたしたちはどのような課題を自覚しなければならないか、この点で二十一世紀最初の十数年をかけて取り組まれた「司法制度改革」には、どのような反省が求められるか（二）、現在から未来に向けて不動産登記制度を少しでも理想に近づける法発展の動因は何か（三）、を考えてみようと思う。

一　公示と公証

1　出頭主義本来の趣旨

二〇〇四年に全面改正（平成一六年法律一二三号）される以前の旧不動産登記法では、権利に関する登記を申請するためには、当事者またはその代理人が自ら登記所に出頭することを要し（二六条）、これに反する申請は却下事由とされていた（四九条三号）。しかし、オンライン申請の導入を主要な目的とする改正法がこの原則を廃止したのは周知のとおりである。それでなくとも、出頭主義は、申請人に即日補正の機会を与える実際上の理由を除けば、「官尊民卑的な意識」の現れとも言われ、概して評判が悪かった。改正法の立案担当者は、申請人らの負担を軽減する観点に立って同原則の廃止を当然のようにみなしている。

しかしながら、出頭主義のそもそもの発想は、〝お上〟にお願いするからには自ら出向くのが筋といった考えだけによるのだろうか。

一八八六年（明治一九年）八月十三日、公文式による法律第一号として制定公布され、翌一八八七年二月一日に施行された登記法――現行法から見れば、二世代前の不動産登記制度創設時の立法――の第八条には、「登記ヲ請フ者アルトキハ登記官吏直ニ前条ノ概目（地所・建物・船舶の売買譲与、質入および書入について登記すべき事項を列挙したもの――引用者）ヲ審査シテ登記簿ニ登記シ本人ニ之ヲ示シ又ハ読聞セタル上本人ヲシテ署名捺印セシメ且之ニ署名捺印ス可シ」とあり、このため、同法一四条および二一条により、契約当事者は、双方とも登記所に「出頭シ其証書ヲ示ス」べきものとされていた。ここで注意すべきは、登記事務を司る登記所が、治安裁判所または治安裁判所が遠隔にあるときは郡区役所等とされ（同法三条）、旧不動産登記法の制定（一八九九年、明治三二年法律二四号）に伴い区裁判所またはその出張所と改められたものの、その当初より敗戦後の旧不動産登記法改正（一九四七年、昭和二二年法律一九五号）に至るまで裁判所の管理・監督のもとにあったことである。結局のところ、旧々登記法以来、ドイツ法系の物的編成主義が採用されながら、「登記判事」の構想は実現しなかったとされるが、少なくとも制度発足の時点では、司法官またはこれに準じる者が、登記事務を取り扱い、出頭した当事者を前にして登記事項に関する審査を行うものとされていたのであり、その限りでは、登記制度の前身であった戸長役場における「公証」の延長上に登記官吏の審査権限を位置づけることが十分に可能ではないかと思われる。先に引用した旧々登記法の関係規定は、登記官吏に対し、当事者から提示された証書との照合のほか登記簿上での「公証」手続に近い行為を求めており、出頭主義本来の趣旨は、おそらく公示の前提となる一種の「公証」であったと推測される。

こう考えるならば、旧々登記法に続いて制定された公証人規則（明治一九年法律二号）が、公証人による証書作成について詳細を規定しながら、この公証行為と不動産公示との連絡を欠き、全く触れるところがないという事情も了解されるのである。ところが、年月が経つにつれ、出頭主義の原義は希釈され、これを継承した旧法の規定も官僚主義の権化のごとく見られるようになったのだとしたら、まことに不幸の極みと言うべきではなかろうか。

2　両者の断絶

不幸の始まりは、ドイツ法系の形式主義を原則とする不動産登記制度が模倣されながら、旧々登記法六条により、第三者対抗要件としての登記の位置づけが初めて明文化された点にあるように思われる。というのも、形式主義のもとでは、登記完了と同時に所有権移転の効果が生じるのに対し、意思主義のもとでは、所有権移転の効果が生じたあとに登記を経由することとなり、登記前の原因行為の真実性を確保することがきわめて重要な課題となるにもかかわらず、このことが自覚的に追求されないまま新たな公示制度がスタートしたからである。すでに先行する諸研究でも指摘のある事柄ではあるが、これはいくら強調してもしすぎることはない。

不幸とは重なるものである。没交渉となった公示と公証は、制度上それぞれ独自の道をたどりながら、登記行政や登記慣行、公証実務の面でも独特の色彩を帯びてゆく。

前者の不動産公示に関して言えば、古くは、封建諸税を取り立てる口実となった不動産譲渡の諸形式をその起源とするため、近代国家が誕生したのちも、多かれ少なかれ、徴税目的に引きずられる傾向があるのだが、日本では、明治初年に地租改正の一環として導入された地券制度以来、殊のほかその色合いが濃い。地券発行の第一の目的は、地租負担者となる土地所有者を明らかにすることにあり、私的所有権の保護は、第二次的、派生的な目的でしかなかった。実は、こうした伝統は、現在でもなお根強く存在しているように見える。その意味では、電子情報化への対応を迫られ、あわただしく全面改正された現行不動産登記法が、国民一人ひとりの財産権を大切にする立法精神でどこまで貫かれているか、今から問われてもよいはずである。

また反対に、徴税目的を最優先させた登記行政は、「節税」のための登記の省略・流用を許容する登記慣行によって必ず反撥を受けるものである。不動産物権の得喪変更を第三者に対しても正確に公示する法制度の構築は、不動産市場の形成のために必要不可欠の条件だが、その公示手続をなおざりしない実務慣行は、不動産の過剰な市場化を制御する安全弁の役割を果たす。つまり、不動産公示制度の仕組みとその運用の実態は、当該不動産市場の健全さを測るバロメーターとなっているのである。しかし、この自明とも言える認識が、関係者の間でどれくらい共有されてきたのであろうか。

後者の、公証実務一般というより、むしろ日本の公証人固有の実務に関して言えば、不動産公示との絶縁関係により、不動産取引への関与も限局されたものとなり、西欧ならば、相続や贈与・遺贈と並んで最もその活躍が見込まれる領域での積極的な働きは期待すべくもない状態が続いている。問題は、その活動領域の狭小さにとどまらない。

第一に、公証人が作成した証書は、法律の定めた要件を具備すれば「公正ノ効力」（公証人法二条）を有するものとされながら、実質的証明力については、すべてが裁判官の自由心証に委ねられ（民事訴訟法二四七条）、公正証書と公文書一般の証拠力が明確に区別されていない。だから、公正証書の無効を言い渡す裁判例が驚くほど多数に上り、日本の公証実務に対する信頼がひどく損なわれようとも、この現実が深刻に受けとめられるふうでもなく、それ自体が日本の司法の不可思議のひとつと言ってよい。常識的には、公証権限にもとづいて作成された文書は、ほとんど反証不可能な証拠力という意味での完全な証拠力を認められるからこそ、確定判決にも匹敵する執行力を付与される（民事執行法二二条を参照）と考えられるが、必ずしもそう解されてはいないのである。

第二に、公証人が証書を作成するには、「其ノ聴取シタル陳述、其ノ目撃シタル状況其ノ他自ラ実験シタル事実ヲ録取シ且其ノ実験ノ方法ヲ記載シテ之ヲ為スコトヲ要ス」（公証人法三五条）とされているけれども、実際に公証人自身が法律行為そのものを目撃して証書を作成するのは、公正証書遺言（民法九六九条、九六九条の二）、任意後見契約（任意後見契約法三条）などごく限られた場合でしかない。たとえば、不動産売買における両当事者が、自ら嘱託人となり、公証人の面前で合意を成立させる実例が、一体、どれくらいあるというのだろうか。現在でも、法律行為後の代理嘱託による公正証書の作成が相当数を占めており、その場合には、債務者不在のうちに債権者側から聴取した陳述だけで債務確認証書等が作成され、これが債務名義として通用しているとすれば、国民にとって寒心に堪えない事態ではなかろうか。ところが、日本特有の職業的な取引の世界では、およそ公証行為とは言いがたい形骸化した実務が疑問視されず、それゆえ、第一点として述べたように、公正証書の効力がいとも簡単に覆されてもおかしくない状況が現出しているのである。

以上の見方があながち誇張でないとすれば、少なくとも現状においては、公示と公証を無理やり連動させようとしても、それは、真正登記を確保する最良の方法とはならないだろう。日本の不動産登記制度への信頼を高め、二度と再び不動産をマネー・ゲームの道具にしない決然とした実務慣行を作り上げるためには、公証人以外の、公証権限をもたない法律家の役割に期待するほかないことを改めて確認しておく必要がある。

二　法律家の役割

二〇〇一年六月一二日付けの「司法制度改革審議会意見書」は、国民の健康を保持する医師との対比で「国民の社会生活上の医師」という比喩的表現を用いながら、予防司法を含めた「法曹」の役割の重要性を強調したが、そこでは、もっぱら弁護士しか念頭におかれていないように読める。一般に、日本における「法律家」の定義は狭く、よく目にしたり、あるいは耳にしたりするのは、いわゆる法曹三者（裁判官・検察官・弁護士）と同義に扱う用例ばかりである。しかし、果たして「法律家」の役割は法曹三者のそれに尽きるのであろうか。

1　予防法律家の存在感

まず、先ほど取り上げた公証人が「法律家」と見られているかどうかは疑わしい。現に、「司法制度改革審議会意見書」は、公証人について言及せず、終始沈黙を守っている。次いで、同意見書が「隣接法律専門職種」と呼ぶ司法書士・弁理士・税理士・行政書士・社会保険労務士・土地家屋調査士等に関しても、その提言の中での位置づけは決して明瞭とは言えない。

ただひとつ確かなのは、司法書士をはじめとするこれらの専門職が、紛争の事後的な解決ではなく、おおむね紛争予防・回避のための役割を期待されていることである。ここでは、不動産取引とのかかわりが最も深い司法書士職に対象を絞って検討を進めよう。

民法一七六条は、物権の客体を問わず、「当事者の意思表示のみによって」物権の設定・移転の効力が生じる旨を規定している。したがって、不動産物権の得喪変更も、「当事者の意思表示のみによって」生じるのである。これは、一見したところ当たり前のようだが、近代以前から自由流通が認められていた動産に加え、取引不自由であった不動産にも取引自由の原則を推し及ぼすものであり、人類史上画期的な意義を有していた。

しかし、当事者の自由を保障するためにその意思を所有権移転の唯一の根拠にすることと、不動産取引を当事者だけでとりしきることとは別の事柄であり、両者を混同すべきではない。意思主義の母法においては、不動産を目的とする売買契約であれば、諾成主義にもかかわらず、当事者の意思を証拠として残すために必ず文書が作成され、この文書作成のために法律家（公証人）の関与が必然化される。当事者の本人確認、目的物件に関する調査、そして当事者間での合意の成立を証明する文書の作成、これら全部を法律家の手に委ねるならば、法律行為の三要素（主体・客体・意思表示）をなす事実がその専門的知識・経験を通して検証され、いずれかの要素にかかわって生じる紛争を未然に防止することも可能となる。けれども、不動産取引への予防法律家の関与を織り込んだ意思主義の理解は、日本では、いまだに浸透していないように思われる。

ところで、民法一七七条は、不動産物権の得喪変更については「その登記をしなければ、第三者に対抗することができない」と規定する。考えてみれば、人間の意思を一切の形式から解放しようとする意思主義と、古い譲渡形式に由来する不動産の公示とは、本来的に矛盾をはらんでおり、本条は、民法起草者の主観的意図がどうであれ、前条との緊張関係を否定することができない。実際、不動産の公示を第三者への対抗要件として位置づけた母法においては、公示の欠如による対抗不能は、贈与の場合を除き、民法典の中には規定されていない特別法上のルールにすぎないが、それでも不動産の公示原則との関連で意思主義の原則性が常に問われている。

ところが、その母法から物権法の二原則を継受した日本の通説的な理解では、一七六条と一七七条は、相互に矛盾対立するものではないと考えられてきた。というのも、一方の一七六条は所有権の移転時期の問題に帰着させられ、もう一方の一七七条は、明治四一年の大審院連合部判決以来、相続その他の意思表示にもとづかない所有権移転にも適用されると解されるようになったからである。そればかりか、判例は、不動産物権の変動原因を問わない登記必要説に転じて公示の原則化を徹底しようと企図したにもかかわらず、あえて一七七条の適用を受ける「第三者」の範囲を制限し、場合ごとに登記を不要とする譲歩を余儀なくされており、学説の多くは、判例にも増して公示原則の不徹底を支持する寛容な態度を示している。このいわゆる対抗要件主義は、できるかぎり完全な公示を実現し、国民の財産権保護に資することを目的としていたはずだが、もはや目的と手段の区別もつかなくなり、仰々しく公示原則などと言い立てるまでもないとする見解さえ現れる始末である。

今こそ、私たちが母法と同じだとばかり思い込んでいる法原則の原点に立ち返り、自らが身をおく地点を見定めてみるべきだろう。そうでなければ、意思主義か形式主義か、対抗要件か効力要件かといった平板な対立の図式を机上に並べただけの民法改正論議はあまりにも空しい。

それはともかく、意思（諾成）主義のいくつもの例外を認める母法の民法典においては、要式契約の実質的な立役者としてしばしば法律家（公証人）が登場する。不動産公示制度に関する諸法ともなれば、さらに法律家の登場場面は多くなり、数少ない登場人物のうちでも登記官は「脇役」の観がある。周知のとおり、母法は、当事者による任意申請主義を採用せず、不動産物権の設定・移転に関する証書作成者である法律家に対し、公示手続を義務づけているからである。確かに、登記所（国）に対する登記申請行為を「私的自治の原則」の一適用として把握し、当事者申請主義を正当化する日本の不動産登記法の理解も特異と言えば特異かもしれない。また、見過ごしてならないのは、不動産登記の申請手続が、法的素養を要しない戸籍法上の届出と同程度の行為とみなされているのではないかという点である。このため、登記申請手続における法律家の介在は予定されておらず、申請当事者を支援する者の存在感は希薄である。もっとも、全面改正された現行法では、「登記の申請の代理を業とすることができる代理人」が、登記識別情報に代わって登記義務者の本人確認情報を提供できるようになり（二三条四項一号）、同制度の今後の活用が期待されるが、登記代理人が果たす現実的な役割を考えれば、立法上の収穫はまだほんのわずかでしかない。

ほんとうに不動産登記手続が誰でも容易にできるものならば、改正法の目玉とされたオンライン申請の利用が進展しないはずがない。新しい申請方法の不振それ自体が、登記申請に至るまでの不動産取引の扱いにくさを物語っている。言ってみれば、技術的な障害はあるにせよ、不動産取引をめぐる従来からの通念が電子化の促進を妨げているのではないか。その根本要因が、公証された情報のみを電子化し、不動産の公示に接続する母法のようなシステムを採用しがたい公示と公証の断絶にあることは疑いなかろう。いかにも二十一世紀的な文明と言える電子情報化が、人類の未来にとって幸か不幸かはともかく、これを契機として日本における不動産取引の旧弊を洗いざらい見直すことが求められているのである。

2 「司法制度改革」の反省点

二〇一〇年頃には、新司法試験の合格者数を年間三，〇〇〇人とし、二〇一八年頃までには、実働法曹人口を五万人規模とするのが、先の司法制度改革審議会が掲げた具体的な数値目標であった。しかし、新たな法曹養成教育の中核機関として構想された法科大学院の発足から五年を待たないで、法曹人口の大幅な増加を打ち出した同審議会の基本方針が揺らぐようになった。実際、法務博士という専門職学位が授与される法科大学院修了者にとどまらず、修了者のうち、新司法試験に合格し、かつ司法研修所での修習を終えた者の就職難も取り沙汰され、数値目標の改訂は、早くも朝令暮改の様相を呈した。

何かにつけて数字を先行させ、まるで競争を煽るかのように、その数値目標の達成度を評価基準とする手法そのものの当否も問題ではない。ただ、真に問われているのは、法曹人口の適正規模ではなく、法律家を即法曹三者と同視するとらえ方にあるように思われてならない。

現状では、「法律家」の名に値するのは法曹三者をおいてほかにないという認識が背景にあるとすれば、直ちにその現状認識を改めるべきか否か、議論の余地がないとは言いきれない。けれども、将来に向かってあるべき司法の担い手を狭く法曹三者に限る理由は少しもない。確かに、民事司法関係では、裁判所書記官等の裁判所職員、民事・家事調停委員、「隣接法律専門職」など視野の広がりは認められるものの、とりわけ、予防司法の担い手として弁護士およびそれ以外の法律専門職との連携・協力関係を促進し、適材適所の分業体制を展望する発想は、「司法制度改革審議会意見書」のどこにも見られず、弁護士法七二条による「非弁活動」の禁止をめぐる問題が控えているとはいえ、いかにも物足りなさを禁じえない。合衆国流の一元的な「法律家」像のみをモデルとする司法改革が、同意見書の本意でないならば、多元的な「法律家」によって支えられる日本独自の予防司法体制の構築を考えて何ら不都合はないのである。そして、この方向を本気で目ざそうとするならば、毎年の新司法試験の結果に翻弄された法科大学院の教育理念も、多元的な「法律家」の養成、さらにはその後の継続研修へと射程を延ばし、専門職教育にふさわしく鍛え上げる必要があるだろう。

三　法発展の動因

講学上、民法には、個人の行動準則とすべき行為規範の側面と同時に、民事紛争の最終的な解決のための判断基準となる裁判規範の側面があると説かれる。

第一の側面は後回しにして、さしあたり、裁判規範としての第二の側面から民法の発展をもたらす動因は何かと言えば、圧倒的に判例の集積に負うところが大きい。判例の帰趨を正しく導く法学説の役割も十分に評価されるべきはもちろんである。この影響力に翳《かげ》りが見えるとしても、民法改正への直接的なインパクトを急ぐのは賢明ではなかろう。ひとたび生起した紛争の公正な解決の道筋は、個別事例における具体的判断の積み重ねにより、次第に明らかにされるものである以上、法学説は、一歩下がって判例の動向を見きわめたうえ立法的提言をなすべき立場にあると考えられる。ただし、その場合でも、民法の編別構成、条文の配列等との整合性については、細心の注意を払わなければならない（一例として、一九二条の冒頭に挿入された「取引行為」なる文言が醸す不協和音は歴然）。第二の側面に関するかぎり、大方は自明の事柄である。

これに対し、行為規範としての第一の側面はなお未解明の点が多い。民法が、日常的な市民生活に密着した場面でどのような指針としてどれくらいの機能を果たしているかは、なかなか推し量りがたいからである。

とはいえ、不動産の所有権を取得した者は速やかにその登記を経由すべきことに関しては、民法一七七条の存在すら知らない法律の素人であっても心得ており、市民的な常識としてすっかり定着していると見てよい。このあたりまでは、民法の行為規範としての側面は十全の機能を果たしているのである。しかしながら、債務者所有の不動産上に抵当権が設定されたときは、当該抵当権を取得した債権者は、速やかにその登記を経由すべきことに関してはどの程度常識化しているのであろうか。銀行実務上は、当然にわきまえておくべき事項だが、意外にも抵当権者となった銀行が「登記留保」の手法を用いたりすることがあるのは、法学部生の間でもあまり知られていない。ましてや、被担保債権の弁済等により抵当権が消滅したとき、目的不動産の所有者は、抵当権者であった者に対し、抵当権設定登記の抹消を求めることができるという初歩的な知識は、担保の提供を迫られる債務者その他の市井の人々の間でどれほど浸透しているのであろうか。戦前から抹消されずに残存しているいわゆる休眠抵当権の登記に至っては、現行の不動産登記法七〇条三項後段が継承した方法を活用すれば、抵当権の登記名義人のままになっている登記義務者の所在が不明であっても、登記権利者による単独での抹消登記申請が可能であるということは、一体、「法律家」以外の誰が知るであろう。

　民法およびこれに付属する不動産登記法の諸規定を市民生活上の行為規範として徹底的に生かすためには、「法律家」は、やはりなくてはならない存在である。別の言い方をすれば、民法その他の法規範は、ここぞというときの「法律家」による適切な助言と法的支援を介し、行為規範としての機能を遺憾なく発揮することができるのである。なかでも、不動産登記法は、「法律家」の介在なしにその活用は見込めず、電子化の要請に応えることも覚束ない。ここで法発展の動因は何かと問われるならば、その答えは明瞭ではないか。

　しかし、最後に断っておく必要がある。「法律家」は万能ではない。現在、そして将来の法に照らし、自らの職能・職責をよく自覚しなければならない。このことを忘れてしまえば、「禍いなるかな、法律家よ！」（F．ローデル）の罵声を浴びることとなる。また、やみくもに権限を欲すれば、「民」から「官」への傾斜を揶揄《やゆ》されかねない。依頼者との信頼関係を強固にすることが先決であり、豊富な法的支援のメニューが用意されれば、調査権限も認証権限もあとから付いてくるのではなかろうか。それは、新しい「法律家」の社会的公認にほかならない。法発展は、単なる量的な膨張ではなく質的な向上を意味するのだから、二十一世紀における社会の秩序づけは、法と社会倫理のバランスのとれたものでなければならない。だとすれば、新しい「法律家」は、地に堕ちた社会倫理の再生に向けても、きっと中心的な役割を担うことであろう。

第五章　意思主義と不動産公示

意思主義と形式主義は、ローマ法以来、諸契約の成立とその効力を根拠づける法原理として、互いに盛衰の明暗を分かちつつ、矛盾相克の歴史を繰り返してきた。実を言えば、帝政末期に至るまでローマ法が形式主義から離脱することはついぞなかったのだが、何かにつけて諸形式を私的取引への介入の口実とする封建諸勢力の支配が続いていた時代には、書面を活用するなどして要式性の緩和を図っていたローマ法の着想が、意思主義の優勢を導く大きな拠りどころとなってゆくのである。

意思主義再興への道筋は、諸形式にしがみつく封建制の撤廃をいわば最終目的地としていた。封建制のもとでも自由流通が認められていた動産とは異なり、身分階層秩序の要諦をなす不動産に関しては、取引の対象とするだけでも大きな困難を伴ったが、形式主義を極小化する公証人慣行、土地引渡しの形式を不要化する定型的条項が公証人証書中に挿入されてからというもの、封建諸領主の干渉が排除され、古法時代末には、すでに意思主義が実質的な勝利を収めていたと言えるのであろう(1)。

しかし、そうは言っても、一切の形式が意思主義の勝利を前にして退場を余儀なくされたわけではない。近代諸法典の先駆けとなったフランス民法典の制定以後も、形式主義の考え方は生き続けており、現に、同法典内に意思（諾成）主義の例外とされる要式契約がいくつも残されているのである。また、あからさまに「形式」とは呼ばないにせよ、世襲財産の譲渡形式に由来する不動産の公示方法が民法典の内外に設けられるようになるのは必定であった。そして、現代はと言えば、むしろ形式主義の再評価を促す立法現象が顕著であり、意思主義の存在理由が改めて問い直されている(2)。

つまり、意思主義と形式主義のいずれに軸足をおくかは、時代ごとに移り変わる契約観を左右し、同時に、所有権をはじめとする物権の設定・移転を規律する物権法の基本原則を提供してきたといって過言でない。とすれば、両者の絶えざる緊張関係を漫然と非歴史的固定的に捉えるのは正しくないであろう。

実際、フランス法を母法として意思主義を継受した日本の民法には、「当事者の意思表示のみによって」物権の設定・移転を可能とする一七六条の明文があり、この意思主義の表明を受けた一七七条では、「不動産に関する物権の得喪変更は、不動産登記法（平成一六年法律第一二三号）その他の登記に関する法律の定めるところに従いその登記をしなければ、第三者に対抗することができない」と規定され、相互の関連を強く意識させる条文が併存している。にもかかわらず、「対抗要件主義」と呼ばれる一七七条の法準則は、明治四一年以来、意思表示にもとづかない物権変動にも適用があると考えられてきた。そう理解された「対抗要件主義」は、封建遺制とおぼしきあらゆる諸形式を排除し、当事者の合意から物権の設定・移転を根拠づけようとする意思主義と衝突するはずもなく、否それ以前に、一七六条に明文化された意思主義自体が、当事者の特約のないところで即時の所有権移転を認める規定にすぎないと解されるならば、民法第二編第一章の物権編の冒頭を飾る二つの原理・原則の間には、もはや何らの矛盾もないように見える(3)。

その結果として、意思主義との緊張を欠いた「対抗要件主義」は、これまた切実な意味合いを見失い、不動産物権の得喪変更を全面的に公示する社会的要請に応えようとしつつもその原則化に徹しきれず、そればかりか、進んで公示の遺脱を許容する長年の登記実務上の慣行を正当化するため、「登記は、所詮対抗要件にすぎない」

という言い方で貶《おとし》められてしまうのである。それでいて、とりわけ相続や時効取得など意思表示以外の原因による物権変動と公示の関係は、およそ素人には近寄りがたく難解極まりない議論を惹起し、この伝統的な解釈論が、「不動産物権変動論」と称され、あたかも解釈技術の粋を集めた基本問題群のごとくに扱われており、今もってそうした講学上の取り扱いを見直す気配は見られない。しかし、この間にも、一例として相続を原因とする所有権の変動を考えれば、戦後だけで数世代にわたる共同相続が折り重なり(4)、実体的な権利関係と登記簿上の記載との乖離を生じた不動産が、知らず知らずのうちに増殖しているのではないかと恐れる。

ここに略述した問題状況は、果たしてこのまま放置してよいものであろうか。

本章の目的は、自由取引の妨げとなる一切の形式を排除する意思主義の視点から、排除されたはずの諸形式を起源とする不動産公示の存在に着目し、将来に向かって両者の関係がいかにあるべきかを見定めることにある。しかし、そのためには、意思主義を民法典の指導原理とし、公示の欠如による「対抗不能」の法準則を生み出した母法、フランス法にまで立ち返ってみる必要があるだろう。となれば、一八〇四年、人類史上初の近代法典が誕生した時点でフランス法が到達した意思主義とはどのようなものであったか、そこでは、不動産公示制度とこれを正当化する公示原則(5)がどのように扱われたかを再確認しておくのも無駄ではない（一）。そして、民法典の制定以後に不動産の公示原則が確立してゆく過程を概括したうえ、立ちどまることなく変貌を遂げてきた母法の現行制度がどうなっているか、公示の欠如に対する法的サンクションの中でも「対抗不能」のそれがどのような位置を占め、今日、公示原則を支える法制度が全体としていかなる段階にさしかかっているかを明らかにしたいと考える（二）。これらの意図が曲がりなりにも果たされるならば、母法と同じ法準則のように信じられてきた日本法固有の「対抗要件主義」が、判例上どのようにして形成され、学説上どのような反応を受けたか（三）、第二次大戦後七〇有余年が経過した現在、どのような問題が深刻化しているかという状況判断も一層鮮明となり、意思主義のもとでも公示原則を徹底させることが可能か、そうだとすれば、判例が目ざすべき方向は何か、その展望も切り開かれることであろう（四）。

一　母法に見る意思主義の到達点

意思主義を指導原理とする一八〇四年の民法典、いわゆるナポレオン法典制定時のひとつのエピソードを紹介し（1）、同原理のもとで不動産公示制度が冷遇される経緯を整理すること（2）、これらが本節の課題となる。

1　民法典草案をめぐる審議

(1)　民法典の関連規定

意思主義の母法でありながら、フランス民法典には、日本民法の一七六条に当たる条文がない。そこで、手はじめにフランス民法典の各所に散在する意思主義の関連規定を拾い出してみよう。

まず、ジャン・ドマの定式[6]を彷彿とさせる民法典旧一一三四条一項（同法典制定時以来の原初規定）は、①「適法に成立した合意は、これを交わした者にとって法律の代わりになる」と規定していた。本性上平等な人間関係を想定し、自由な人間の意思を法律と同等の地位かそれより上位におこうとするのだから、これこそ意思主義にふさわしい規定と言えよう。しかし、法律の代わりになる私人間の合意が別の法律への適合性を求められるとすれば、ある種の循環論法を免れられない。常に適法性が求められる場合の法とは何か。当事者の合意を優先させる場合の法とは何か。個人意思を尊重する考え方は、どのような人間観察にもとづいているのか。この規定を正確に理解するためには、自然法と実定法の二種の法を区別する必要があり、さらには、ジャンセニスムの厳しい倫理・道徳律を念頭においたドマの人間像を考慮しなければならないと指摘される所以である。[7]

次いで、民法典旧一一三八条（同じく原初規定）は、所有権移転を内容とする「与える債務（obligation de donner）」について次のとおり規定していた。すなわち、②「物を引き渡す債務は、契約当事者の合意のみによって完全なものとなる」（同条第一項）のであり、③「当該債務は、目的物が交付されるべき時から、いまだその引渡しが果たされなくとも、債権者を所有者にし、目的物の危険負担を債権者に移転する。ただし、債務者が目的物の引渡しを遅滞している場合はこの限りでない。その場合には、目的物の危険は債務者の負担にとどまる。」（同条第二項）

実は、この規定の趣旨を理解するのもすこぶる厄介である。というのも、フランス法は、物権の設定・移転の方法と債権債務を生じさせる契約を明確に分離し、両者を論じ分ける思考に馴染まないからである。このため、債権発生原因となる契約は物権を移転する行為と同視されてしまう。特定物の売買を例にとれば、売買契約は、所有権を移転すべき債務を発生させると同時にこれを履行したものとされ、ただひとつの法律行為のうちに債権発生と物権移転を「相互浸透」させているのである。[8]しかし、それは、物権移転のために特別の諸形式（握手行為 mancipatio、法廷譲与 in jure cessio または引渡し traditio）を必要とするローマ法の存在を知ったうえでの意識的な混同であった。しかも、起草者のひとりが示した提案理由[9]によれば、②の一一三八条一項は、③の二項において危険負担の移転を所有権の移転と関係づける論理的前提であったと見られる。危険負担と所有権移転の間には、確かに緊密な関係が認められるのだが[10]、それにしても、所有権移転の要件として、一切の形式を問わず、当事者の合意だけで足りるものとしたのだから、意思主義の徹底を意図した規定であることは疑いない。

このことを証拠立てるのは、売買に関する民法典一五八三条（同じく原初規定）である。同条によれば、④「売買は、いまだ目的物が引き渡されておらず、代金も未払いであるとしても、目的物と代価について合意された時から、当事者間においては完全なものとなり、所有権は、当然に買主が売主に対して取得する。」（傍点は引用者）つまり、売買目的物の所有権は、契約当事者の合意が成立すれば、引渡しや代価の支払いを待たないで売主から買主に移転するのを原則とするのである。ただ、そうなると、売買の本質的効果としての所有権移転義務の存在が希薄化し、その履行を観念すること自体が無意味のように思われてくる。(11)

民法典は、そこまでして一体何を実現しようとしたのだろうか。

「この意思主義は、権利移転のプロセスをたいへん柔軟なものにしている。合意だけで所有権の移転を有効とする発見は、二重の拘束を免れるチャンスである。一方では、買主は、いかなる象徴的な手続をも果たすことなく所有者……になりうるのであり、他方では、その権利取得が、契約上の債務履行、つまり目的物の引渡しにも代金の支払いにも先行しうるのである。所有権移転を当事者の意思にもとづかせることにより、民法典は、当事者の自由を増大させている。(12)……」

所有権移転の効果を契約当事者の意思に委ねる「自由」は、まさに渇望されていた。だからこそ、当事者双方が負うべき債務、目的物の引渡し、代金の支払いさえ不要化され、諾成主義の帰結として売買による所有権移転の即時性が導かれるのである。この点、所有権の移転時期を遅らせるのも当事者次第のはずだが、②ないし④の規定を見る限りでは、「引渡しが契約を吸収する」(13)形式主義的観念の呪縛を振り払おうとするあまり、民法典の起草者は、意思主義という「契約が引渡しを吸収する」時代の法原理を所有権の即時移転と直結させたきらいがある。それでも、④の傍点部分に留意するならば、第三者との関係では、買主は、当然に所有権取得を主張できるわけではなく、何らかの規定を設ける予定であったことが、かろうじて読みとれるのである。

(2)　国務院の審議[14]

民法典草案の第三編第六章（「先取特権および抵当権について」）に入っていた第九一条は、座りのよくない位置ではあるが、そのための規定であった。同条は、「所有権を強固にし、所有権から先取特権および抵当権を滌除する方法について」と題する第六章第八節におかれ、直前の第九〇条が、第三取得者に対し、滌除権行使の要件として自己の所有権取得の原因となった契約を「謄記（transcription）[15]」するように求めたのに続き、次のとおり定めていた。

「所有権を移転する証書は、前条のように謄記されなければ、同じ売主と契約し、本章の規定に従って謄記した第三者に対抗することができない。[16]」

この条文は、本来であれば、意思主義の関連規定②または③に隣接して設けられるべきであったと考えられる。ところが、当時の国務院における逐条的な審議の過程では、結局のところ、何度も最終的な決着が持ち越され（民法典制定当初からの旧一一四〇条にもその痕跡あり）、ここに引用した第九一条の採否が、民法典の中で不動産の一般的な公示原則を打ち立てる最後の機会となった。

その審議内容[17]を以下に紹介しよう。

マルヴィル：第九一条の効果として、謄記済みであろう新たな買主が所有権を授かり、この手続を済ませていないそれ以前の買主が犠牲になるのですか。この条文は、一般論的な言い回しにより、まず、そのことを前提としていると思われます。しかし、次条（第九二条）によれば、謄記いかんにかかわらず、不動産の売買があっても、売主に属する権利しか取得者に移転せず、もはや自らが所有しない物を譲渡することはできないはずだから、九一条により、実際、第一譲受人が、謄記を欠いただけで自己の所有権を奪われることになるのかどうか、疑ってみる必要があります。この規定は、たいへん重大な不都合を露呈するでしょう。

トレイヤール：本条の帰結としては、そうなります。二重売買の場合には、取得者の間で優劣を決する必要がありました。本条では、謄記を済ませた取得者が優先するということになります。ただし、他の取得者が売主を訴えることは妨げられません。

ジョリヴェ：この規定は、売主から売却不動産に抵当権を負担させる権能を取り上げるためにも必要となります。

トロンシェ：その帰結こそは、まさに第九一条を忌まわしいものにするのです。それは最もひどい効果をもたらすことでしょう。／いつの時代にも、個人が、現実には所有者でないのに売買を行う例が見られました。また、真実の所有者による二重の売買も見られました。しかし、裁判所は、これらすべての場合において当事者間の争いを裁く判決を言い渡していました。本日、ここに提案される条文によれば、すべてが謄記にかかっています。したがって、不動産を買い受け、しかも一〇年、二〇年と占有しながら、謄記を経ていない市民は、つい最近になって契約を結び、その謄記を済ませたばかりの買主に当該不動産を譲らざるをえなくなるでしょう。／……だから、フランスには、決して所有者とは言いがたい個人が行う売買の名において、買主が謄記さえすれば、謄記を欠いたために取り上げられるかもしれないもはやそれだけの所有権しか存在しないのです。／所有権という神聖な権利をかくも重大な危険にさらし、適法な所有者を、新たな取得者や新たな債権者の犠牲にするような規定を正当化することはできません。／どんな理由で彼らがこの不当な優遇措置を受けられるというのでしょう。法律が抵当権の存在を特定するつもりならば、この規定の趣旨に気づかされます。貸主が、それまでに設定された抵当権ですでに無価値となっている担保物件を誤って信用しないようにする唯一の手段が公認されるのです。しかし、不動産を買う者は、法律によって担保化に特有のやり方を認めてもらう必要はありません。買主は、自分の目で権原を証するものを確かめ、売主の占有状態を検分することができます。しかるに、この調査を買主に免除してやるため、適法な契約に依拠して安心している一市民の所有権を危うくすることを恐れないというのです！／この規定は、実を言えば、新しいものではありません。共和暦七年ブリュメール一一日の法律（後述）から借用したのです。しかし、共和暦七年法は、他の多くの例と同様、国庫の利益のためだけに位置づけられており、その事柄に関する原則の中に根拠となるものがあるわけではありません。明らかに恣意的で、というよりむしろ明らかに不当な優先権を、何とまあもっともらしく見せているのでしょうか。／謄記の制度を嫌悪する者に対しては、こういう答えが常に返ってきました。資産の現況を明らかにすることのみを目ざし、謄記は全くの任意である、と。／どうです。確かに、自分の財産を失う危険にさらされないでは行使できない権利の奇妙なことよ！（以下略）

本条を擁護する論者の声は、今にも強硬な反対論の前にかき消されそうである。反対論に立つマルヴィル、特にトロンシェの批判は激越であり、当の批判者が両人とも本草案の起草委員であったというのだから、不動産所有権の移転の公示を一般化する規定が残される望みはとっくに潰《つい》えていたのではないかとも思われる。このあとの審議では、本条は、修正採択の方向で練り直すべく担当セクションに回付されるが、完成後の民法典中に再び同種の規定が見い出されることはなかったのである。民法典の制定から二〇〇年以上も経過した事後的評価ではあるにせよ、次のような辛口の批評が民法典の起草委員に対して寄せられるのもうなずけよう。

「トロンシェは、この不動産公示制度に『税制上の発明』しか見ようとしなかった。ポルタリスは、抵当権の公示に対してさえも非難攻撃を加えたのであり、それは、彼にとっては信用を破壊する危険のある『憂慮すべき不躾《ぶしつけ》な形式』でしかなかった。換言すれば、ポルタリスは、資産の秘密保持に味方した往時の実務家の偏見を分かちもっていた。しかし、抵当権の登記は維持され、同様にして《insinuation》と呼ばれた贈与の古い公示も、謄記の名称で維持された……。けれども、マルヴィルは、巧妙な策謀を巡らし、民法典から譲渡の謄記を消し去るという手品に成功したのである。(18)」

2 不動産公示制度の処遇

政治的駆け引きが法案審議の常であるとすれば、国務院における質疑応答から深い哲学的洞察を汲み取ろうとしても無駄である。不動産公示の原則化に反対する論者らの考えによれば、所有権は「神聖な権利」であり、「神聖な権利」は何らの形式を経ずして保護されなければならない。このことに尽きるのである。日本の民法学説と同様、二重売買の例が引かれる点も見落とすことはできないが、そこでは、第一譲受人と第二譲受人の間の所有権の帰属をめぐる衝突は、司法的事後的解決に委ねれば足りるかのように説かれており、民法典の起草委員に任命された当代第一級の法律家の見識としてはいささか期待はずれの観を拭えない。

とはいうものの、彼らの見識のほどがどうであれ、すでにその頃自明視されていた意思主義が、一八世紀啓蒙思想の圧倒的な影響のもとでどのような後押しを受けたかは、別途検討を要する問題ではある。現在では、意思主義は、一九世紀末に一世を風靡した意思自治学説の一適用とみなされ、その派生原理のごとく位置づけられているが、歴史上登場した順序で言えば、前者の方が後者よりもはるかに古い[19]。意思万能の思想としてカリカチュアの標的にされるくらいならば、私的自治をめぐる議論と距離をおき、公証人慣行を通じて培われた意思主義の実利的な側面にも注目したいところである。ただ、本章では、そうした思想的社会的背景をひとまず捨象し、一切の形式を排除した意思主義の論理的帰結に着目しつつ、これを極限にまで推し進めた民法典が、諸形式を代表する不動産譲渡の公示をどう位置づけたかを概観するにとどめざるをえない。

そこで、まず確認しておく必要があるのは、中間法時代と呼ばれる革命期の二つの立法の立場がいずれも排斥されたことである。不動産所有者のために抵当証券（cédules hypothécaires）を交付する大胆なシステムを導入しようとした共和暦三年メシドール九日（一七九五年六月二六日）の抵当法典（Code Hypothécaire）に関するデクレ[20]は、不動産申告（déclarations foncières）と呼ばれる公示制度を併設し（同日付けのもうひとつのデクレによる[21]）、抵当信用を受けようとする所有者に対し、抵当権の設定に先立って不動産申告手続を済ませるように義務づけた。しかし、共和暦三年法のシステムは、同法を実施した一部の地域を除き、実績のないままに終わった。この共和暦三年法を廃止し、民法典の施行まで現実に適用された共和暦七年ブリュメール一一日（一七九八年一一月一日）の抵当制度に関する法律[22]は、抵当権の設定可能な財産の移転に限って謄記の方法による公示を採用し、その公示を経なければ第三者に対抗することができないと規定した（二六条）。先ほど引用した民法典草案第三編第六章第九一条は、共和暦七年法を継承した規定であったが、ついに日の目を見なかったことは前述したとおりである。もっぱら抵当権付信用取引の観点から抵当権および所有権の公示を原則化しようとした革命期立法は、いかにも早熟に過ぎ、無理があったのだろうか。これら不動産上の物権を公示する原則が再び登場するのは、半世紀後の一八五五年三月二三日の法律を待たなければならない。

他方で忘れてならないのは、一五三九年のヴィレール・コトレの王令以来実際に行われていた生存者間の贈与の登録（insinuation）が、民法典中に採用され、実体的効果を伴う公示手続（九三九条、九四一条）として位置づけられたことである。[23]その前身の共和暦七年法では、当事者は、裁判所書記課での贈与の登録と、「抵当権保存所（bureau de conservation des hypthèques）と呼ばれていた不動産公示機関での抵当権設定可能財産の謄記（transcription）という二重の手続を強いられていたが、民法典は、後者の謄記のみを残し、手続を一本化した。ただし、贈与者の相続人は、未登録の贈与の効力を争うことができた従前とは異なり、贈与当事者の包括承継人である立場上、受贈者に対し、贈与の公示欠如を主張することができなくなった。古法時代からの贈与の登録は、不動産に限定されず、家産の流出防止を主要な目的としていたので、第三者に対する公示機能は、副次的、反射的でしかなかったと言われるが、[24]民法典における贈与の謄記手続は、家産保護から対社会的な公示への機能転換の兆しをうかがわせる。

こうして、民法典では、所有権の公示が無償移転に限られる結果となった。けれども、さすがに抵当権の公示まで否定されることはなかった。ただし、これには、法定抵当権を公示しない重大な例外があり、[25]すべての抵当権の存在を公示する原則としてはきわめて不徹底なものであった。民法典は、そのような不備欠陥を糊塗するため、非公示の抵当権の存在を隠したままで目的不動産を新たに担保化する行為を「詐欺的処分（stellionat）」とみなし、詐欺的処分者に対しては民事罰（身体拘束 contrainte par corps）をもって報いた（民法典制定当初の二一三六条）。

それでも、何より不動産所有権の有償移転に関する規定を脱落させてしまった民法典の不備は、すぐに税務当局の気づくところとなった。有償移転に伴う謄記税収入が入らなくなったからである。そこで、ある立法措置が講じられ（旧民事訴訟法典八三四条）、不動産の売主から抵当権の設定を受けた債権者は、当該不動産の売買譲渡後にも取得者が謄記するまで、遅くとも取得者の謄記後一五日内であれば、自己の抵当権を登記することができるようになった。登記未了の抵当権の目的不動産を取得した者に対し、自らの所有権の謄記を仕向ける策である。しかし、その後も国庫の税収が伸び悩んだため、一八一六年四月二八日の財政法により、謄記税と譲渡税の一括徴収が認められた。

このことからも、不動産公示制度の処遇は、財政上の契機を抜きにしては語れないことがわかる。一八五五年三月二三日の法律により、ようやく抵当権と所有権を対象とした公示原則が確立するのだが、この立法は、所有権の有償移転についても公示を対抗要件とする法準則を含めて民法典の外で実現したのであり、不動産公示の法体系は、今日に至るまで民法典内部の諸規定と特別法の間で分裂していると指摘される(26)。実際、この分裂現象をもたらした原因も、不動産に対する課税政策と無縁ではないのである。

二　母法に見る不動産公示制度の変遷

一八〇四年のフランス民法典は、贈与の例外を除けば、不動産所有権の移転を全面的に公示する原則を採用しなかった。有償行為による所有権移転の公示は、その後、もっぱら徴税上の都合から求められたにすぎない。当時の人々は、不動産の取得を公示するために高率であった謄記税を支払うよりも、売主の専断でその不動産上に抵当権の負担が加わる危険の方を選んだのだという皮肉な見方もある(27)。このようにきわめて不完全な公示のもとでは、不動産取得者の安心が得られないばかりか、抵当権を取得する債権者も保護されるはずがない。不動産公示制度は、大なり小なり徴税目的を免れがたいにせよ、一般に、抵当信用を含めた不動産取引の安全を確保し、本格的な不動産市場の形成を準備するうえで不可欠の前提となるものであり、早晩、民法典の立場も見直しを迫られるのは必定であった。

本節では、民法典制定後の不動産公示制度の変遷の中で公示原則が次第に確立してゆく過程を概括的に整理し（1）、公示を欠けば「対抗不能（inopposabilité）」となる法準則の適用事例とそうでない事例を取り上げ、この法準則が適用される範囲を明確にしたあと（2）、母法の不動産公示システムが現にどのような段階を迎えているのか、じっくり観察してみよう（3）。

1　不動産公示原則の確立過程

(1)　時代区分

母法の歩みは、一九世紀半ばの立法とその百年後の立法による二大改革を画期として、おおよそ三つの時代に区分することができる。

第一は、民法典の制定から半世紀ののち、抵当権にかかわる謄記に関する一八五五年三月二三日の法律[28]（以下では、この法律を単に「一八五五年法」と呼ぶ）が制定されるまでの時代。この時代には、民法典の中で生存者間における不動産所有権の無償移転の公示が規定されたが、同じ民法典が規定した抵当権の公示は不完全な状態であり、所有権の有償移転は全く公示の対象外とされていた。

第二は、産業革命の最中に不動産金融を専門とする独占的な大銀行（クレディ・フォンシエ）が創設されたのを直接の契機として、ようやく抵当制度改革の一環をなす先の一八五五年法が実現し、それから丸一世紀を隔てて不動産公示の改革に関する一九五五年一月四日のデクレおよび同年一〇月一四日のデクレ（以下では、これら二つの法令を総称して「一九五五年法」と呼ぶ）により、不動産公示制度の全体に及ぶ立法改革が実現するまでの時代。この時代には、一八五五年法が、生存者間の有償・無償を問わない所有権移転の公示を原則化し、公示の対象を抵当権の設定可能な財産以外にも拡大した。日本法が受け継いだ「対抗要件主義」、厳密に言えば、公示の欠如による第三者への「対抗不能」を唯一の法的サンクションとする不動産の公示原則は、同法が制定されたこの時点で呼び戻されたのであった。しかし、相続を原因とする所有権移転の公示は、一八五五年法の制定当時、まだ立法上の課題として意識されておらず、その立法化が実現するのはずいぶん先のことであった（一九三五年一〇月三〇日のデクレ＝ロワによる）。

第三は、第二次世界大戦後の不動産市場の目ざましい発展（集合住宅の分譲販売、建設資金の貸付、土地の交換分合事業など）に応じるべく、二つのデクレからなる一九五五年法が制定されて以降の時代。一九五五年法は、法定抵当権を含めたすべての抵当権の公示原則を確立し、人名簿により同一物件をめぐる取引履歴の検索を可能にする人的編成主義に加え、物件ごとの情報を集約した「不動産票（fichier immobilier）」の制度を新たに創設し、物的編成主義と組み合わせる方法を採用した。また、この一連の立法により、公示の連続性を確保し、公証された証書のみを公示する手続が原則とされるようになった。とりわけ注目されるのは、相続を原因とする所有権移転の公示の義務化をはじめとして義務的公示のカテゴリーが導入されたことである。その後も、度重なる法改正により、「対抗不能」以外のサンクション、サンクションを伴わない公示の対象が拡張され、二〇世紀末には、電子情報化の要請を受けた不動産公示制度の整備も進展している。

要するに、フランス法は、民法典制定時の後向きの状態から出発し、「首尾一貫した完全な不動産公示制度の漸次的再興に向かうたいへん緩慢な歩み」[29]によって特徴づけることができる。それは、なるほど遠目には動きがないかのように見える「緩慢な歩み」だとしても、決して立ちどまることのないひとつの法発展の道程にほかならない。

(2)　一八五五年法以前

民法典が制定当初の原型のまま支配していた時代、公示の欠如による「対抗不能」のサンクションの出番はほとんどなかった。この法準則が適用されるとすれば、以下に図示するように、同一の不動産上に設定された抵当権相互の間で優先順位を決するときか（民法典制定当初の二一三四条）、たとえば、不動産の生前贈与を受けた者と当該不動産上に抵当権の設定を受けた者の間で優劣を決するときなど、きわめて限られた場面でしかなかった。

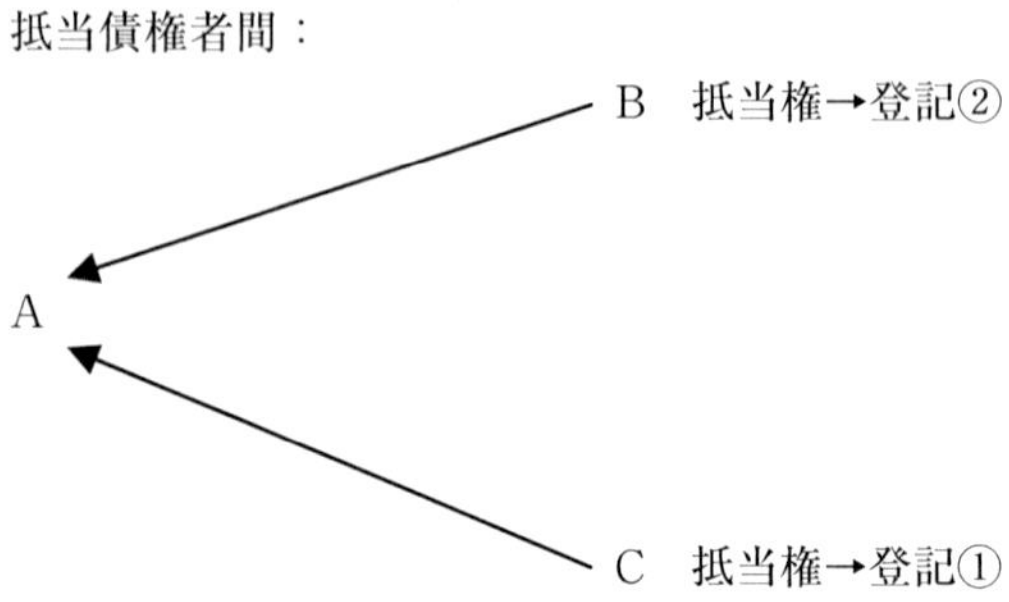

民法典旧二一三四条（二〇〇六年の同法典改正後の二四二五条）の原初規定でも、「債権者間においては、抵当権は、……抵当権保存所において法律が定めた方式のもとで債権者が登記をなした日からはじめて順位を有する」とされていたから、債務者Aの所有不動産上にそれぞれ抵当権の設定を受けた債権者B・C間においては、各抵当権は、登記の前後によって優先順位が決まる。この点は、日本の民法三七三条が、「同一の不動産について数個の抵当権が設定されたときは、その抵当権の順位は、登記の前後による」と規定する趣旨と何ら異ならない。ただし、フランス法の場合、約定抵当権の設定は、その当事者の合意を公証人が作成した証書にしなければ効力を生じない要式契約、「厳粛行為（actes solennels）」であり（民法典旧二一二七条、現行二四一六条）、したがって、抵当権設定の合意は常に公署性を要求される。しかも、抵当権の登記については、民法典の規定上は、債権者が、本人自らまたは第三者により、公署性を帯びた設定証書の正本等を抵当権保存吏（現行では、不動産公示局）に提出すべきものとされているが（旧二一四八条、現行二四二八条）、通常、証書作成者である公証人が、公示すべき証書を寄託するのであり、現在では、判例上、当事者が明示的に登記手続を免除しないかぎり、公示すべき証書の作成に当たった公証人は、当事者からの黙示の委任等を根拠として登記手続の完了

まで責任を負わなければならない[30]。

フランス法では、生前贈与もまた、公証人が作成した証書を効力要件とする要式契約である（民法典九三一条）。そして、抵当権の設定可能な財産を目的とする贈与に限っては、民法典制定以来、公示（謄記）の対象とされてきたから、すべての利害関係人が、公示させる義務を負う者や贈与者を除き、不動産の贈与について公示の欠如を主張することができる（民法典九三九条、九四一条）。したがって、上掲のように、同一の不動産上にAの債権者Cのために抵当権が設定され、いち早くその公示（登記）が経由された場合には、受贈者Bは、抵当権の負担を免れられないことになる。なお、ここでいう利害関係人は、現行法上も贈与者の一般債権者を含むと解されているので、贈与の公示欠如を主張できる者の範囲は相当に広い。仮にCがAの一般債権者であったとしても、公示を欠いた贈与の効力を争うことができる。

受贈者対抵当債権者：

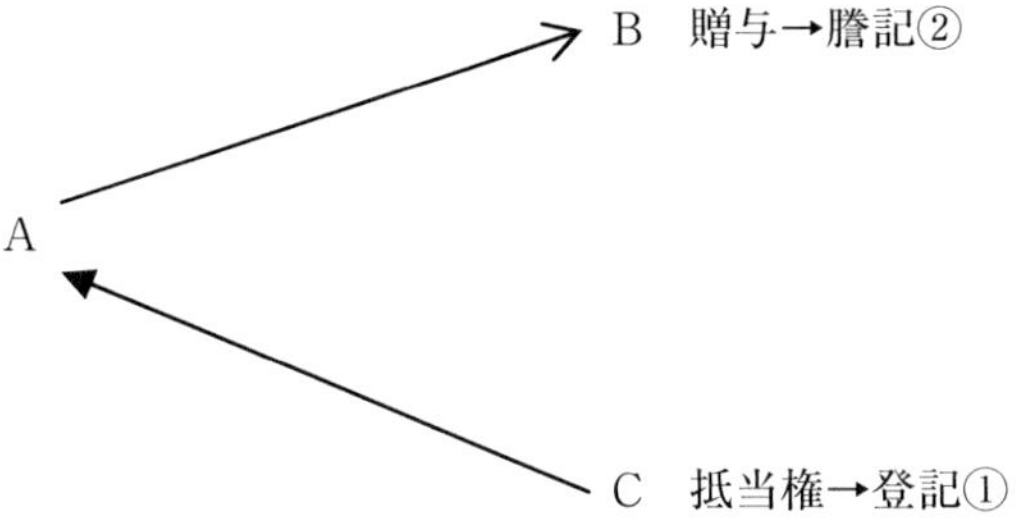

しかし、制定当初の民法典では、非公示とされていた法定抵当権（原初規定の二一三五条）以外の抵当権と所有権の生存者間での無償移転に関する事例でないかぎり、「対抗不能」の問題を生じる余地がなかった。実際上も、不動産売買における買主は、売買成立の時から完全な所有権を取得しているとすれば、自らの所有名義にもとづいて訴権を行使することができ、売主の債権者の攻撃に対しても保護されると考えられた。同じ前主から相次いで同一の不動産を買い受けた者同士の紛争は、判例上取り立てて問題とされることもなく、よく知られた「時において勝る者が権利において勝る」の法諺の適用によって解決されたと言う[31]。具体的には、私署証書の確定日付を先に得た者が優先し（二〇一六年改正前の民法典旧一三二八条、同年改正後の一三七七条）、確定日付が同じ場合には、証書作成の

早い方が優先する。確定日付の前後による優先性が認められないときは、第一取得者だけが有効に所有権の移転を受け、第二取得者は無権利者からの（a non domino）取得となる。これが、「あらゆる形式を欠いた意思主義」[32]のありのままの姿であった。

一般に、不動産公示制度は、①第三者への情報提供によって紛争を予防し、②不幸にも生じてしまった紛争を自動的に制御するという二つの機能を担うと言われる[33]。しかし、この時期には、所有権の有償移転を対象としない不動産公示が①の機能を果たせないのはもちろん、同一不動産上の権利相互の衝突を解決する②の機能にしても多くを期待しがたい状態にあった。不動産物権の設定・移転は、広汎にわたって公示の対象外とされ、公示に服しない諸権利間の規律は、裸同然の意思主義に帰着していたと考えられる。

(3)　**一八五五年法以後**

一八五五年三月二三日の法律は、「抵当権にかかわる謄記に関する法律」と名付けられたように、革命期の立法以来満たされることのなかった抵当制度改革の強い欲求から実現したのであった。だから、同法は、抵当信用を促進する観点に立って、不動産所有権の生存者間における有償・無償の移転を公示すべきものの筆頭に挙げた（法一条）。何より、目的不動産の所有権の帰属が明らかでなければ、抵当権を有効に設定することができないからである。さらに、公示の対象は、不動産質権や地役権、使用・居住権、一八年以上の長期賃貸借、賃料または小作料債権の三年分相当の前払いまたは譲渡など、抵当権設定可能な財産以外にまで拡大された（法二条）。これらの権利の存在ないし処分は、抵当権を取得しようとする債権者にとって大きな脅威となるからである。そして、公示に服すべき諸権利は、「謄記がなされるまでは、当該不動産上に権利を有し、かつ本法に従い自己の権利を保存した第三者に対して対抗することができない」（法三条）と規定されたのである。

こうして、民法典による抵当権（法定抵当権を除く）の公示とともに、一八五五年法により、初めて不動産所有権の有償移転が公示の対象となり、しかも、所有権の負担となる諸物権のみならず、債権的諸権利も公示されるようになった。同法の制定は、不動産に関する権利関係を網羅的に公示する法原則の確立を告げるものと言えよう。公示システムの機能面に着目すれば、ようやく第三者への情報提供機能（前述①）を発揮し、不動産上の権利が競合するときは、その権利相互のコンフリクトを自動制御する機能（前述②）を担うことも可能となったのである。

したがって、二重売買の典型事例では、AからCへの譲渡の公示からその事実を知ったBが、Aとの契約を思いとどまれば、A・C間の譲渡の公示が、B・C間における紛争を未然に防止する機能を果たし、あるいはまた、先にAから譲渡を受けたBが、公示の欠如によって「対抗不能」となれば、このサンクションが、B・C間で生じた紛争を自動的に解決する機能を果たせるようになる[34]。つまり、公示を備えた取得者が優先し、「対抗不能」が公示欠如の唯一のサンクションとして発動するのである。

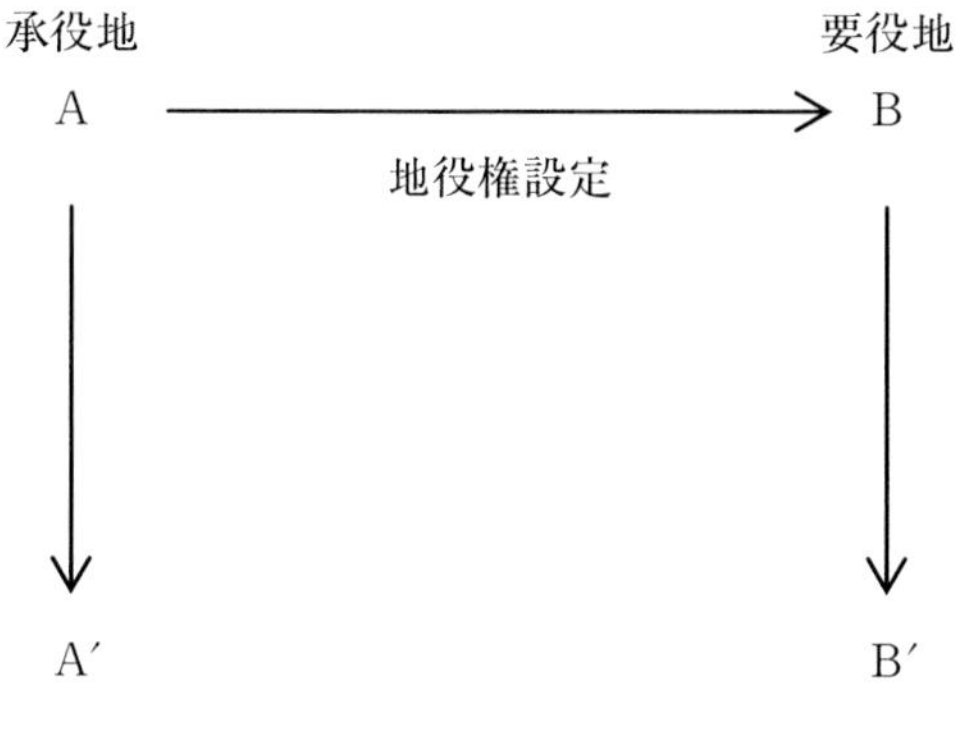

上に掲げる事例では、一八五五年法が初めて公示の対象とした地役権をめぐる対抗関係を取り上げてみよう。この場合、A・B間で地役権が設定されたのち、AがA′に承益地を売却すれば、A′対Bは、対抗関係に立つ者同士であり、A′が先に公示すれば、Bに対し、当該地役権の公示欠如を主張することができる。しかし、Bの特定承継人B′は、B以上の権利をもたず、A′対B′は対抗関係に立たない[35]。この対抗関係は、同一の前主から競合する権利を取得した者同士の間で生じるものと考えられているからである。

「一八五五法は、公示の手続をなすべき者と公示の欠如を対抗しうる者との相関関係を明確にした。すなわち、公示に服する不動産上の権利を取得し、この公示に従った第三者のみが、公示欠如の主張を認められたのである。[36]」

これこそは、日本法でいう「対抗要件主義」の起源をなす基本的な枠組みではなかろうか。一八五五年法は、原則化した不動産物権の設定・移転の公示を促すため、公示懈怠による不利益として「対抗不能」の法的効果を位置づけたのであった。もっとも、それは、同法が打ち立てた歴史的産物であり、必ずしも現行フランス法とは同じでないことを銘記しておこう。

ところが、一八五五年法には、「ただひとつの大事な忘れ物[37]」があった。この段階でも、死亡を原因とする所有権の移転が公示の対象外とされていたことである。フランスの不動産公示制度は、「公示されるべき権利が、証書によって証明されることを前提としており、直接的に権利を公示するのではなく、単にその証書を公示するにすぎない[38]」のだが、所有者の死亡による移転は、法定相続のようにもともと証書が存在しないか、遺言相続・遺贈のように証書が存在しても直接的な公示になじまないか、どちらかの場合となる。被相続人（遺贈者）の死亡という法律事実（fait juridique）は、不動産物権の設定・移転を目的とした法律行為（acte juridique）に関する証書それ自体を公示するフランス法のシステムに適合しなかったと言えようか。このため、世代交代のたびに必ず生じる最も重大な所有権移転原因が、不動産の公示原則に服することなく置き去りにされてしまった。

一八五五年法の問題点は、およそ次の四点に集約される。[39]

第一は、抵当権の公示とともに贈与による所有権の無償移転の公示が民法典に規定される一方、もう一方では、所有権の有償移転の公示が一八五五年法に規定され、両者の間で不動産公示に関する条文が分断されていたこと、抵当権の存在を公示する「登記」と所有権の有償・無償移転を公示する「謄記」に区別された二つの公簿が併存していたこと(40)。同法は、いわば二重の意味で規定の仕方も公示制度の構造も複雑であった。

第二に、不動産物権の設定・移転に関する証書の編年的な公示にアクセスするためには、人的編成主義の名称のとおり、人名簿による検索に頼らざるをえないが、このやり方では、一個の不動産の法的状況について全容がわからないこと、そのうえ、同姓同名の名義人が数多く混乱の原因になっていたこと。一言で言えば、一八五五年法は使い勝手が悪く不便であった。

第三に、相続・遺贈といった死亡を原因とする財産移転のほか、創設的ではない宣言的確認的証書または判決のすべてが公示の対象から除外されていたこと。法定抵当権等も非公示の扱いのままであったのを捨象するにしても、公示対象を限定した一八五五年法は不完全であった。

第四に、公示された取引であっても、契約の無効・取消原因などの瑕疵がなくなるわけではないから、公示の手続を済ませた不動産の取得者やその承継人も十分な保護を受けられず、前主にまで遡って取得時効制度に依存するほかなかったこと。その意味で一八五五年法は不確実であった。

これらの問題点を抱えながら、一八五五年法が、不動産公示の改革に関する一九五五年一月四日のデクレの制定に至るまで丸一世紀にわたって生き延びたのは、時代の変転ぶりと対照すれば驚異に値しよう。ただ、その間にもいくつかの制度上の変更があったことを見過ごしてはならない。一九二一年七月二四日の法律により、証書の謄写による所有権の公示方法が証書謄本の寄託方式に取って代わり、一九三五年一〇月三〇日のデクレ＝ロワにより、死亡を原因とする不動産の移転および遺産分割等の確認的証書・判決にまで公示の対象が拡大され、一九三八年六月一七日のデクレ＝ロワにより、一般債権者の差押えに当たる支払催告も公示されるようになったのである。

なかでも、謄記制度を改める一九三五年一〇月三〇日のデクレ＝ロワ(41)が、公示の対象となる証書として新たに不動産の相続・遺贈を証明する公証人証書を追加し（一条六号）、死亡を原因とする所有権の移転にも公示原則を推し及ぼしたのは重要である。これにより、不動産の譲渡・移転を連続的にたどる調査が初めて可能となった。とはいうものの、同法による死亡移転の公示は、単独の相続人または受遺者が遺産の全部を承継した場合に限局されていた。それ以外の場合には、共同相続後の遺産分割を公示すれば足りると考えられていたからである。遺産の不分割はしばしば長期にわたると言われるが、そのような事情は顧慮されなかった。しかも、相続・遺贈の公示を懈怠した者が何かしら不利益を受けるわけでもなかった。一九三五年のデクレ＝ロワは、公示欠如のサンクションを欠いていたからである。

「これらの証書については、第三者に対する対抗不能のサンクションは思いもよらないことである。実際、死亡を原因とする非公示の移転が第三者に対抗できないということは、つまり、第三者にとっては常に故人が真の所有者であるという意味であり、それが馬鹿げているのはわかりきったことだろう(42)。」

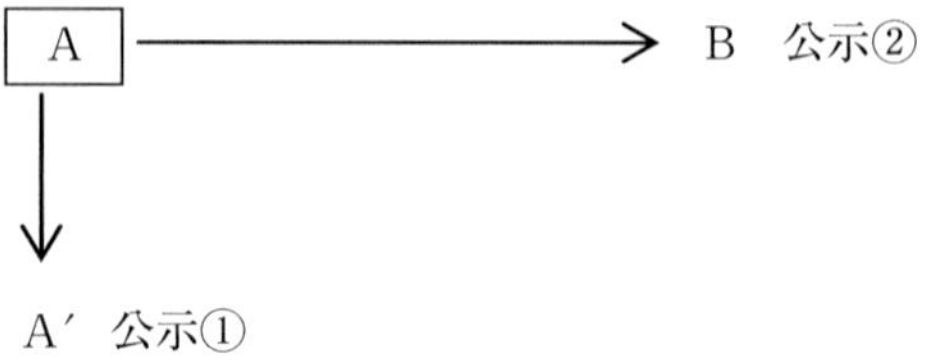

上掲の例では、被相続人Aの包括承継人であるA′が所有権取得を公示した想定になっているが、当然のことながら、A′は、自分より遅れて公示したAの特定承継人Bに対する公示の優先性を主張できるわけではない。このような場合にも、わざわざ証書作成費用を負担してまで公示を促す誘因が見当たらないとすれば、一九三五年のデクレ＝ロワの条文が尊重されないのは致し方なかったと考えられる。

(4) 現行の不動産公示制度

一九五五年一月四日のデクレは、改めて死亡を原因とする不動産物権の設定・移転の公示を義務づけた（二八条三号）。相続人または包括受遺者は、被相続人（遺言者）の死亡した日から六か月以内に不動産承継証明書（attestation d'hérédité）の作成を公証人に嘱託し、当該公証人は、その嘱託を受けた日から四か月以内に自ら作成した証明書の公示手続を完了しなければならない（三二条二項および三三条—A）。そして、これに反すれば、五〇フランの罰金が科せられたのである。この民事罰は、低額に過ぎるという理由から一九九八年四月六日の法律によって廃止されたが[43]、公示の欠如に対しては、もうひとつの別のサンクションが待っている。一九五五年一月四日のデクレが新たに採用した「関係的効力（effet relatif）」[44]と呼ばれる公示の連続性確保の原則（三条）も、公示を促す一種のサンクションと言ってよい。たとえば、法定相続によって承継した不動産を売却しようとする相続人は、事前に相続証明書の公示を経ておかなければ売買による所有権の移転を公示することができない。つまり、公示の連続性を求める要件が、死亡による所有権移転の公示を間接的に義務づけているわけである。

こうして新たに義務的公示のカテゴリーを導入した一九五五年法は、一八五五年法とは比べものにならないほど公示の対象を拡大した。民法典旧二一三四条の改正も同時に行われ、もはや抵当権の公示原則の例外は認められなくなった（ただし、二〇〇六年三月二三日のオルドナンスが、同条を二四二五条に移動したうえ、登記の前後による順位づけについて新たな修正を加えた）。民法典では、贈与は、抵当権の設定可能な財産のみが公示の対象とされていたが、一九五五年法が、抵当権の設定できない財産（賃借権、地役権等）の贈与をも公示対象とするようになった（一九五五年一月四日のデクレ二八条一号）。これらのほかにも、一時的な譲渡禁止条項およびその他の処分制限（同条二号）、無効・取消原因を伴う合意であることの確認、停止条件成就の証明、解除・取消し・無効確認を求める裁判上の請求（同条四号）、不動産の共有不分割（indivision）の合意（同条六号）、売買一方の予約

（三七条一一第一項一号）、公署形式での合意を得るための裁判上の請求（私署証書による合意を交わした当事者の一方が公署証書の作成に協力しない場合、同条一二第一項一号）等々、実に多様な証書・判決の公示が認められている。そして、その公示を欠いたときの効果いかんにより、各証書・判決は、①「対抗不能」のサンクションを伴うか、②「対抗不能」以外のサンクションを伴うもの、または③全くサンクションを伴わないものという三つのタイプに分類される。

この公示対象の著しい拡張は、立法当時から物議を醸してきた。以下に紹介する大家の見方は、最も批判的な立場を代表するものである。

「一九五五年のデクレは、われわれの眼には、第三者にとって有用な公示の代わりに不動産の歴史博物館を作ろうとして、（死亡を原因とする移転の公示に関する）一九三五年一〇月三〇日のデクレが口火を切った偏向逸脱を肥大化させたように思われる。……その改革は、フランス法システムを一層使い勝手の悪いものにするが、第三者保護のために裨益《ひえき》するところは少ない。これが、形式主義的手続に服すべき行為および事実のリストを体系的に引き延ばしたことの帰結である。[45]」

彼によれば、第三者への対抗が公示次第となるものだけを公示に従わせれば足り、それ以外の公示はすべて「空しい贅沢」とみなされる。したがって、「抵当権保存吏が、その管轄地域内の不動産に関するすべての行為または事実を収集すべきものとする考え方は、わが法の公示の目的として仕えるべき唯一の関心事を忘れている」のであり、不動産に関する史料収集の企ては「寄生的な突起物」にすぎない。

「……収集家の美意識からすれば、抵当権保存吏はご満悦のことだろう。／しかし、これらの知的満足は、その費用を支払う真の利用者とは関係がない。かつてのように、一般人は、実のところ、自己の安全にかかわる公示についてしか抵当権保存所から情報を得ようとしないであろう。」[46]

一八年以上の長期賃貸借など不動産物権以外の公示は、一八五五年法以来すでに知られていたが（ただし、公示に服すべき賃貸借は、一九五五年一月四日のデクレ二八条一号bでは、十二年以上のものに期間を短縮）、一八五五年法における公示原則は「対抗不能」のサンクションが適用される範囲と齟齬をきたすことはなかった。ところが、一九五五年法は、「対抗不能」のサンクションの有無にかかわらず、不動産に関して有用と思われる情報をことごとく公示に反映させようとする立法者の意図を鮮明に打ち出したのである。これが、公示原則と「対抗不能」ルールを等式で結ぶ当時の通念から見れば、利用者にとって無益な官僚的収集癖のように映ったことは想像に難くない。本章の時代区分では、第三期を画する一九五五年の立法から半世紀が経過した現在もなお、公示原則の及ぶ範囲を膨張させた現行法に対する批判は根強い。そして、この点での評価の違いが、学説上、一九五五年法によって定められた公示の対象を限定的列挙と解し、それ以上の膨張に歯止めをかけようとする立場[47]と、当該規定を足がかりとしてさらなる公示対象の拡大を求める立場[48]の対立にまで及んでいるように思われる。

しかし、フランス法が到達した地点の是非をめぐる議論はあとに回し、ここで立ち入るのは差し控えよう。次節では、現行法上公示原則の及ぶ範囲との乖離が著しい「対抗不能」の法準則に焦点を絞り、このサンクションの適用内外の事例を紹介しながら、漫然と不動産の公示原則を「対抗要件主義」と表裏一体のものと見る固定観念でイメージされてきた母法の実像に迫りたい。

	無償移転		有償移転
	生前贈与	遺贈	
抵当権設定可能財産（不動産所有権および用益権）	art. 939 à 941 du Code civil	art. 28, 3° du D. du 4 janv. 1955	art. 28, 1° du D. du 4 janv. 1955
それ以外の財産	art. 28, 1° du D. du 4 janv. 1955	art. 28, 3° du D. du 4 janv. 1955	

2 「対抗不能」のサンクション

現行の一九五五年法により、不動産公示の対象領域は著しく拡大した。けれども、抵当権の設定可能な財産を目的とした生前贈与の公示は、依然として民法典中に残されたままであり、移転行為の有償・無償のみならず、無償行為の中でも分断された二元的公示制度が解消されていないから、一九五五年法との適用区分が紛らわしい。試みに、移転原因ごとの根拠規定を一覧にしてみよう。

しかも、現行法では、ここに現れた不動産物権等の移転を伴う創設的行為（actes constitutifs）にとどまらず、既存の権利を確認するための分割（partage）、和解（transaction）といった宣言的確認行為（actes déclaratifs）も公示対象に含まれることを忘れてはならない。いずれも公示されるべき点では同じだが、両者の間では、その公示を欠いたときのサンクションが異なる。[49] 公示の欠如による「対抗不能」は前者の創設的行為のみにかかわり（一九五五年一月四日のデクレ三〇条―一第一項）、後者の宣言的行為については、利害関係人に対し、公示の欠如による損害賠償の請求を認めること（同条―四第一項）が、「対抗不能」に代わるサンクションとされている。分割であれ和解であれ、現実的には、権利移転を伴っているが、いうなれば、これらの「確認証書・判決は、公示されなくとも第三者に対抗できる」[50] のである。

以下では、「対抗不能」のサンクションの意味するところと、一定の要件のもとで「対抗不能」の効果が生じる場合を概観したあと、この法準則の具体的な適用事例と適用外の事例を順次検討してゆく。

(1)「対抗不能」の意味

一九五五年一月四日のデクレ三〇条―一第一項は、不動産公示の実体的効力について、「公示に服すべき証書および判決は、その公示がなければ、同一の不動産上に同一の前主から競合する権利を取得し、同じ公示義務の履行として当該権利を公示し、または先取特権もしくは抵当権を登記した第三者に対抗することができない」と規定している。

革命期以来の法命題を踏襲するフランス法では、不動産公示は、これを欠けば、第三者との関係で「対抗不能」の不利益を受けるという消極的な位置づけである。日本の民法でも、文言上は同様の規定の仕方が採用されているが、講学上は、不動産物権の得喪変更を第三者に対抗するためには、むしろ積極的に登記を経由しなければならないと説くのが通例であろう。一方の公示欠如↓対抗不能、もう一方の既登記↓対抗力の図式は、喩えて言えば、同じ法準則を写し取ったフィルムのネガとポジの関係に立ち、大同小異のようにも思われる。けれども、仮に公示手続を完了してはじめて不動産所有権の移転の効果が完全なものになると解するならば、一切の形式を排除して所有権移転の根拠を当事者の合意に求めた意思主義と牴触するおそれが生じてくる。それゆえ、第三者への対抗を可能にするプラスの効果ではなく、公示欠如によるマイナスの効果として「対抗不能」があり、この区別をうやむやにしないのがフランス法の立場だと考えられる(51)。

これと関連し、一九五五年法による改革以後、当事者の意思次第であった不動産公示が原則的に義務化され、義務的公示が圧倒的な比重を占めるようになったことに留意すべきである。日本法の場合には、不動産登記法の全面改正（二〇〇四年）後も、当事者による任意申請主義が権利登記の原則とされているので（一六条、六〇条）、登記申請を促進するために既登記↓対抗力（ポジ）の面を強調する必要があるのに対し、フランス法の場合には、公示の義務づけが働く限り、対抗可能性（ポジ）による公示促進的作用は期待されず、公示欠如↓対抗不能（ネガ）の面の出番さえ限られたものでしかない。

(2) 義務的公示と任意的公示——対抗不能準則の適用要件

フランスの不動産公示制度は、一九五五年法の制定を画期として任意的公示から義務的公示への大転換を遂げている。したがって、現行法のもとで対抗不能となる要件を明確にするためには、義務的公示と任意的公示の分類にも注意を払う必要がある。

義務的公示のカテゴリーに属するのは、端的に一九五五年一月四日のデクレ二八条一号ないし九号が列挙する証書・司法判決の公示である。これにより、先取特権・抵当権以外の不動産物権、すなわち、所有権、用益権（usufruit）、永小作権（emphytéose）、地上権（droit de superfice）、建築用地賃貸借（bail à construction）、使用権（droit d'usage）、居住権（droit d'habitation）および約定地役権（servitudes conventionnelles）の生存者間における設定または移転（権利放棄を含む）が、公示欠如による対抗不能のサンクションを伴う義務的公示の対象とされる（同条一号a）。また、十二年以上の賃貸借、支払期日前の賃料（小作料）の三年分に相当する金額の前払いまたは譲渡（以上、同条一号b）のほか、一時的譲渡禁止条項およびその他の処分制限（同条二号）の公示も同様である。しかし、死亡を原因とする不動産物権の設定・移転に関する二八条三号以下の公示は、対抗不能のサンクションを伴わない義務的カテゴリーに分類される。これらの公示欠如に対しては、損害賠償（一九五五年一月四日のデクレ三〇条一四）か、公示に服すべき裁判上の請求の不受理（同条一五）という別のサンクションが控えているのである。

ともあれ、当該カテゴリーに属する公示が「義務的」と形容されるのは、公示の対象となる証書の作成者が、「当事者の意思にかかわりなく（indépendamment de la volonté des parties）」定められた期間内に公示すべきもの[52]として、法定の公示義務を負っているからである（同デクレ三二条一項）。現行法上、公示に服する証書はすべて

	義務的公示	任意的公示
対抗不能のサンクション	先取特権および抵当権以外の不動産物権の生存者間における設定・移転、生存者間の一時的譲渡禁止条項その他の処分制限、12年以上の賃貸借（art. 28, 1° et 2° du D. du 4 janv. 1955）	先取特権および抵当権（art. 2426 et art. 2428 du Code civil）
対抗不能以外のサンクション	死亡を原因とする不動産物権の設定・移転、無効・取消原因を伴う合意、停止条件の成就、解除等を求める裁判上の請求（art. 28, 3° et 4° du D. du 4 janv. 1955）など	
サンクションを伴わないもの		売買一方の予約、公署形式で作成されていない証書など（art. 37-1, 37-2 du D. du 4 janv. 1955）

公署形式で作成されなければならず（同デクレ四条一項）、判決以外の公示ならば、通常、当該証書を作成した公証人がその公示を義務づけられる。そして、公示義務を負う者が、所定の期間内に公示すべき証書・判決の謄本、抄本または写し二部を不動産公示局（二〇一三年の改称前は、抵当権保存所、抵当権保存吏）に寄託（dépôt）し（同デクレ三四条一一）、当該公示局が、寄託文書の提出された日付・提出順に寄託のあった旨を寄託簿上に記載すれば（民法典二四五三条一項・二項、旧二二〇〇条一項・二項）、この寄託簿への記載が、公示の日付・順位を証明し、決定的な重要性を帯びることになる。ただし、先取特権および抵当権の登記については、期間制限なしで謄本等に代わる「明細書（bordereaux）」[53]二部の寄託が求められる（民法典二四二八条、旧二一四八条）。

実を言えば、抵当権の登記も、抵当権設定契約の効力要件である公証人証書の作成者にとって義務的ではあるが、それは、証書作成を受託した約定にもとづくものであり、法定された義務ではない。このため、抵当権の公示は、当該手続の完了までの期間制限もなく、「義務的公示（publicité obligatoire）」とは区別された「任意的公示（publicité facultative）」

と呼ばれるのである。これらふたつのカテゴリーのうち、公示欠如により対抗不能のサンクションが発動する領域（網掛け部分）を図示してみよう。

この図表から、対抗不能のサンクションが不動産公示の一部にしか適用されないことは一目瞭然である。しかも、公示の欠如による対抗不能は、公序には属さず、裁判官が職権で取り上げることはできないから、当事者およびその包括承継人以外の「第三者」による援用を待たなければならない[(54)]。

ここでいう「第三者」は、①同一の前主から②同一不動産上の競合する権利を取得し、かつ③すでに自己の権利を公示した特定承継人であることを要する。一九五五年一月四日のデクレ三〇条一第一項（前掲）の条文上は明らかではないが、判例上は、①ないし③の要件に加え、④自らが取得した時点で先行する譲渡の存在を知らなかった善意の第三者であることが求められる。すなわち、「第三者への先行の譲渡を知りつつ同一の不動産を取得すれば、その取得は不法行為となり、これにより、第二の取得者は、不動産公示の準則を自己のために援用することができない[(55)]。」先行譲渡が公示されている場合には、第三者は悪意の推定を受けるが、その公示がないかぎり、第三者は善意者と推定される。したがって、悪意の証明は、対抗不能の援用を受けた公示懈怠者が負担する[(56)]。

対抗不能を主張しうる第三者の範囲から単純悪意者を排除しようとする考え方が、日本でも有力説として浸透し、そうした問題関心からフランスの判例の立場が紹介されてきたのは周知のとおりだが、彼我の差を度外視した議論は禁物である。

重ねて強調すれば、フランスの現行制度のもとでは、義務的公示に属する証書の作成者が、原則としてその証書を寄託するように義務づけられており、当事者による任意申請を原則とする日本法とはそもそもの前提が異なる。任意的公示に属する抵当権の登記でさえ、抵当権設定証書を作成した公証人がその証書を寄託すべき義務を負っている。公示すべき証書の作成・寄託事務をほぼ独占する公証人は、身分規程にもとづいた調査・助言義務を尽くさなければならず、これに反すれば、重い個人責任を免れられない。ここまで視野に入れるならば、少なくとも、フランスの判例上に現れた第三者の「悪意」を単なる事実の知・不知として額面どおり受けとることはできないであろう。

また、「詐害（fraude）」的な第三者のみを排除していた従来の立場（「不正はすべてを損なう（fraus omnia corrumpit）」からの着想）を改め、詐害者との識別が困難な悪意者の排除へと判例変更したフランス破毀院に対しては、学説上現在もなお賛否両論が鋭く対立する状況にある[57]。悪意者の「非行（faute）」にもとづく民事責任として、現物での損害賠償を課し、この意味で対抗不能の援用を認めない破毀院の立場は、善意の転得者保護に資する点で評価される一方、所有権に関する紛争に限局されたものでしかない点にも注意を払う必要があるだろう。

対抗不能の適用要件をめぐってまだ言及すべき事柄は尽きないが、このあとは、できるだけ母法の理解を深めるべく、現行制度上、同サンクションの適用可能な事例と適用外となる事例を具体的に取り上げてみよう。

抵当権の登記が欠ければ、その存在を知っていた悪意の第三者に対しても対抗不能となるのである[58]。

(3)　適用事例

講学上、対抗不能となる事例としてよく用いられるのは、やはりフランスにおいても二重売買である。しかし、公証人を介しなければ、そもそも不動産取引が完結しない制度的枠組みのもとで、一体、どのくらい二重売買の生起する余地があると言うのだろうか。

考えられるのは、一個の不動産から二重に代金をせしめようとする売主か、それとも、先行する売買譲渡の事実を知りながら、より高額での買受けを申し出る第二の買主が登場する場合であろうか。これらの場合には、さしあたり同時進行中の二重取引であることを知らない別々の公証人が依頼を受けるのであろう[59]。いずれにせよ、

事例１：遺産承継前後の売買譲渡

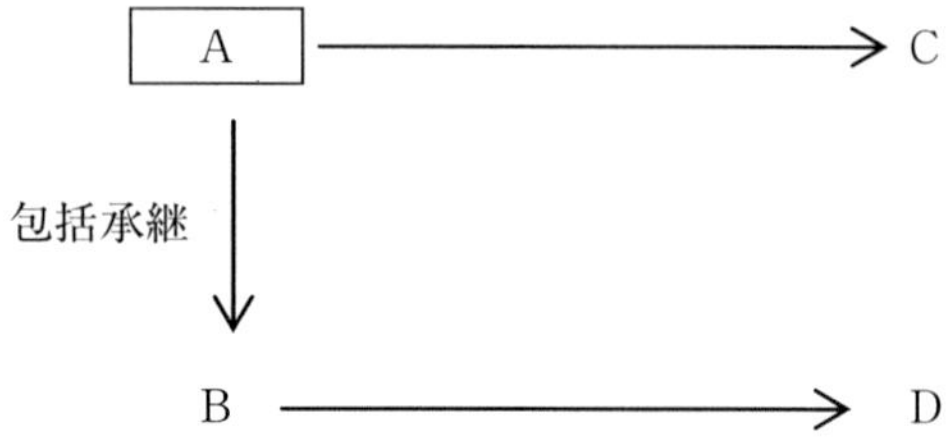

事例２：特定遺贈

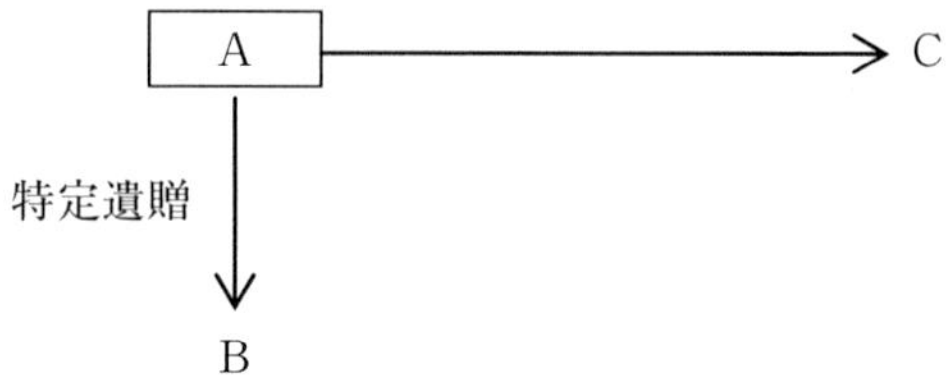

売主が悪意であるのは暗黙の前提であり、第二買主は、必ずしも悪意とは限らないが、悪意の譲受人であれば、当然に詐害の意思をもって利害関係に入っているという見方もある[60]。二重売買それ自体が例外的であり、判例の立場を問わず、仮にその例外が発生したとしても、公示を欠いた第一買主が対抗不能となるのはさらに例外的な事例に属するのである。

その点で言えば、相続が介在した上の図の事例１のように、被相続人が生前に譲渡した不動産が、相続人により、重ねて売買の目的とされる場合は、いくらか現実味がある。

この場合にも、Ａ・Ｃ間の売買を証明する証書の作成者となる公証人（たとえば、被相続人Ａが死亡した時の住所地から遠隔にあるＣの住所地で嘱託を受けた公証人）とＢ・Ｄ間の売買に関与する公証人は別人という想定になるだろう[61]。しかも、Ａ・Ｃ間の売買の事実については、第二の売買における売主Ｂも、買主Ｄも善意でありうる。判例によれば、被相続人Ａの特定承継人Ｃと相続人Ｂの特定承継人Ｄは、同一の前主から特定承継した者同士の争いと同視されるから[62]、ＣとＤの間では、先に公示した者が優先し、対抗不能のサンクションの出番が考えられる。なお、この事案は一八五五年法の適用下にあったが、公示の連続性確保の原則を定めた一九五五年一月四日のデクレ第三条の適用があるものとすれば、Ｂは、自らの公示を経ないかぎり、Ｄへの譲渡を公示することができない。

また、事例２のように、同一の不動産を目的とする特定遺贈と譲渡処分（売買、抵当権設定など）が競合する場合にも、対抗不能の適用場面が考えられる。

BとCの間では、先に公示した方が優先する。つまり、死亡を原因とする不動産物権の設定・移転のうち、特定遺贈は、包括遺贈とは異なり、対抗不能をサンクションとするのである。このことは、一九五五年一月四日のデクレ第三〇条一四の規定上も明らかにされている。すなわち、「不動産物権の特定受遺者は、……公証人の作成による証明書を公示すれば、死亡した遺言者から権利を取得した者が、自己のために競合する権利を証明する証書または司法判決をそれより前に公示していない限り、その取得者に対し、公証人による証明書の公示の効力を主張することができる。」(同条二項) しかし、公示の前後が優劣の決め手となるのは、遺言の前にAからCへの譲渡処分があった場合であり、遺言後の処分であれば、たとえBの公示が先行したとしても、Bは、Cに対し、遺贈の効果を主張することができない。この場合には、遺贈目的物の処分により、遺贈の撤回があったものとみなされるからである(民法典一〇三八条)。

(4) 適用外の事例

被相続人(遺言者)の死亡による不動産物権の設定・移転は、前述の特定遺贈を除き、対抗不能のサンクションが及ぶ領域の外にある。それでは、包括遺贈を含めた相続による不動産の承継は、どのようにして公示されるのだろうか。さらに、この公示の欠如に対しては、どのようなサンクションが用意されているのか。

まず、死亡を原因とする不動産物権の設定・移転のすべては、所定の期間内に公証人が作成した証明書によって確認されなければならない(一九五五年一月四日のデクレ二九条一項)。というのも、当然ながら、遺言なき(ab intestat)法定相続においては、相続財産となった不動産の移転原因を証する書面は存在しない。そこで、公証人が、不動産の相続があった旨の証明書(attestation d'hérédité)を作成するのである。以下に不動産相続証明書のモデルを例示してみよう。(63)

壱千九百六拾……（年）

……（日付）

トゥルーズの公証人、……の面前にて、

（以下の者が）**出頭し**、

ルネ・ジャン・マルシャン氏、教師、生年月日、……夫人の配偶者、トゥルーズ、リヨン通り、一三五番在住（現住所）

エリザベス・マルシャン夫人、無職、生年月日、ピエール・レイネス氏、商人、パリ在住の配偶者

レイネス氏とマルシャン夫人は婚姻関係にあり、……

公証人の作成による本状を目的とする証明書に先立ち、両名から以下の陳述があった。すなわち、

陳述

1° ジャン＝ルイ・マルシャン氏、元仲買商、生年月日、故ジラール・リュシー夫人の寡夫、再婚せず、死亡年月日、トゥルーズのその住所にて死亡し、遺言なしでその相続財産を受け継ぐべく、そのふたりの子を残した。

すなわち、

――ルネ・ジャン・マルシャン氏、

――およびマルシャン夫人、レイネス氏の配偶者。

出頭者、両者間では平等の割合による相続人。

これらの者の（相続人としての）資格は、財産目録のないところ被相続人マルシャン氏の死亡後、何年何

月何日付けの署名のある公証人……によって作成された公知証書から確認されるとおり。

2° 以下に表示された不動産は、（被相続人）マルシャン氏の相続財産の一部である。

表示

隣接土地付きの居住用家屋からなる現物の不動産、トゥルーズ、リヨン通り、一三五番に位置し、当該市町村の改訂土地台帳に以下の記載あり。

〈中略〉

所有権の来歴

表示された上記の不動産は、フェルナン・フランソワ・バンキャレル氏およびその配偶者、フランソワーズ・ジネステ夫人、無職、トゥルーズ在住の両名から被相続人マルシャン氏が取得した結果、マルシャン氏の所有に帰していたものであり、このことは、トゥルーズの公証人……によって受託された壱千九百六十六年弐月弐拾参日付けの証書による。

この取得は、当該証書中に示された代金全額の即金での支払いと受領によって生じた。

この証書の謄本は、何年何月何日、……巻……号、トゥルーズ抵当権保存所にて公示された。

それ以前の所有権の全来歴については、上記の証書を参照。

嘱託

ここに陳述されたとおり、出頭者は、その父、マルシャン氏の相続財産を単純承認したことを明らかにしたのち、一九五五年一月四日のデクレ第五五–二二号第二九条の定める証明書の作成を以下に署名のある公証人に嘱託した。

証明書

以下に署名のある公証人は、この嘱託を受け、
上記記載のように、被相続人マルシャン氏が死亡したことに鑑み、
かつ、
下記公知証書の正本に添付された被相続人マルシャン氏の死亡証明書の正本、
公証人の署名入りで作成された何年何月何日付けの公知証書に鑑み、

証明事項

一九五五年一月四日のデクレ第五五‐二二号の第二九条に従って、前記ジャン＝ルイ・マルシャン氏の死亡により、先に表示された不動産は、現在、前記ルネ・ジャン・マルシャン氏およびレイネス氏の配偶者である前記エリザベス・マルシャン夫人の所有に属するものであり、これは、両者間では持分均等の共有（不分割）関係である。

評価

本証明書の目的不動産は、価額七萬フラン（70.000F）と評価される。

不動産公示

作成された本証明書の正本は、トゥルーズ抵当権保存所にて統合された公示手続に服するものとする。

〈以下略〉

この例文中に現われた「公知証書（acte de notoriété）」(64)（傍点部分）は、相続人の資格を証明する方法のひとつであり、ひとりまたは複数の相続人の請求により、被相続人の死亡証明書（acte de décès）や民事身分証書（acte d' état civil）ほかの証拠書類を引証しつつ公証人が作成する証書である（民法典七三〇条―一）。相続財産の全部

または一部の帰属にかかわる公知証書、財産目録（inventaire）、不動産以外の株式・社債・国債・預貯金等所有証明書（certificat de propriété）その他の証書作成を求められたときは、公証人は、嘱託人に対し、不動産については固有の相続証明書の作成が法定された義務となっていることを告知しなければならない（一九五五年一〇月一四日のデクレ六九条―四第一項）。そして、不動産の相続証明書が先に公示されていないか、同時に相続証明書の作成の嘱託がないときは、公証人は、公知証書等を作成・交付することを禁じられている（同条二項）。

遺言相続では、不動産を承継すべき者を指定した遺言は存在するものの、その文書そのものを公示するわけにはいかない。一般に遺言が公署形式で作成されることは稀であり、公示になじまない秘密条項が遺言中に含まれることも少なくないからである。したがって、この場合にも、相続・遺贈による不動産承継証明書の作成が必要となる。

相続・遺贈による不動産承継証明書は、もっぱら第三者への情報提供を目的とした公示のために作成されるものであり、これを受託した公証人は、当該証明書を公示するように義務づけられ、相続財産の全部または一部の帰属にかかわる証書作成の嘱託があったときも同様の公示義務を負う（一九五五年一月四日のデクレ三三条二項）[65]。義務的公示が期間制限を伴うことはすでに言及したが、相続人は、相続の開始から六か月内に証明書の作成を公証人に嘱託し、受託公証人は、嘱託のあった日から四か月内に公示手続を完了すべきもの法定とされている（同前デクレ三二条一項A）。ただし、その例外として、被相続人の死亡後一〇か月内に相続財産中の不動産全部を対象とする分割証書（acte de partage）が公示された場合には、上記の証明書の作成は不要となる（同前デクレ二九条四項）。

先ほどの例文にも見られるように、不動産相続証明書には、相続人が相続を承認した旨、承認の方式（単純・限定）が必ず記載されなければならず（同前デクレ二九条一項）、遺言の有無も、同じく必要的記載事項とされる。

けれども、複数の不動産が相続財産に含まれる場合には、その一部のみを対象とした証明書の作成も可能であり、不動産の共同相続を証明する場合は、通常、相続人全員が書面上に署名するようだが、相続人のうちのひとりによる嘱託も可能であり、証明事項としては、最終的な帰属を決定する遺産分割に至っていない以上、相続人間の共有状態にある旨の記載となる。それゆえ、法定相続による証明書が作成されたあと遺言が発見されたり、嘱託人以外の者が相続放棄の選択権を行使したりした場合など、不動産の帰属変更をもたらす事由が生じれば、更正証明書(attestation rectificative)の作成も義務づけられている(同条二項)。

不動産相続証明書の作成においては、相続人は、公証人に対し、有益な情報・証拠書類を提供すべきものとされているが(同前デクレ三一条二項)、その証拠としての効力は公知証書並みと見るべきであろうか。[66] 公知証書は、明文上、反対の証明があるまでの証拠力しか認められていない(民法典七三〇条の三第一項)。なぜならば、公証人の面前で不動産所有権の移転原因となる売買その他の法律行為が成立するときは、これを直接に目撃した公証人が自ら作成した証書は、ほとんど反証不可能な完全な証拠となるのに対し、被相続人の死亡を原因とする所有権の移転は、公証人の権限をもってしても、事後的に作成された証書の真正さを確保しがたい法律事実に属するからである。

それでは、相続証明書の作成が嘱託されなかったか、公証人が公示を怠ったため、相続・遺贈による不動産所有権の移転が公示を欠いていた場合、または、作成された証明書の記載が不正確であったか、記載すべき事項の遺漏・欠落があったため、その公示も不完全で不適法なものとなった場合は、法的サンクションとして何が控えているのだろうか。

特定遺贈に関しては、公示の欠如による対抗不能の適用場面があることは前述したが、これ以外の場合は、すべて同サンクションの適用外となる。そこで、期間制限の不遵守による民事的制裁も廃止された現在、義務的公示の残されたサンクションと言えば、公示の欠如または不備・欠陥による損害賠償責任をおいてほかになく、「自らの固有の権利を公示したすべての利害関係人は、法定期間が経過する前の公示の欠如によるか、……不完全もしくは不適法な公示により、自らが被った損害を立証し、損害賠償を請求することができる」（一九五五年一月四日のデクレ三〇条—四第一項）のである。もっとも、十中八九、ここでいう損害賠償請求が公証人に対する個人責任の追及に帰着するのであれば[67]、相続証明書の作成を嘱託すべき相続人らへの動機づけとしては多くを期待しがたいであろう。実際にも、その費用負担を敬遠する相続人が嘱託を見合わせる例はめずらしくないと指摘されている[68]。結局、相続人自身が遺産の一部をなす不動産の処分の必要性に迫られ、ようやく相続による所有権移転の公示が実現される場合は、公示の連続性確保の原則が、そうした公示の促進機能を担うと同時に、公示欠如の最後のサンクションのごとき観を呈していると言えなくもない。

さて、死亡相続による承継取得以外にも対抗不能のサンクションが及ばない事例として言及しておく必要があるのは、時効による不動産所有権の取得、附合その他の添付によるそれである。これらの場合は、法律そのものを原因とする所有権の原始取得であり、その性格上、公示の義務づけが働かず、義務的公示のカテゴリーに分類されない。けれども、公証人実務では、取得原因を証明するための公知証書が作成され、これを公示する慣行が定着していると言う[69]。ただし、取得時効の成立を確認する公証人証書の効力が争われた事案につき、判例は、その証書の存在だけでは時効取得を証明するのに十分でないことを明らかにしており[70]、訴訟上の争いでは、裁判官により、占有継続ほか時効成立の諸要件の充足を認定判断する権限が行使されるのは言うまでもない。ともかく、取得時効にせよ、添付にせよ、公示の連続性確保の原則の例外となるから、たとえそれらの公示がなくとも、時効または添付によって所有権を取得した前主から承継取得した者は、自らの権原を公示することができる（同前デクレ三条二項）。

3 不動産公示制度の現段階

フランス民法典制定後一五〇年の歳月を費やした現行法の到達点を要約するのは容易でない。ましてや、民法典の内と外にまたがる二元的な不動産公示システムの全体像を浮き上がらせ、公示原則を具現する法制度のあり方という観点からその現段階を的確に評価し、フランス法を母法とする日本法の省察に役立てようとすれば、困難の度は一層増すことであろう。この難事にあえて取り組もうとするのが以下の叙述であり、これを避けては先に進むこともできない。

(1) 現行制度の全体像

一九五五年一月四日のデクレが目的とした不動産公示制度改革の主要な柱は、冒頭を飾る数箇条に凝縮されている。

その第一の柱が、不動産の現況を示し、公示された文書に関する情報検索を可能にする不動産票（同デクレ一条二項・一項）の制度創設にあることは疑うべくもない。しかし、これには、不動産票の単位となる土地の区画（地片 parcelle または同一の所有者に属する複数の隣接した地片 îlot）の所在位置や境界、地籍を正確に反映させた土地台帳（cadastre）との緊密な連絡が求められる。それゆえ、不動産の法的状況の変更については、不動産票への事前の公示が土地台帳の書換えへと連動するように仕組まれ（同デクレ二条）、公示に服する証書はすべて土地台帳の表示（地図のセクション・番号および地名）を引用すべきものとされる（同デクレ七条一項）。両者の符合一致が、部分的であれ物的編成主義の要素を導入した公示システムにとって必要不可欠と考えられたからである。

こうしたフランス法ならではの人的公示と物的公示の折衷的なシステムは、それぞれの長短を相補う意味で積極的に評価される一方(71)、一九世紀末以来の懸案であった土地台帳の更新が必ずしも捗々《はかばか》しく進展しなかった事情から、物的公示に徹しきれない妥協の産物と見られる側面もあった(72)。実際、パリには、現在に至るまで土地台帳が存在しないことはよく知られている。けれども、①所有者人名カード、②地片カード、農村不動産と区別された都市不動産について設けられる③不動産カード（一九五五年一〇月一四日のデクレ第一条）、これら三種のカードからなる不動産票の市町村ごとの整備・普及が、不動産公示情報の利用者に対するレファレンス機能を格段に高めているのは衆目の一致するところであろう。ひいては、不動産票の電子化を起点として、寄託簿の電子化、オンライン申請といった電子情報化への漸次的対応を可能にしているのも、公示情報を集約した物的公示の足場があったからこそと言えるだろう。(73)

第二の柱は、公示されるべき権利を設定・移転した「処分者または最後の名義人の権原が予め公示されているのでなければ、不動産票に公示することができない」（一九五五年一月四日のデクレ三条）として、公簿上に現れた相次ぐ所有者名義人の連続性を確保し、不動産ごとの来歴を間断なく追跡できるようにする法原則の定立である。(74) 抵当権の設定者も、相続した不動産の売主も、事前または同時に自己の権原取得を公示しておかなければ、すぐあとに続く公示を拒否されてしまう。これを新たな公示の要件と見るか、公示欠如のサンクションと見るかはともかく、「関係的効力」と命名された同原則は、人的公示の存続を選択したフランス法にとってやはりなくてはならないものであった。

第三の柱は、「公示に服する証書はすべて公署形式で作成されなければならない」（同前デクレ四条）として、公示の対象となる証書が、公証人など権限を有する者によって作成され、公権力の徴表となる公署形式で存在することを要求し、証書作成者に対しては公示義務を課しながら、公示内容の真実性を確保しようとするものである。真正な公示という観点からすれば、公示システムの全体を司法機関の管理・監督のもとにおき、公示すべき証書の実体的審査に当たらせる方法も考えられないではない。現に、第二次世界大戦後、アルザス・ロレーヌ地方特有の公示システムとの統合案が、司法省付民法典改正委員会の中で審議された際、当該地方のみに認められていた「登記判事（juge foncier）」職の一般化も検討の俎上に載ったが、およその採択の見込みはなかった。[75] 新たな公務員の増員には莫大な費用を要するほか、公示手続に関する事務を「登記判事」が属する司法省の所管に移行させるドラスチックな変革は、ほとんど望み薄だったからである。伝統的に「抵当権保存吏（conservateur des hypothèques）」と呼ばれてきた登記官の属する財務省が大きな税収源をみすみす手放すはずはなく、同省に委ねられた「ひとつの民事法制の異種混合的性格[76]」はきわめて強固であった。それに比べれば、私署証書の公示を許容していた従来の扱い方を見直し、公署形式の証書に限って公示対象とする法原則の確立[77]は、伝統的なフランスの公証人慣行を尊重した無理のない改革であったろう。

こうして、非訟裁判権に匹敵する権限を有する公証人が、公示手続の前段階において不動産物権の設定・移転に関する実体的審査を担うこととなった。このことにより、不動産公示に供する証書作成業務の全般にわたって事実上の独占が帰結されたのは確かだが、公証人職が、自らそれに伴う重い個人責任を引き受け、大きな代償を払い続けている現実も改めて想起されてよい。[78]

(2) 公示原則をめぐる対立

フランス民法典の制定当初より、贈与契約（九三一条）や抵当権設定契約（二四一六条）は、公証人による公署性付与の形式に従わなければその効力を生じない厳粛契約、要するに形式主義に則った行為であり、この意味で意思（諾成）主義の例外とされてきた。したがって、一九五五年法以後、公示手続の要件として公署形式が要求されるようになっても、同じ形式を効力要件としてきた厳粛契約に関する限り、意思主義との牴触が問題となる余地はなかった。ところが、不動産所有権の有償移転の原因となる売買契約は、贈与による無償移転とは異なり、民法典という共通法（droit commun）の次元では、依然として当事者の合意だけでその効力を生じる諾成契約であり、公示のための公署形式の要求は、意思（諾成）主義を原則とする共通法と両立しがたいのではないかとの疑念が晴れない[79]。形式主義への傾斜を強めた一九五五年法と個人の自由意思を尊重する共通法の古典的なイメージを対立させる見方である。実のところ、共通法の内部においても、証拠法準則（二〇一六年改正後の民法典一三六三条以下、改正前の旧一三一六条以下）のごとく、意思（諾成）主義との緊張関係をはらんだ形式主義的要素が見い出されるのだが、両者間の矛盾対立が疑われるときは、合意そのものの効力と証拠としての「形式」は何らかかわりがないと説明されるのが常であった[80]。

してみると、現行制度をめぐって対立する評価は、公示原則をめぐる立法政策上の対立でもあり、つきつめれば、意思主義と形式主義とが互いにせめぎ合う場面のひとつであることがわかる。

たとえば、公示前の「対抗不能」を「第三者に対する相対無効（inefficacité au regard des tiers）」と解する学説は、法定された公示手続の完了により、合意の成立時から続いた瑕疵のある「必然的な状態」が解消され、第三者との関係でもその効力が生じると考える点[81]で意思主義と相容れない。現在では、それも顧みられなくなった学説だとすれば、むべなるかなと言えよう。形式主義に服する行為と公示に服する行為の違いを程度の差にすぎないとする見方は、同じ起源に由来する両者の関係から払拭しきれない宿命を負っているとはいえ、少なくとも不動産物権の設定・移転を目的とした当事者の合意の効力を「相対無効」と解する余地はない。第三者との関係で不動産物権の設定・移転が対抗不能となるのは、あくまでも公示欠如のサンクションにすぎないのである。

不動産物権本来の効力にまで立ち返り、その公示との関係を整序しようとすれば、私権の二大カテゴリーとしての物権と債権の基本的理解を問われるのは必定だが[82]、フランスの現行システムは、不動産物権以外にも公示の対象を著しく拡張しており、立法政策上の当否を含め、そこに体現された公示原則の意義を問い直しているように思われる。

一例として、不動産売買における片務的予約（promesse unilatérale）を挙げてみよう。この予約権は、通例、買主の側に立つ一方当事者（予約権者）が、約定での予約期間内に限り、当該契約を成立させるか否かの選択の自由を享受するために与えられるものである。反対の当事者（予約義務者）は、その期間中予約を撤回することができず、他者への処分を禁じられるという意味で不作為の義務を負うことになる。そして、予約権が行使されれば、売買の効力としての所有権移転は、予約の合意時まで遡及することなく予約完結の日から生じる。したがって、売買一方の予約権は、不動産上の物権と区別された債権的権利にすぎないから、一八五五年法では、公示の対象外とされたが、一九五五年法では、十二年以上の賃貸借の片務的予約とともに公示の対象とされるようになった（一九五五年一月四日のデクレ三七条―一第一項一号）。ただし、これらの予約権の公示は、いずれも任意的であり、しかも全くサンクションを伴わない。その事実上の効果は、予約当事者以外の第三者の悪意の証明を容易にすることに尽きる。第三者への単なる情報提供を目的として、一九五五年法が新たに設けた独自の公示カテゴリーである。こうした取り扱いは、今日、判例上も支持されているが、一部学説の指摘があるように[83]、片務的予約は、予約期間が経過するまでの間、予約義務者に対し、一種の「処分権の制限」を課すものであり、だとすれば、対抗不能のサンクションを伴う義務的公示（同前デクレ二八条二号）に分類することも考えられなくはない。一九五五年法のもとで仕切られた公示の概念区分は必ずしも自明ではないのである。売買一方の予約の公示は、これとよく似た優先条項（pacte de préférence）の公示と同様に[84]、フランス不動産公示制度の現状に対する見方、ひいてはその将来のあり方を方向づける分岐点のような位置を占めているのかもしれない。

(3) 母法から学ぶべきこと

意思主義の原義は、ナポレオン法典制定時の議論からしてそうであったように、母法においてさえ稀釈され、風化の度を強めているように見える。ましてや、この法原理を継受した日本法において、形式主義の変形物にほかならない公示原則、端的に民法一七七条と本来的に矛盾をはらんだ一七六条の原理的洞察が加えられるはずもなく、同条をめぐる議論と言えば、あげて所有権移転の時期をめぐる論争に帰着させられたのはやむをえないことであったろうか。その意味では、フランス法の本質的要素をなすはずの意思主義の歴史的意義をもう一度学び直し、名ばかりの無内容化した法原理の理解に努める作業も無駄ではないはずである。

けれども、それ以上に急を要すると思われるのは、意思表示にもとづかない不動産物権の得喪変更まで一七七条の適用範囲を拡張し、これをもって公示原則の徹底を図る唯一の方向と考えてきた日本の戦前以来の判例を見直すことである。このことに関し、母法フランス法の到達点はなお参照に値しよう。ようやくここまで到達した地点は、まだ道半ばではあるが、少なくとも日本法でいう「対抗要件主義」と現行のフランス法でいう対抗不能準則のあまりにも大きな隔たりを明らかにすること、その所期の目的だけは、かろうじて果たせたであろうか。本章の前半において得られた比較法的知見を常に念頭におきながら、日本の判例の歩みを辿り直す作業は、これから先の課題である。

三　日本法固有の「対抗要件主義」

日本法においては、不動産物権に関する公示原則は、公示の要請が働く根拠として強調するのはともかく、「公示の効果という面では、……登記の対抗要件主義を言っているだけのこと」であるから、あまり事々しくそう呼ぶまでもないとする見方もある。(85)

確かに、フランス法においてさえ、不動産上の諸権利（諸負担）を幅広く公示の対象とする現行制度のあり方を「公示原則（principe de la publicité）」と総称するような用語法はあまり見られない。しかし、母法の歩みを振り返れば、それは、紛れもなく意思主義に抗しつつ不動産公示の原則化を徹底してきた歴史であった。

このため、非公示の例外扱いであった「隠れた抵当権」の存在を許さず、すべての抵当権の公示原則を確立するまでには、一八〇四年の民法典制定以来、一五〇年を要したのであり、不動産所有権の有償移転の公示を原則化するだけでも、半世紀に及ぶ立法改革上の論議を経なければならなかった。本来から言えば、抵当権は、現実的な占有支配とは無縁の、その意味で最も観念的な不動産物権であるから、取引秩序を攪乱することのないように目に見えない権利を視覚化する公示方法が不可欠であった。不動産所有権もまた、一個の商品として観念化の傾向を免れず、意思主義のもとでは、なおさら現実支配の外観からその帰属の変動を捕捉しがたいのだから、やはり公示の要請が切実であった。これらは、日仏両法に共通する公示原則の社会的根拠と言えよう。

ただ、フランス法の場合には、不動産に関するあらゆる情報を網羅的に公示対象とする原則と、公示欠如のサンクションとして機能する「対抗不能」準則は、一九五五年法制定以後、もはや同一のものではなくなっている。たとえば、相続を原因とする不動産所有権の移転が、対抗不能準則の埒外にあり、義務づけられた公示のカテゴリーに分類されるのは、すでに見たとおりである。

では、今もなお公示原則と同義であるかのように見られた日本法固有の「対抗要件主義」とは何を言うのであろうか。改めて先例となった大審院の連合部判決にまで立ち返り（1）、その後の判例・学説を概観しながら、「対抗要件主義」と呼ばれる判例法理の内実に迫ってみよう（2）。その際、特に学説上の議論については、戦前以来の判例の足跡と相互に作用し合う限りでの紹介・整理にとどまることを断っておかなければならない。筆者の能力もさることながら、以下の叙述は、百年以上もの間、確固不動の立場として信じられてきた判例法理の存在根拠を洗い出し、客体化したありのままの実像を明るみに出すことを主眼としているからである。本稿でも、実践的意欲を犠牲にするつもりはないが、主体的判断を含む法解釈論として、既存の学説に与したり、新たに自説を展開したりする意図がないことを予め諒とされたい。(86)

1　明治四一年連合部判決

大審院は、明治四一年十二月一五日、同日付けで二つの連合部判決を言い渡した。これらのうち、まず、「相続登記連合部判決」（明治四一年（オ）二七四号、民録一四輯一三〇一頁）と呼ばれる方を先に取り上げよう。よく知られた同判決の内容は、あえて詳説するまでもないようだが、「対抗要件主義」の形成において「相続登記連合部判決」（以下でも、この呼称を用いる）が占める位置を見きわめるためには、問題となった紛争事例、判例変更の気運、判決理由をめぐる疑問、もうひとつの連合部判決との関係を再確認しておく必要がある。

(1)　問題となった事例

一八七一年（明治五年）二月の田畑永代売買の解禁により、早くも土地は市場の流通過程に出回っていたが、とりわけ農村においては、不動産は、物質と精神の両面で家族共同体の中心をなす「家産」[87]であり、およそ個人財産とはみなしがたいものであった。だから、明治民法（明治三一年七月一六日施行。以下、戦後の家族法改正以前の条文を引用する際は、単に「旧法」と呼ぶ）では、このような意味での「家産」は、世代ごとにその所有権の帰属主体となる「戸主」の法的地位（戸主権）とともに単独相続の目的とされていた。これを「家督相続」と言う。

家督相続制度の一大特色は、戸主存命中の「隠居」による生前相続を認めていたことである（旧法九六四条一号）。このほかにも、女戸主の入夫婚姻（同条三号）など

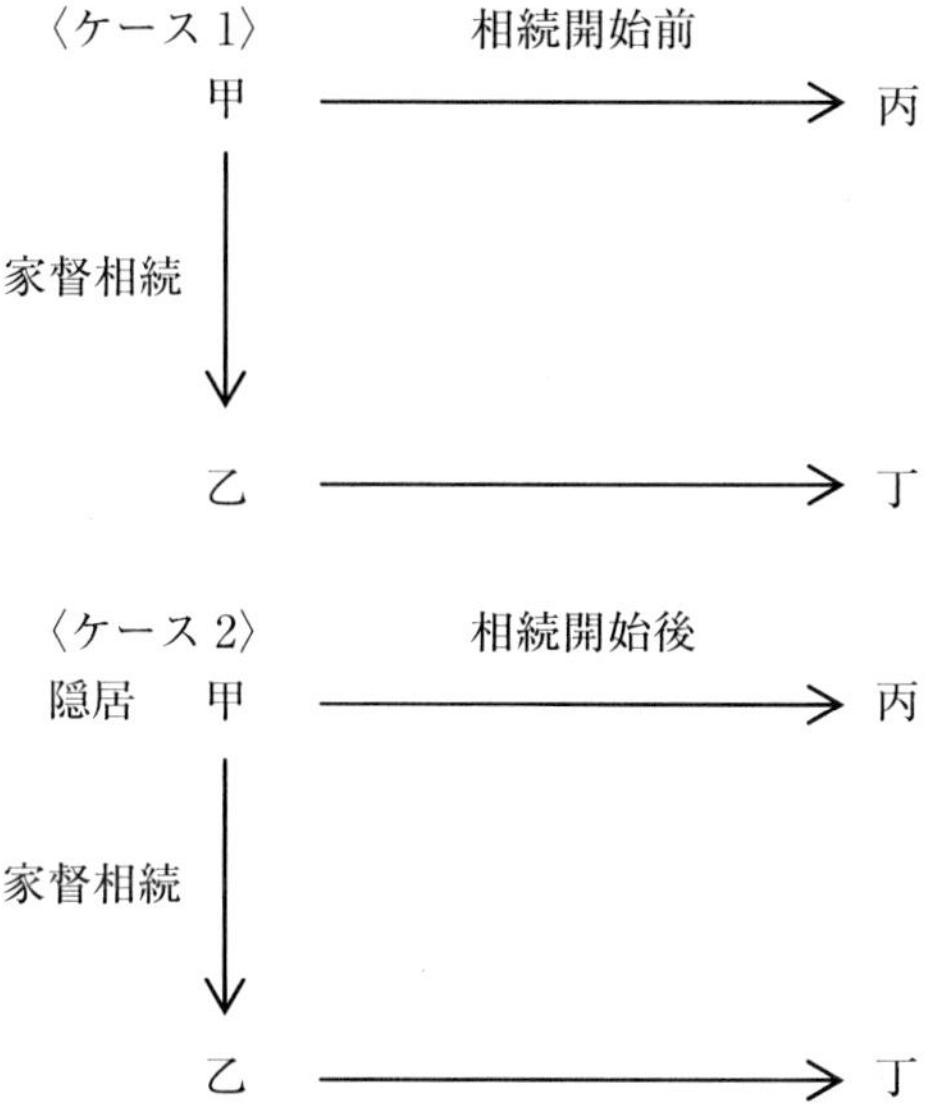

戸主の死亡以外の相続開始事由がいくつも認められていた点は注意を要する。そして、家督相続人は、相続開始の時から前戸主の権利義務すべてを承継し（旧法九八六条）、被相続人となる隠居者および入夫婚姻をなす女戸主は、確定日付を伴う証書によらなければ、家督相続の目的外となる財産を留保することができなかった（旧法九八八条）。ところが、そのような要式を踏まず、隠居による生前相続の開始後、被相続人が、家督相続の目的不動産を譲渡処分する例があとを絶たなかった。前に図示した事例のうちの〈ケース2〉がそれである。この事例と対比されるべきは、相続開始前に被相続人が自己の不動産を処分し、相続開始後、同一の不動産を家督相続人が重ねて処分する〈ケース1〉である。(88)

いずれのケースにおいても、明治四一年の「相続登記連合部判決」が現れるまで登記の要否が問われることはなかった。すなわち、〈ケース1〉では、乙は、甲から当該不動産を相続することはなく、丙は、丁に対しても登記なしに自己の所有権取得を主張することができた。また、〈ケース2〉でも、乙が当該不動産を相続したのちは、甲は無権利者であり、甲から譲渡を受けた丙も無権利者であるから、乙および丁は、丙に対し、登記なしに自己の権利を主張することができた。於保博士の表現を借りるならば、「無権利の法理」が支配していた時代である。

ここでは、〈ケース2〉に関し、「無権利の法理」の時代に属する【1】大判明治三八年十二月十一日民録十一輯一七三六頁(89)を紹介してみよう。

事案は、甲の隠居による家督相続の結果、乙が本件不動産を取得したのち、甲が、自己の債権者丙らのために同じ不動産上に抵当権を設定したので、乙が、丙らに対し、抵当権設定登記の抹消を求めたというものである。原審は、丙らの抵当権設定登記後に相続登記を経た原告乙を敗訴させたが、乙は、当事者の意思にもとづかず、法定の原因により不動産を取得した場合は、民法一七七条を適用すべきでないと主張し、上告して争った。

大審院は、原判決を破毀し、原審に差し戻した。以下の理由からである。

第一に、家督相続は、隠居等の事由により法律上当然に開始するものであり、家督相続人は、その開始時から前戸主の権利義務を包括的に承継する。財産所有権は、留保財産でないかぎり、当然に前戸主から相続人に移転するのである。

第二に、民法一七七条の規定は、当事者の意思によって不動産物権の得喪変更が生じる場合に登記手続を怠れば、その者が、第三者保護のために不利益を被るとの精神に出でたものであることは疑いない。相続によって不動産物権を取得した者は、相続の開始を知らないときなど直ちに登記をなしえない場合があり（α）、この場合にも第三者に対抗することができないとなれば、不可能事を責めて「甚タ不条理タルヲ免レ」ない。相続を原因とする場合は、これを除外する明文の規定はないが、法理上自ずから一七七条の適用を受けないと考えるべきである。

第三に、第三者は、確定日付を伴う証書をもって隠居者が留保した財産であるかどうかを調査することができるから、第三者の利益を保護するうえで不都合はない（β）。

この判決を下した大審院第二民事部では、その後も同趣旨の判断が繰り返されたが[90]、それで解釈の統一が図られるどころか、下級審の中には、あえて【1】判決とは相反する判断を示し、大審院の判例変更を迫る裁判例が続々と現れた[91]。「相続登記連合部判決」の原判決もそのひとつである。

(2) 判例変更の気運

a　裁判所内部の反撥　大阪控訴院、東京控訴院を筆頭にして、裁判所の内部における頑強なまでの反論が続出したのは、どのような事情によるのだろうか。

何より、ほとんどすべての事案が、隠居による生前相続をめぐって生起した〈ケース2〉に当たることに留意すべきであろう。そうした紛争事実に密着した事実審の担当裁判官から見れば、【1】判決の理由づけには納得しがたいものがあったのではないかと考えられる。このことを例証するものとして、「民法第百七十七条適用の範囲を論じて大審院の判例を疑ふ」と題した判例批評（明治三九年八月三〇日付け『法律新聞』三七四号十三頁以下）[92]の筆者、鈴木虎雄判事は、【1】判決に代表される相続登記不要説の論拠を逐一批判して次のように述べる。

大審院は、【1】判決の傍点部分（α）に見られるとおり、相続人自ら相続開始を知らないことがあると指摘するけれども、それは死亡相続に限られたことであり、隠居または入夫婚姻による相続の場合には、隠居者または女戸主が相続人と共同して届出をなすべきものであって（旧法七五七条、七七五条）、相続人が知らないことはありえない。とすれば、相続開始を知る相続人と第三者との間で権利上の牴触がありうる場合に登記を怠っている相続人を保護する必要があろうか。

第三者は、【1】判決の傍点部分（β）にあるとおり、戸籍簿や確定日付を伴う証書によって調査することができると説明されるけれども、元来、戸籍簿も確定日付を伴う証書も公示のための文書ではない。公示方法である登記簿を調査しない場合こそ法的保護を与えなくともよいが、公示方法でない戸籍簿や確定日付の証書を調査せずに取引した一事をもって法的保護に値しないというのは、はなはだ条理にもとる説明ではないか。

b　梅博士の批判

当時の司法界が、問題の種別を問わず、どこまで自由闊達な議論を許容していたかは[93]、軽はずみに推量すべきではあるまい。ただ、鈴木判事の直言は、一連の大審院判決に疑問をもった同僚判事の意を代弁するものでもあったろう。そして、このような論陣の背後には、戦前の判例において決定的な転機をもたらす実に強力な存在が控えていた。明治民法の起草者のひとり、いわば生みの親であった梅謙次郎が、【1】判決等を引き合いに出し、仮借のない論評を加えたのである[94]。すなわち、――

民法一七七条は、広く「不動産に関する物権の得喪及び変更」とあって、決して「当事者の意思による得喪変更」とは書いていない。不動産登記法においては、相続も他の原因と同じく登記すべきものであることを前提としており（二〇〇四年全面改正前の旧不動産登記法二七条、四一条、四二条など）、相続を原因とする登記とそれ以外の登記の間で効力の差異があるならば、どこかにその規定が存在しなければならない。しかし、登記を対抗要件とする民法一七七条の規定があるのみとすれば、文理解釈として、同条は相続の場合にも適用すべきである。

大審院は、【1】判決の傍点（β）の箇所で第三者の利益を保護するために不都合なしと断言するが、「是ハ亦迂闊ナ話」である。隠居・入夫婚姻は、官報にも新聞にも公告すべき事項ではなく、第三者は、概してそれらの事実を知らない。隠居者・入夫婚姻者が第三者に不動産を不当に譲渡しようとする場合は、隠居・入夫婚姻の事実を隠すことがあろうとも、わざわざ第三者に告知する気遣いはない。反対に、隠居・入夫婚姻による相続の場合には、相続人がその事実を知らないはずはない。死亡相続の場合は、相続人がその事実を知らないこともありえないではないが、被相続人は生存しないのだから、相続人を権利者として取引するほかはなく、実際、登記がなくとも損失を被る者はいない。したがって、相続の場合にも登記を欠けば第三者に対抗することができないとしても、決して相続人に気の毒なことはない。受遺者は、遺言者の死亡当時、遺贈のあることを知らないかもしれないが、大審院は、よもや遺贈についても登記なくして第三者に対抗できると言うのではあるまい。

大要、以上のように述べてこう結論づける。「外国ノ登記法ニハ我登記法ヨリ不完全ナルモノガ多イカラ、濫《みだり》ニ外国ノ例ニ拘泥シテ比較的完全ナル我登記法ヲ不完全ニ解釈シテハ困ルノデアル」(95)。

c　隠居相続の弊害　明治民法の起草者が、母法フランス法とても「不完全ナル……外国ノ例」であり、法解釈上のモデルとすべきでないと考えていたのは確かである。しかも、欧米諸国の相続制度と言えば、すべて死亡相続であるのに対し、日本には、隠居、入夫婚姻といった生前相続の制度があり、これらの相続開始事由は、当事者の届出によってはじめて効力を生じ、家督相続人が知らないはずはなかったが、第三者が当然に知っているわけではなかった。だから、明治民法の起草過程では、当初、隠居等による生前相続の場合に明文で登記すべき旨を規定する案も検討された形跡がある。

「民法起草の際、其原案の初稿に於ては、隠居及び女戸主の入夫婚姻に因る相続の場合に於ては、財産に関し種々の行違を生じ、詐害行為の行はれ易きものなるを以て、特に第三者を保護する必要あるを認め、是等の場合には一定の期間内に登記することを要するの規定を設けたるも、一方に於ては、民法第百七十七条の規定が余りに明かにして且つ包括的なるを以て、此の如き規定を置くは、蛇足の観あるを免れず、且つ此特別規定には登記の法定期間を設けたるを以て、全く其規定の存在の理由無きに非ざるも、此場合に於ける家督相続人は自己の利益の為め登記を為すべきを以て、之を自衛に委するも可なりとしたると、他方に於ては、相続が他の原因に因りて開始したる場合に於ても総て之を登記すべきものなるに、特に隠居及び入夫婚姻に因る場合のみを挙ぐるときは、他の場合は第百七十七条に包含せられざるものと解せらるる虞あるを以て、竟《つい》に総て第百七十七条中に包含せらるるものとし、之が為めに別条を設けざることとしたるなり。[96]」（傍点は原文のまま）

余談になるが、明治六年（一八七三年）に国民皆兵を目ざした徴兵令が制定されてからというもの、徴兵忌避を意図した分家、養子縁組、入夫婚姻等の合法的手段が多用されたと言う。戸主とそのあとを継ぐべき嗣子は、明治二二年（一八八九年）に同法の大改正があるまで兵役免除や徴集猶予の恩恵に浴していたからである[97]。あるいは、古来の因習として全国各地に伝わる隠居の制も、戸主の交代によって兵役を免れるために行われた時期があったろうか。明治民法では、隠居者の年齢制限が満六〇年以上と定められ（七五二条一号）、さすがに年齢不相応の「若隠居」は認められなくなったが、隠居をなすにあたって種々の要件が設けられたのは、「若し之に適当なる制限を設けざるときは、弊害百出、殆んど底止する所を知らざらんとす」[98]との理由からであった。それほどに、隠居の弊害が懸念され、民法起草者の頭を離れなかったとすれば、この点は、以下に見る判例変更の諸要因を分析するうえでも考慮されてよい。

(3)「**相続登記連合部判決**」

本件も、隠居による家督相続があった〈ケース2〉の事案である。原告X（乙）は、明治三八年三月八日、先代A（甲）の隠居により家督相続したが、その相続財産の一部をなす係争地が、明治三九年七月二四日、Aから被告Y（丙）に贈与され、Yがその移転登記を経由したので、Yを相手どり、所有権移転登記の抹消を求めた。この場合、【1】判決に従えば、Xの請求が認められてしかるべきところ、原審の東京控訴院は、あえて大審院の判例に異を唱え、隠居による相続不動産の取得もまた民法一七七条の適用を受け、その登記をしなければ第三者に対抗することができないとして、Xの請求を斥ける判決を下した[99]。Xからの上告に対し、大審院は、ついに原判決の支持に回り、民事の総部を連合して従前の立場を改めた（裁判所構成法四九条）。上告棄却。

その判決理由は、およそ三つの論理からなる。

第一として、民法一七六条は、当事者の間では、動産、不動産を問わず、意思表示のみによって物権の設定・移転の効力が生じることを規定したにとどまり、民法一七七条は、第三者に対しては、不動産に関する物権の得喪変更を「其原因ノ如何ヲ問ハス総テ」登記法の定めるところに従って登記しなければ対抗できないことを規定するものであり、「両条ハ全ク別異ノ関係ヲ規定シタルモノナリ」。当事者間における物権一般の設定・移転の効力を定めた一七六条と、第三者との関係で不動産物権の得喪変更の効力を定めた一七七条の相違を強調する論理（便宜的に「第一の論理」と呼ぶ）である。

ゆえに、第二として、第三者との関係を規律する一七七条が、たまたま当事者の関係を規律する一七六条の次条にあるという一事から、一七七条は、意思表示による物権の設定・移転の場合に限って適用があり、その他の意思表示によらない場合は適用すべきでないと解することはできない。これは、裏返せば、意思表示以外の原因による不動産物権の得喪変更も一七七条の適用範囲に含まれることを当然とする論理（これを「第二の論理」と呼ぶ）である。

第三に、何となれば、一七七条は「同一ノ不動産ニ関シテ正当ノ権利若クハ利益ヲ有スル第三者ヲシテ登記ニ依リテ物権ノ得喪及ヒ変更ノ事状ヲ知悉シ以テ不慮ノ損害ヲ免ルルコトヲ得セシメンカ為メニ存スルモノニシテ畢竟《ひっきょう》第三者保護ノ規定」であることは明らかであり、第三者にあっては、不動産物権の得喪変更が意思表示を原因として生じたかどうかによって区別する理由がないからである。一七七条の存在理由が「第三者保護」にある以上、家督相続のような法定の原因により物権を取得した者も、意思表示による物権取得者と等しく登記をもってその権利を自衛すべきものとする論理（これを「第三の論理」と呼ぶ）である。

これらの論理により、隠居相続を原因とする不動産の取得にも一七七条の適用があり、登記を経由しなければ第三者に対抗できないと結論づけられたのである。

本判決の結論からすれば、少なくとも隠居なる生前相続において一七七条を適用すべき必要性を論じるだけで足りたはずだが、いかにも大上段に構えたその論理構成がわれわれを戸惑わせる。現に、控訴審判決の理由づけは、被相続人の隠居による家督相続と死亡による家督相続を明確に区別し、隠居者が生存する前者に限って一七七条の適用を肯定する論法であった。(100)

(4) **判決理由をめぐる疑問**

では、「相続登記連合部判決」は、どうして過度なほど一般的で抽象的な法的論理構成をとることになったのだろうか。いきなり法解釈論の次元に舞い降りるのではなく、回りくどいアプローチであることを承知のうえ、その当時の時代状況、特に大審院を取り巻く法的環境から遠巻きにして本判決を観察してみよう。

a　明治民法の編纂と旧不動産登記法の制定

現行の不動産登記法から数えて二代前の旧々登記法（以下でも、この呼称を用いる）は、一八八六年（明治一九年）八月十一日、公文式にもとづく法律第一号として制定公布され、翌一八八七年二月一日より施行されたが、初年度の登記料収入は、当初の見込額二〇〇万円以上を大幅に下回り、わずか七〇万円にすぎなかった。その後も、土地・建物登記件数の推移から、政府の思惑どおりの実績は容易に達成されなかったことがわかる。[101] 実際、戸長役場での奥書割印による公証制度のあとを受けた登記制度は、利用者の間ですこぶる不人気であった。創設されたばかりの登記制度への批判は、一八八七年（明治二〇年）に続く一八九〇年（明治二三年）の法改正を余儀なくさせ、登記手続の大幅な簡略化と登記料の一部引き下げの措置が講じられた。[102] けれども、悪いことに、施行延期となる旧民法に対する攻撃とも重なり、旧民法の「根本的改修」、明治民法の制定に付随しての、新たな登記法の制定が避けがたい立法上の課題となってゆく。

しかし、不動産登記法（一八九九年、明治三二年二月二四日公布、同年六月一六日施行）に先行して編纂された明治民法（一八九八年、明治三一年六月二一日全編公布、同年七月一六日施行）は、「登記法ニ関スル規程ハ之ヲ特別法令ニ譲ルコト」とする起草方針[103]により、登記についてはわずか一七七条の一箇条をおくのみであった。まさに「無類の簡潔さ」[104]である。もっとも、それは、不動産登記法の起草に際して立法の自由を欠き、完全な制度を設ける妨げになってはいけないという民法起草者の配慮からであり、彼らとしては、多くを特別法の規定に委ねるつもりであったらしい。ところが、不動産登記法の起草者は、もっぱら手続的規定に主力を注いだから、民法一七七条を補う実体的規定は総則中の数箇条にすぎない結果となった。[105] この旧不動産登記法（以下でも、この呼称を用いる）は、当初より、相続、合併等の包括承継による所有権の移転も、時効取得、土地収用等の原始取得も、登記事項としての不動産に関する権利の「移転」(第一条)原因のうちに包含していたと見られるが[106](四一条、四二条、一〇六条等を参照)、これらの登記の効力については、どこにも規定を設けていなかったのである。

となれば、旧々登記法の二の舞を踏むことなく、明治民法のもとでの登記手続の励行を促し、装いを新たにした制度を軌道に乗せ、登記料収入の実績を確保するため、下級審との間で紛糾対立した隠居相続の問題に限定せず、旧不動産登記法にあってしかるべき民法一七七条の補完的実体的規定に代わる一般命題を定立すべく、大審院が自覚的に意欲したとしてもおかしくはない。その意味では、「相続登記連合部判決」は、民法一七七条の適用範囲を前条と無関係に拡張し、そこに不動産物権の得喪変更原因を問わない登記促進作用を期待し、総じて公示原則の徹底を図ろうとしたものではなかったか。同判決以降、日本法固有の「対抗要件主義」と公示原則は、常に相並び相携えてその実現を目ざすことになるであろう。

なお、登記事務は、敗戦後の法務庁(一九四八年、一九四九年に法務府と改称)、現在の法務省(一九五二年)の所管となるまで裁判所の手にあった。旧々登記法時代に制定された裁判所構成法(明治二三年法律第六号)は、登記事務を非訟事件として位置づけており(一五条二項)、時として登記に関する司法判断(判例)と行政判断(登記先例)の不一致が見られる現在とは異なり、裁判所は、登記事務の全般にわたって管理・監督上の指針となるべき明確な法令解釈を示すべき立場にあったことも留意されてよい。

b　対極的な理解　ところで、もう一度「相続登記連合部判決」の論理構成そのものに目を向けるならば、同判決が打ち出した規範命題は、将来の裁判のみならず、登記事務をも導く先例として、どのように理解されるべきであろうか。

最も狭い意味でその先例性を理解するならば、「隠居等の生前相続によって不動産所有権を取得した者は、被相続人から当該不動産の譲渡処分を受けた第三者に対し、登記を経由しなければ対抗することができない」という命題に帰着する。仮に、これを〈命題Ⅰ〉と呼ぶことにしよう。しかし、判決理由の第一の論理では、民法一七六条と一七七条を切り離して解釈するように促し、第二の論理では、意思表示によらないで不動産の物権変動が生じた場合にも一七七条を適用すべきものと明言するのだから、〈命題Ⅰ〉の最狭義の先例性しか有しないとする理解は、諸学説の見方はさておき、同判決を下した大審院の本意ではなかろう。大審院が原判決の支持に回ったと先ほどは述べたが、より正確に言えば、その結論を支持したまでのことであり、生前相続の場合に限って登記の必要性を説いた原判決の理由づけをそのまま維持したわけではない。

もう一方の極として、最も広い意味で「相続登記連合部判決」の先例性を理解するならば、「不動産物権の得喪変更は、その原因を問わず、登記がなければ第三者に対抗することができない」という規範命題になる。これを仮に〈命題Ⅱ〉と呼ぶとしよう。この〈命題Ⅱ〉は、判決理由中の第一の論理、不動産物権の得喪変更を「其原因ノ如何ヲ問ハス総テ」登記しなければという引用箇所ですでに現れている。さしあたり学説上の評価を脇におくならば、大審院としては、この最広義の、いわゆる無制限説の立場を意識的に表明したと見るのが妥当するであろう。

これら両極の間には、なお複数の理解の仕方がありうるもの(107)の、大審院が、〈命題Ⅱ〉の定立により、不動産物権の変動原因を問わない無制限的な登記必要説に立ったとすれば、公示原則の徹底を企図したその論理の延長上で、登記がなければ対抗できない「第三者」の範囲も全く同様に無制限的に解するのかと問われるのは必定である。現に、明治民法の起草者のうち、梅謙次郎、富井政章は、善意者しか法的保護の対象としない母法フランス法とは一線を画し、善意・悪意を区別しないのはもとより、当事者およびその包括承継人以外の者を広く「第三者」と解する立場の正しさを信じて疑わなかった(108)。しかし、それまでの判例はと言えば、必ずしもいわゆる第三者無制限説で一貫せず、制限説に分類されるものも少なくなかった(109)。それだけに、〈命題Ⅱ〉を打ち出した大審院は、「第三者」の意義に触れないまま素通りすることはできず、この問題に関する判例の統一を図るため、併行してもうひとつの連合部判決を準備したのだろうと考えられる。これら同日付けの連合部判決が単なる偶然であるはずはない。よく見れば、判決理由中の第三の論理には、「同一ノ不動産ニ関シテ正当ノ権利若クハ利益ヲ有スル第三者」の文言があった。この引用箇所については、「格別の意味はない」(110)とする有力な見方もある。しかしながら、当該箇所こそは両判決の一体不可分の関係を端的に物語る指標ではなかろうか。

(5)「第三者制限連合部判決」との関係

a 従前の判例　明治四一年十二月一五日付けで言い渡されたもうひとつの大審院連合部判決（明治四一年（オ）二六九号、民録一四輯一二七六頁）は、「第三者制限連合部判決」と呼ばれるのが通例である（以下でも、この呼称を用いる）。この「第三者制限連合部判決」を取り上げるのに先立って、同判決が判例変更のために引用した【2】大判明治四〇年十二月六日民録十三輯一一七四頁を紹介しておこう(111)。

【2】判決は、訴外Aから山林の所有権を取得した原告Xが、その山林上の立木を伐採する被告Yに対し、同山林に現存する立木の所有権確認を求めた事案である。原審では、Xは、いまだ移転登記を経ていないが、当該山林を前所有者Aから譲り受けたこと、Yは、訴外Bの代理人と称する者から同山林の立木を買い受けたと主張しているが、その売買が無効であることを認定判断し、Xを一部勝訴させた。しかし、【2】判決は、第三者無制限説の立場から、YもA・X間の譲渡なる法律行為の第三者であることを妨げず、Xが山林所有権の取得をYに対抗するためには、民法一七七条の規定に従って必ず登記しなければならないとして、X勝訴部分の原判決を破毀し、原審に差し戻した。なお、すでに伐採された木材については、Yの即時取得（民法一九二条）を認めた原判決のX敗訴部分に関するXの附帯上告を棄却(112)。

b 判例変更の内容　大審院は、【2】判決からわずか一年後に民事総部を連合して従前の判例を変更することとなった。「第三者制限連合部判決」がそれである。もっとも、本件事案については、先行研究により、すでにその全容が明らかにされているから、(113)ここでは、必要最小限の紹介にとどめよう。

原告Xは、東京市内（当時）の河岸地にあった係争建物を訴外Aから買い受けたものと主張し、同建物を自ら建築したものと主張する被告Yを相手どり、その本件建物の所有権確認を求めて本訴を提起した。実際には、Yが、東京市から本件建物の敷地を借り受けていたが、これをAに転貸し、本件建物を建築してその所有者となったAは、河岸地の転貸が規則上禁止されていたため、便宜的に本件建物をYの所有名義（家屋台帳あるいは東京市への届出上の名義）にしていたというのが真相である。登記簿上は、XにもYにも所有権の登記はなく、本件建物は未登記のままであったと見られる。原審では、YがXの建物所有権を是認した事実があることを前提としながら、これをもって登記手続の欠缺を補充し、Xが第三者Yに対抗することはできないとして、X敗訴となった。(114)Xの上告があり、Xは、上告理由の中でもYがXの所有権を是認した事実に依拠して争ったが、「第三者制限連合部判決」は、大要、以下の理由づけにより、原判決を破毀し、原審に差し戻す結論を下した。

第一は、「物権ハ本来絶対ノ権利ニシテ待対《たいたい》ノ権利ニ非ス」という物権の性質から考えても、第三者の意義について条文が何ら制限を加えていないという文理に徴しても、当事者およびその包括承継人でない者を挙げて第三者と指称する無制限説は、全く批判の余地がないようだが、そもそも民法において登記をして不動産物権の得喪変更のための成立条件としないで対抗条件としたのは、絶対の権利としての物権の性質を貫徹させることのできない素因をなすものと言わざるをえず、「其時ニ或ハ待対ノ権利ニ類スル嫌アルコトハ必至ノ理ニシテ……物権ハ其性質絶対ナリトノ一事ハ本条第三者ノ意義ヲ定ムルニ於テ未タ必シモ之ヲ重視スルヲ得ス」とするいわば原理的な理由づけである。

第二は、民法一七七条の規定は、「同一ノ不動産ニ関シテ正当ノ権利若クハ利益ヲ有スル第三者」に対し、登記によって物権の得喪変更の事実を知悉させ、不慮の損害を免れさせるために存在するのだから、特に「第三者」の意味を制限する文詞がなくとも、自ずから多少の制限があることを字句の外に求めるのはたやすいとする機能的分析、目的的解釈による理由づけである。なぜなら、「対抗トハ彼此利害相反スル時ニ於テ始メテ発生スル事項ナルヲ以テ」不動産物権の得喪変更において利害関係のない者が第三者に該当しないことは著明であるとされる。

最後に、これらを論拠として、本条のいう「第三者」とは「当事者若クハ其包括承継人ニ非スシテ不動産ニ関スル物権ノ得喪及ヒ変更ノ登記欠缺ヲ主張スル正当ノ利益ヲ有スル者」を指称するものとして定義される。注目されるのは、本判決が、同一の不動産に関して所有権、抵当権等の物権または賃借権を取得した者、あるいはまた同一の不動産を差し押さえた債権者、さらにその差押えに配当加入した者は「第三者」に該当するが、正当の権原なく権利を主張する者、不法行為者の類いは「第三者」に含まれないといった具体例を示し、後続の判例を先導するための工夫を凝らしていることである(115)。

したがって、本件におけるXの主張事実が真実であるならば、Yは、本件建物について「正当ノ権利若クハ利益」を有せず、民法一七七条の「第三者」に該当しないと結論づけられる。差戻後の原審判決でも、実際、そのとおりの結論となっている(116)。

c　疑問となる諸点　とはいえ、「第三者制限連合部判決」についてもいくつかの疑問が晴れない。

まず、素朴な疑問として残るのは、本件が、果たして第三者制限説を打ち出すべき必然性のある事案であったのかという点である。というのも、Xが繰り返し主張したように、YがXの所有権を認めていたのであれば、現在の用語法でいう権利自白が成立し、もはや対抗要件としての登記の有無は問題とならないように思われるからである。現に、差戻審では、Yは、「未だ嘗《かつ》て自ら本件建物の所有権を主張したることなきを以て本件確認の訴は不適法」云々と陳述し、裁判所の関心も、どちらかと言えば、訴えの利益の有無に重点を移している。この差戻審の判決によれば、Xは、未登記建物の所有権保存登記を申請するため、判決その他の方法により自己の所有権を証明する必要があって、本訴提起前にそもそも登記を具備しがたい事情にあったことが認められる。にもかかわらず、民法一七七条の適用場面であるかのごとく「第三者」の意義を論じたところに「第三者制限連合部判決」のわりきれなさが潜んでいるのではなかろうか(117)。

そこで、次に疑問となるのは、同日付けの「相続登記連合部判決」との連絡がどこまで自覚的であったかという点である。この点は、全くの憶測の域を出ないが、もうひとつの連合部判決が、第三者制限説を表明するうえで適切とは言いがたい事案であったとすれば、一層切実かつ意図的に両判決の相補的関係が仕組まれたのではないかとも思われる。もしそうでなければ、同日付けでの判決言渡しを急がず、より適切な事案の係属を待つこともできたはずであろう。

それはさておき、二つの連合部判決相互の連絡を証拠立てる「正当性」概念をめぐっては、先行研究の間でも見解が分かれている。

一方には、第三者を「登記欠缺ヲ主張スル正当ノ利益ヲ有スル者」と定義づける必要、むしろ必然性そのものを否定し、「正当ノ利益」概念は、「正当ノ権原」の言い換えにすぎず、権原の有無に帰着するほかないと見る立場がある(118)。しかし、他方には、明治四一年の大審院連合部判決による「正当性」概念の導入は、詐欺または強迫によって登記の申請を妨げる者や、他人のために登記申請義務を負う者を「第三者」から排除する明治三二年の旧不動産登記法四条および五条（現行法五条一項・二項）の延長上にあり、背信的悪意者の法理、さらには民法九四条二項の類推適用論へと発展を遂げる戦後日本の判例の起点をなすものと見る立場がある(119)。そして、後者の立場からは、二つの連合部判決が「正当性」の導入において共通し、「基本思想を同じくする」と述べられる。

この見地は、本稿でも、大いに学び、共感を覚えたことを記しておきたい。ただ、両判決の登場が、旧建物保護法制定（明治四二年五月一日公布、法律四〇号）の前年、いわゆる地震売買が横行していた時代である点に着目し、「特に地震売買をめぐって、西欧の民法を直輸入し、日本の実情を無視した登記制度に社会の批判が集中し、民法の改正を求める声が高まった」から、「紛争の公平・妥当な処理のためには、当時最も権威のあった梅、富井両博士の学説に反対してまで、独自の理論を立てることが、裁判所に要請された」[120]と結ばれるところは、若干の補足を必要とするように思われる。

というのは、こうである。「第三者制限連合部判決」が明治民法の起草者たちに盲従したものでないことは、なるほどその指摘のとおりだが、起草者の批判が「相続登記連合部判決」に及ぼした影響力も無視しがたいのは異論のないところであり、これら二つの連合部判決を抱き合わせで観察するならば、それは、旧々登記法以来の公示原則の徹底に対する一方的譲歩でもなければ、特別法による公示原則の動揺を増幅させるものでもなかった。比喩的に表現すれば、大審院は、同日付けで両判決を言い渡すことにより、政策的には、不動産物権の得喪変更について例外なく登記手続を励行させようとする原則論を堅持しつつ、現実的には、民法一七七条をめぐる事後的紛争解決の妥当性確保の観点から、登記なしには対抗できない「第三者」を制限的かつ柔軟に解するという、いわば無制限説と制限説の両刀遣いを意図したのではないだろうか。

2　その後の判例・学説

明治四一年の大審院連合部判決の意図がどこにあったか、どこまでその意図が貫徹されたかを検証するためには、それ以後の判例の展開を追跡しなければならない。同日付けの二つの連合部判決に対する諸学説の反応や爾後の判例形成への働きかけをも視野に入れ、判例と学説相互間の作用・反作用を分析してみる必要もある。このため、以下の叙述は、戦前日本の判例・学説の足どりを大づかみに把握しようと試みるものにすぎない。

(1) 過渡期の判例

「相続登記連合部判決」は、隠居による家督相続後に隠居者が相続不動産を処分したという前述1(1)の〈ケース2〉について登記必要説に立つことを明らかにし、やはり於保博士の用語法に従えば、「無権利の法理から対抗の法理へ」の転換を画するものとなった。実際、同じ〈ケース2〉に分類される諸事案に関し、大審院は、「相続登記連合部判決」と同趣旨の判断を繰り返し、その先例性を確認している。(121) また、同様の法理は、入夫婚姻による家督相続の事例にも適用された。(122)

a 判例相互の矛盾

しかしながら、同一の系列に位置づけられた判例の中には、紛争となった事案の分類・整理を含めて異論のあるものが少なくない。

たとえば、【3】大判昭和一五年四月二〇日民集一九巻七三七頁は、Aの隠居によりXが家督相続した係争不動産につき、いまだ相続を原因とする所有権の移転登記がなされないままの状態であったが、隠居者Aが分家し、Aの死亡後Bがその指定家督相続人となり、Bもまた死亡してその家督相続人となったY_1が、Aの隠居後の分家等の事実を隠し、直接にAから係争不動産を取得した旨の相続登記を経たうえ、これをY_2に売り渡してY_1からY_2への移転登記を済ませたため、XがYらを相手どって一連の登記の抹消を求めた事件である。第一審はXの請求を認容したが、控訴審は請求棄却の判決。この原判決を支持し、Xの上告を棄却した【3】判決は、隠居による家督相続が開始した場合でも、相続による移転登記を経由しない以上は、その移転をもって第三者に対抗することができない結果となり、たとい隠居後にAが分家したとしても「其ノ所有権ハ第三者ニ対スル関係ニ於テハ依然Aニ帰属セルモノ」であるから、Y_1より係争不動産を買い受けてその登記を済ませたY_2は、まさに民法一七七条の第三者に該当すると判断した。けれども、本件は、隠居者A自身による処分ではなく、表見相続人Y_1が係争不動産を処分した事案である。とすれば、Y_1もY_2も無権利者にほかならず、【3】判決が、一種独特の「対抗問題」を論じながら、登記に公信力以上の効果を付与してYらを保護したのは問題であろう。このことを正しく指摘し、登記を必要とする変動原因の無制限説が第三者無制限説へと「横滑り」する可能性のあることを見抜いた同判決批判[123]は鋭い。

この点、隠居者Aが事実上留保し、家督相続を原因とする所有権移転登記が放置されていた係争不動産につき、Aが死去したあと遺産相続人としてY_1らがその旨の登記を了し、Y_1がY_2に対する債務の担保として自己の持分上に抵当権を設定したため、家督相続人Xがその抵当権設定登記の抹消を求めた【4】大判大正三年一〇月九日民録二〇輯七二七頁では、非所有者Aの遺産としてY_1からY_2が係争不動産上に抵当権設定を受けたのだから、その抵当権設定は無効であり、Y_2は、Xの相続による移転登記がないことを主張する正当な利益を有しないとされる。また、【5】大判昭和十二年八月二八日民集一六巻一二七三頁でも、Aの隠居により家督相続したBの死亡後、XがBを家督相続したが、Bの弟Cが、遺産相続を放棄しながら、係争不動産について遺産相続による所有権移転登記等を了し、Cの債権者Yのために抵当権を設定したため、Xが、係争不動産の所有権確認および抵当権設定登記の抹消を求めたところ、何らの権限なくCが不法に申請した登記を基礎として係争不動産上の抵当権を取得し、その登記手続を了したYは、民法一七七条の「第三者」に該当しないとされている。【3】判決に対して最も批判的な見地に立った有力説が、隠居者以外の「無権利者」による「無効の登記」を介して抵当権を取得した者を民法一七七条のいう「第三者」の範囲から除外した【4】・【5】両判決を積極的に評価するのに対し、これらを「相続登記連合部判決」の路線上から逸脱した諸判決として批判する我妻説以来の通説的立場[124]は対照的である。

b　無権利の法理の残存

いずれにせよ、一個の不動産を承継した家督相続人が、登記を経ないでも無権利者から当該不動産の譲渡処分を受けた第三者に対抗可能となるのは、「無権利の法理」の適用以外の何ものでもなく、それゆえ、【4】や【5】の事案でも、表見相続人から抵当権の設定を受けた被告が民法一七七条の第三者に該当しないと判断されたのであった。「対抗の法理」への転換を図った明治四一年の大審院連合部判決以後も、「無権利の法理」は生きており、「対抗の法理」の適用領域との線引きは不分明さを残していた。なかでも、相続開始前に被相続人甲がその所有不動産を第三者丙に処分し、相続開始後、家督相続人乙が重ねて同一の不動産を第三者丁に処分する〈ケース1〉については、大正末年に至るまで「対抗の法理」の影響が及んでいなかったことは特筆に値する(125)。

このため、被相続人による処分が、隠居による家督相続開始前か開始後か明らかでない場合には、たちまち適用法理をめぐって紛糾することとなった。【6】大判大正一〇年一〇月二九日民録二七輯一七六〇頁は、被相続人Aが隠居したのち、家督相続人となったBの債権者Yが、登記簿上A名義のままであった本件不動産につき、Bに代位して同人の家督相続による所有権取得の登記を経たうえで強制競売を申し立てたところ、Xが、家督相続開始前に本件不動産をAから買い受けたと主張し、強制執行異議の訴えを提起した事案である。原審は、Bによる家督相続の時期を明示することなく、Xの本件不動産取得が相続開始以前であるとして、所有権移転登記を経ていないXを勝訴させたが、大審院は、その原判決を破棄し、原審に差し戻した。【6】判決では、Aの隠居前にXがAから本件不動産を取得したのであれば、Bが相続する余地はなくYの差押えも認められないが、Aの隠居後にXが取得したのであれば、Yは、差押債権者として民法一七七条の第三者に該当し、未登記のXは、自己の所有権取得をもってYに対抗できないとされたのである。

考えてみれば、〈ケース1〉に属する事例では、有償譲渡に限らず、被相続人がその所有不動産を遺贈した場合にも、受遺者は、「無権利の法理」により、登記を経由せずして相続人から当該不動産を買い受けた第三者に対抗できるとされたのだから、相続がらみの不動産を取得しようとする者にとってはさぞかし気がかりであったろう。こうして、〈ケース1〉についても「無権利の法理」の見直しは必至となった。[126]

(2) 判例上の「対抗要件主義」の確立

「相続介在二重譲渡連合部判決」と呼ばれる【7】大連判大正一五年二月一日民集五巻四四頁は、「対抗の法理」を〈ケース1〉にも適用し、この「対抗の法理」への全面的転換を遂げた先例として位置づけられる。同連合部判決については、すでに事案の詳細にまで立ち入った紹介もあるので、ここでは、紛争事実を単純化し、その判決理由の核心部分に迫ってみよう。[127]

本件において紛争当事者となったのは、隠居者A（ケース1の甲）から同人の留保財産であった二筆の土地の贈与を受けたと主張するY（ケース1の丙）と、Aの死亡によるBの遺産相続、Bを被相続人とする家督相続等を介して同一の土地を取得したC（ケース1の乙）から買い受けたと主張するX（ケース1の丁）である。係争不動産となった土地は、従前よりYらの手で耕作されてきたようだが、その所有権については、登記簿上AからCへの相続登記を経てCからXへの移転登記もなされていた。そこで、原告Xは、Yに対し、係争不動産の所有権確認と引渡しを求めた。しかし、原審は、当該土地がYに贈与された事実を認めたうえ、A死亡当時に同土地がその相続財産に属していなかったのであるから、Cの相続登記は登記原因を欠いた無効のものであり、Xは、Cとの売買によって移転登記を経由しても所有権を取得することはできないとして、Xの請求を排斥した。これが本件事案のあらましである。

Xの上告を受けた大審院は、民事総部を連合し、以下のような判断を示した。

被相続人甲が不動産を丙に譲渡し、丙への譲渡が未登記であった間に甲の相続が開始し、その相続人乙が同一不動産をさらに丁に譲渡して登記を済ませた場合、丁が民法一七七条の第三者に該当するか否かを案ずるに、もし相続開始前に甲が同一不動産を丁に譲渡して登記を済ませたとすれば、丁が、完全な所有権を取得し、丙の登記欠缺を主張する正当の利益を有する第三者であることは疑いない。そうすると、被相続人甲は、丙に対する譲渡によって全く所有権を失ったわけではなく、丁に対する関係では依然として所有者であり、「所謂関係的所有権ヲ有スルモノ」と言える。ところが、被相続人甲が当該不動産を丁に譲渡する以前に相続が開始したときは、相続人乙は、「此ノ関係的所有権ヲ承継スルモノ」というべきであり、丁が、乙から同一不動産の譲渡を受けて登記を経由したときは、丙は、当該不動産の所有権をもって丁に対抗することができない。

こうして、「対抗の法理」は、〈ケース1〉の相続を介した二重譲渡にも適用されるようになった。この場合にも、甲とその包括承継人乙を同一人格とみなし、甲→丙、甲→丁の二重譲渡と同じように扱う考え方は、今でこそ常識となっているが、その当時は必ずしも自明でなかった。だから、【7】の連合部判決は、「無権利の法理」を排除するため、わざわざ「関係的所有権」(128)なる概念を持ち出してまで民法一七七条の適用を理由づけようとしたのである。けれども、同連合部判決のあとにも先にも「関係的所有権」を用いた例はなく、同概念をめぐる議論は直に影を潜めてしまう。【7】判決が導く結論の妥当性に異論をさしはさむ余地はないにせよ、判例変更を促した穂積重遠博士自身が、技巧的に過ぎる説明がかえって「賛成を躊躇させる」と評し、「相続は地位の承継」であることを強調した事情に負うところが大きいのであろう。(129)

ともあれ、その後は、〈ケース1〉に属する場合でも民法一七七条を適用し、登記の有無によって決着をつける大審院判決が相次ぐ。(130)相続と登記の関係が問われた判例の流れを三つの時代に区分する見方から、第一期の「無権利の法理」に始まり、「無権利の法理から対抗の法理へ」の第二の転換期が終わりを告げ、ついに「対抗の法理」が支配する第三期が到来したと言われる所以である。しかも、連合部判決【7】の前年には、「時効取得と登記連合部判決」と称される【8】大連判大正一四年七月八日民集四巻四一二頁が現れており、時効取得との関係でも民法一七七条を無制限的に適用しながら、未登記権利者の相手方が同条の「第三者」に該当するか否かの判断により、その適用範囲を操作する判例の立場がいよいよ明確となった。明治四一年のふたつの連合部判決に端を発したいくつかの判例の流れが、相呼応しつつここへ来て大きな合流地点を迎えたとすれば、これをもって判例上の「対抗要件主義」が確立したと見ることも許されるであろう。

(3) **時効取得に関する判例の流れ**

ところで、前掲【8】「時効取得登記連合部判決」は、相続の前後で同一不動産の譲渡が競合する相続介在二重譲渡型〈ケース1〉に分類されるべき事案であったが、被相続人A（甲）から係争不動産の譲渡を受けたX（丙）が、相続人Y_1（乙）からその不動産の譲渡を受けたY_2（丁）に対し、時効による所有権の取得を主張した点で特徴的である。[131] Xが、Y_1名義の所有権保存登記およびY_1からY_2への所有権移転登記の抹消を求めたところ、原審は、Xの取得時効完成後にY_1の保存登記を経てY_2への移転登記を済ませたとしても、それらは登記原因を欠いた無効の登記であるから、Yらは民法一七七条の第三者に該当せず、Xは、登記なくして時効取得をYらに対抗することができると判断した。これを不服としてYらの上告があり、大審院は、登記を必要とするか否かで分かれていた判例の不統一を収束させるべく、[132] 不要説に立った原判決を破棄し、民事総部を連合して自らXの請求を棄却する判決を下した。

すなわち、「時効ニ因リ不動産ノ所有権ヲ取得スルモ其ノ所有権取得ニ付登記ヲ受クルニ非サレハ之ヲ第三者ニ対抗スルコトヲ得サル」ものとする原則的立場の表明である。この立場を理由づけるため、同判決は、所有権の保存登記が現所有者の名義でなければ、いかなる場合でも無効になるかと言えば、必ずしもそうではないとして、未登記不動産の所有権が移転した場合を例に挙げる。この場合には、すぐに譲受人名義でなされた保存登記はもとより適法だが、譲渡人名義の保存登記のあと譲受人のために所有権の移転登記を受けても無効ではないのだから、時効取得された不動産が未登記であった場合には、時効完成後に従来の所有者（乙）が自己名義の保存登記を受けても、これを基礎として、時効取得者（丙）が登記をしない間に丁が移転登記を経由したときは、「二重売買ノアリタル場合ニ後ノ買主カ前ノ買主ニ先ンシテ登記ヲ受ケ」たときと同一に論じるべきであり、丁の登記も有効となる。したがって、丙は、時効による所有権の取得を丁に対抗しえないとされるのである。[133] そうだとすれば、〈ケース1〉において取得時効の援用がない場合でも、もはや「無権利の法理」が適用される余地はなく、「対抗の法理」の全面的な適用場面となるのは必定であろう。例によって二重売買、二重譲渡になぞらえる論法は、翌年の連合部判決【7】にも受け継がれており、本判決の及ぼした影響は疑いない。

もっとも、時効取得を原因とする不動産物権の得喪変更にも「対抗の法理」が適用されるのは、時効取得者との間で所有権の帰属等を争う譲受人が、取得時効の完成後に登場し、二重譲渡類似の関係に入った「第三者」に該当する場合に限られる。時効完成前に当該不動産の譲渡を受けた譲受人は、原所有者と同じ「当事者」とみなされるからである。時効取得者としては、時効の起算点を任意に選択し、できることなら「対抗の法理」の適用を避けたいところだが、そうなれば、譲受人が「第三者」に当たるか否かを区別する意味はなくなる。それゆえ、判例は、戦前以来、時効完成までの期間の選択を認めず、必ず時効の基礎となる事実が開始した時点から起算するように繰り返して判示し、決して譲ろうとはしなかったのである。[134]

(4)　戦前の諸学説

a　民法起草者の立場

ところで、すでに紹介したように、明治民法を起草した三博士のうち、梅謙次郎、富井政章の両博士は、明治四一年の大審院連合部判決以前から、意思表示以外の原因による不動産物権の得喪変更を広く民法一七七条の適用範囲に含める「無制限説」の論陣を張っていた。

梅博士は力説する。わが民法では、「不動産ニ関スル権利ノ状態ハ総テ登記ニ由リテ之ヲ知ルコトヲ得セシメ以テ第三者ヲシテ不慮ノ損失ヲ被ムルノ虞ナカラシメンコトヲ力《つと》メタ」が、当事者の意思によらない権利の得喪には登記を要しないとしたならば、第三者が不慮の損失を被ることがありうる。日本の場合、隠居、入夫婚姻等の生前相続が認められ、前権利者が生存していることも稀ではないから、「若シ之ヲ登記セサレハ第三者ハ何ニ由リテ前権利者カ既ニ其権利ヲ失ヘルコトヲ知ルヲ得ヘキカ、……是レ立法者カ特ニ相続ヲ除外セサリシ所以ナリ」[135]。また、当事者の意思による場合とそれ以外の場合の区別が誤りであることを悟るならば、「更ニ継受取得ト原始取得トヲ区別スルカ如キハ全ク理由ヲ発見スルニ苦シムナリ」[136]。このことは、登記が対抗要件となる場合を「契約ニ因ル得喪変更」とは書かなかった文理解釈としては当然であり、第三者が登記簿を見て取引すればまちがいないといった登記の目的、論理解釈によっても明らかである[137]。

富井博士の説くところもきわめて断定的である。すなわち、当事者の意思表示を原因とする場合に限って登記を必要とする見解は、民法一七六条を受けて一七七条の規定があると考えるからだが、「是一大謬見ト謂ハサルヘカラス」。前条（一七六条）には「設定及ヒ移転」とあり、本条（一七七条）には「得喪及ヒ変更」とあることに徴しても、その範囲の異なることがわかる。登記の必要は、その原因いかんによって少しも差がないのであり、「相続ノ如キモ之ヲ以テ第三者ニ対抗スルニハ其登記ヲ要スルコト勿論」である。時効を原因とする原始取得についても、法文の不備は否めないが、旧不動産登記法の「第一条ニ所謂権利ノ移転ナル語ハ之ヲ広義ニ解シテ時効ニ因ル取得ヲモ包含スルモノ」（引用文中の傍点部分は原文のまま。以下も同じ）とする登記必要説に立つことを明言する[138]。

これら両博士のいわば起草者意思は軌を一にしており、大審院がただ従順に屈したふうには見えないが、その絶大な影響力が、明治四一年の「相続登記連合部判決」、大正一四年の「時効取得登記連合部判決」に及んだことは改めて述べるまでもないであろう。ただし、ここで留意すべきは、両博士が、民法一七七条の「第三者」の範囲についても一切の制限を認めない立場であったにもかかわらず、[139]これには、断固として大審院が従おうとはしなかったことである。

b　無制限説と制限説の対立　そこで、明治民法の編纂に当たった第一世代に代わり、ドイツ法学継受の「全盛時代」[140]を現出させた第二世代の法学説のうち、徹底した公示主義を梃子にして公信主義の立法化を展望する見地から、明治四一年の「第三者制限連合部判決」を痛烈に批判し、妥協のない無制限説を精緻に論拠づけようとした鳩山秀夫博士の所論[141]に耳を傾けてみよう。

もとより、その博士の見地からすれば、民法一七七条の適用範囲の縮小を支持する学説が依拠するフランス法は参考に値しない。[142]わが民法は、不動産物権の得喪変更があれば、譲渡を原因とする場合のみならず、相続および時効取得を原因とする場合にも等しく公示方法を命じており、これらの場合を含めて一七七条の適用がある。ましてや、同条のいう「第三者」を制限する理由も見出しがたいとされるのである。なぜなら、——

「公示方法を具備せられたるを以て第三者に対する対抗要件と為すは敢て絶対権の絶対的性質に反して取引の安全を保護したるものに非ず。絶対権の絶対的効力に伴ふ当然の制限なり。[143]」

この論理は、「第三者制限連合部判決」を念頭におかなければ理解しづらい。同判決では、登記を対抗要件としたところに不動産物権の絶対性を貫徹しがたい素因があり、絶対性の一事から「第三者」の意義を定める論理必然性はないとしたのだが、博士によれば、誰に対してもその効力を主張することのできる絶対権だからこそ、公示方法の具備という当然の制限を受ける。したがって、絶対権については常に公示方法が必要であり、「第三者制限連合部判決」のように、いたずらに制限を設けて自縄自縛し、不動産に関する一切の法律関係を登記簿上

に反映させる不動産登記制度の理想から遠ざかるべきではないと考えるのである。(144)

鳩山博士の「第三者」無制限説は、差押債権者以外の一般債権者や、不法行為者を包含する点でも徹底している。たとえば、無制限説の最大の欠点として、未登記の不動産物権者は、不法行為者に対してさえ損害賠償を請求することができない結果となり、あまりにも不当だと非難されるが、博士に言わせれば、登記の有無にかかわらず、不法行為は実質上の権利者との間で成立するけれども、登記がなければ、その権利者は、不法行為による損害賠償請求権を行使することができず、不法行為者は、登記の完了まで損害賠償請求を拒絶することができるというのである。(145)

しかしながら、結論として立法論を唱える鳩山説は、「第三者制限連合部判決」の再度の判例変更を促す原動力とはなりえなかった。すでに1(5)cで述べたように、登記がなければ対抗できない「第三者」制限説は、判例上、登記が必要となる不動産物権の得喪変更の無制限説と同時に採用され、場合に応じてそれぞれを巧みに使い分けるべき一体の法理と考えられていたからである。

末弘厳太郎博士は、そうした制限・無制限両用の解釈を内包する判例法理の、ほぼ全面的な支持に回った法学説の先駆けであったろう。もっとも、同博士は、明治四一年の大審院連合部判決を起点とする判例の展開をあるがままに観察し、この「ある法」によって既成の概念を洗い直し、洗われた新しい概念の上に「あるべき法」を構築しようと試みたのであり、(146)その意味では、他の諸学説と同列におくことのできない面がある。

したがって、不動産物権の変動原因ひとつとっても、意思表示以外の原因による変動にも登記を必要とする無制限説の立場は、博士ならではの判例研究の方法(147)によって綿密に検証される。また、「第三者」の善意・悪意を不問とする判例や、登記の欠缺を主張しうる「第三者」を「正当の利益」を有するときに限る制限説も、実際的考慮を交えた関係判例の分析を通して賛意が表明されるのである。そのうえで、大審院に対しては、ただ漫然と

「正当の利益」の有無を標準として判断する態度を改めるよう、判例の依拠すべきふたつの原則を提示してみせる。第一は、ある物権変動について登記がないことを主張しようとする者は、その物権変動と両立しがたい権利を有する者でなければならないという原則であり、第二は、物権侵害者に対して侵害の排除または損害賠償を請求するためには、その物権が登記されていることを必要としないという原則である。[148]殊に、わが民法上、登記が物権変動を主張する唯一の証拠方法ではないとすれば、不法占有者ないし不法侵害者は「正当の利益」を有せず、「第三者」から除外されなければならないとする第二原則の方は、明らかに鳩山説を意識したものであろう。

いずれにせよ、末弘博士により、両原則が「あるべき法」を導く合理的判断基準として示され、そこに「日本らしいローカル・カラー」が公認されたと見てよい。それは、当時の法学界における日本法固有の「対抗要件主義」の公認でもあったと言える。

c　異彩を放つ反対説

もはや戦前の諸学説を網羅的に紹介する余裕はない。しかし、戦後の法学説の系譜を振り返り、日本法の現在をよく把握するためには、なお再読されるべき文献が少なくない。ここでは、石坂音四郎博士、横田秀雄博士の各論考に注目し、「対抗要件主義」なる判例法理との関連を見ておきたい。というのも、両説とも、「相続登記連合部判決」以来登記を必要とする物権変動原因の無制限説に立つ判例に対し、真っ向から異論を唱えていたからである。

なかでも、鳩山博士とともにドイツ法学流解釈論の「全盛時代」を築いた石坂博士は、不動産登記の効力別に、①「創設的効力」[149]、②対抗要件としての効力、③「宣言的効力」[150]という三つのカテゴリーに大別し、意思表示による物権変動に関してのみ民法一七七条の適用があるとする制限説を見事に論証している。②の効力に関しても、「登記ハ物権其モノヲ以テ第三者ニ対抗スルニアラス物権ノ得喪変更ノ事実ヲ以テ第三者ニ対抗スルカ為メニ必要ナル要件ナリ」との見方を示し、「登記ヲ以テ物権変更ノ事実ヲ証明スル方法」と位置づけられる。[151]しかも、登記は、当事者側から第三者に対して物権変動の事実を主張するための唯一の証拠方法とされる。この点、ドイツ法主義では、登記簿は即「設権証書」の性質を有するが、日本法では、登記簿は「証拠証書」の性質を有するにとどまるとして、彼我の差を明確に意識されたうえでの議論である。

石坂説の特徴は、「相続登記連合部判決」と同様、民法一七六条と一七七条の関係を否定する前提に立ちながら、同判決とは反対に、一七七条の適用を意思表示による物権変動に限定したところにある。したがって、時効取得、相続など意思表示以外の原因による物権変動の登記は、③のカテゴリーに分類される。ただし、未完の論考ゆえに詳細は不明だが、一七七条の「第三者」の範囲は、これまた判例とは反対に無制限説を支持するように読める。(152)

横田博士は、登記を必要とする物権の得喪変更の原因についてやはり制限説をとるが、法律行為説よりも広い「権利承継」説に立つところが特徴的である。(153) 無制限説は、公示主義と公信主義を混同し、いかなる場合に「対抗問題」が生じるかを考量しない非常識な空論であり、法律行為説は、法律行為以外にも民法一七七条の適用があることを認めない点で狭隘《きょうあい》に失すると断罪される。これらに対し、博士が唱える「権利承継」説は、物権の得喪変更が当事者間の権利関係に由来するか否かにより、第三者との関係で登記の要否を判断しようとする立場である。具体的には、当事者の意思表示のみで物権の設定・移転の効力を生じさせる民法一七六条と、「動産に関する物権の譲渡」の対抗要件を規定する一七八条の中間に位置する一七七条は、相続を含めた特定・包括承継に適用されることとなり、裏返せば、建物の新築、附合および時効による所有権の原始取得、目的物の滅失・毀損等に伴う物権の消滅・変更、被担保債権の消滅に伴う抵当権等の消滅は除かれる。横田博士の眼目は、隠居による生前相続にも一七七条を適用することにあると考えられる。ただし、同じ相続による包括承継でも、死亡相続の場合は、「絶対不可動」(154)の権利移転であるから、登記の有無によってその効力を異にすべきでないとされる。

死亡相続については、第三者への対抗のために登記を必要としないのであり、隠居相続との均衡上両者を区別しないのは杓子定規に過ぎると論難される。石坂説に劣らず、実際的考慮に富んだ柔軟な解釈論ではなかろうか。けれども、これらの反対説は、大審院にとって「相続登記連合部判決」の先例を見直す動機づけとはならなかった。[155]実際、敗戦後の家族法の全面改正（昭和二十二年法律二二二号）により、生前相続制度はすっかり廃止されたにもかかわらず、明治四一年のふたつの連合部判決は、その先例性を疑われることなく今日に至っている。まさに日本法固有の「対抗要件主義」は健在であり、一見して揺るぎそうもない判例の立場が、石坂・横田両博士の反対説にとどまらず、戦前の諸学説を過去のものにしたと言えるだろう。

日本法固有の「対抗要件主義」は、明治民法の起草者の率直な態度表明に顕著であったように、その当初より民法一七六条と一七七条を分断し、意思主義と公示原則（公示主義）、いわば形式主義の一変種との緊張関係を意図的に無視することから出発した。意思主義の理念を体現するフランス民法典は、母法として尊重されるどころか、当初より手本とならない不完全な立法例とみなされ、二〇世紀以降のフランス法の進展は、第二次世界大戦後、本格的な研究の対象とされるまで顧みられなくなった。にもかかわらず、「対抗要件主義」の判例法理は、通俗的には、いまだにフランス法主義そのものであるかのごとく信じられている。これが「幻想」の類いでなくして何であろう。しかし、この「幻想」には、確かに日本法ならではの社会的根拠があり、それが、明治四一年以来の、足かけ百年を数える判例法理を支えてきたのである。

では、「対抗要件主義」と呼ばれる日本法固有の判例法理の支柱をなすのは何か。一言で言えば、それは、民法一七七条の適用範囲を最大限に拡張する解釈こそが公示原則を徹底させる唯一の道と考える固定観念ではなかろうか。そうした観念を払拭し、日本法の現在と将来を見すえる作業は、これからが正念場である。

四　日本法の現在と将来

日本国憲法の制定に伴い、戦前日本の「家」を再生産していた家督相続制度は全面的に廃止され、民法第四編および第五編の全面改正が必至となった（過渡的には、日本国憲法の施行に伴う民法の応急措置に関する法律による）。そして、全面改正された相続に関する第五編では、常に相続人となる配偶者の相続権が厚く保護され（八九〇条、九〇〇条）、子どもが数人のときは、各自の法定相続分が相等しい均分相続（九〇〇条四号）を原則とすることになった。隠居等による生前相続が主流であった旧法下とは異なり、戦後の家族法では、被相続人の死亡のみを原因とする共同相続が圧倒的な比重を占めるようになるのである。

こうして、前述した三1(1)の事例で言えば、〈ケース2〉が争われる可能性、つまり、生前相続の開始後、被相続人が相続の対象不動産を第三者に処分し、家督相続人との間で紛争の原因となる心配はなくなった。日本法固有の「対抗要件主義」が形成される直接の契機となった問題は解消されたのである。これに対し、相続開始前の被相続人による所有不動産の処分と相続開始後の相続人による同一不動産の処分が重複する〈ケース1〉は、本来的に「対抗の法理」をもって解決すべき問題であったから、大正一五年の「相続介在二重譲渡連合部判決」の先例的価値は残るが、そのために相続登記の有無が問われるわけではなかった。

それゆえ、於保博士は、相続による不動産物権の変動において登記を対抗要件とすべき事情はもはや存在せず、明治四一年の「相続登記連合部判決」の先例性が失われたことをすでに半世紀も前から指摘し、依然として民法一七七条をすべての変動原因に適用しようとする判例の立場の根本的転換を促していた[156]。幾度となく本稿が於保博士の所説に依拠するのは、その的確な問題提起に深い共感を覚えたからにほかならない。けれども、「相続登記連合部判決」は、登記を必要とする物権変動の無制限説を表明した先例として今なお健在であり、学説上も、本気で判例変更を迫るような動きは見られない。どうして変化の兆しもないのだろうか。

以下では、本稿の締めくくりとして、判例・学説が停滞している諸要因を分析し、特に戦後著しい進展を遂げた共同相続に関する主要な判例と関連づけながら、現在の問題状況を整理してみよう（1）。そして最後に、日本法の将来を展望するうえで避けて通ることのできないふたつの課題を取り上げ、できるかぎりの考察を加えてみたい（2）。

1　現在の問題状況

判例・学説が、明治四一年の「相続登記連合部判決」の先例性、ひいては同年の「第三者連合部判決」との使い分けによる日本法固有の「対抗要件主義」を疑わなくなったのはどうしてだろうか（1）。また、共同相続に関して集積された判例により、現在の日本法はどのような状況にあるのだろうか（2）。これらの問題を順次に検討し、母法フランス法との対比を試みよう（3）。

(1)　判例・学説の現状

ここで日本法固有の「対抗要件主義」と呼ぶのは、明治四一年のふたつの大審院連合部判決以来、民法一七六条との関係を意識的に遮断したうえで、一方では、民法一七七条を意思表示以外の変動原因にも適用するという建前を崩さず、他方では、登記を欠いたままでは対抗することができない同条の「第三者」の範囲を実質的に制限し、変動原因無制限説と第三者制限説の独特の組み合わせにより、不動産物権の変動を規律しようとする判例の立場である。戦後に入ってからも、判例が、この意味での「対抗要件主義」を墨守し、学説もまた、既定事項のようにそれを扱ってきた要因はいくつか考えられる。

a　判例命題の理解

第一の要因は、明治四一年の「相続登記連合部判決」が定立した規範命題の理解にかかわる。というのも、これを「不動産物権の得喪変更は、その原因を問わず、登記がなければ第三者に対抗することができない」という最広義の法命題として理解すれば、同判決は、生前相続が廃止されたあとでも生き長らえることができる。実際、同判決を下した大審院自らが、自覚的にその無制限説を表明したと考えられることは前述したとおりだが（三1(4)b）、学説の大勢は、一般化され過ぎた判例命題を揶揄し、その存在意義を限局するだけで満足しているように見受けられる[157]。しかし、それならば、なぜ、正面切って無制限説に固執する判例の変更を求めようとしないのかという問題が残るであろう。

b　公示原則との区別

そこで、第二の要因として、不動産の公示原則を徹底させるためには、物権変動の原因を問うことなく民法一七七条の適用範囲を拡張する以外に方法がないと思い込んだ判例・学説の潜在的な法意識が作用しているのではないだろうか。別の言い方をすれば、日本法固有の「対抗要件主義」と公示原則を一心同体とみなす固定観念がいまだに居座っているのである。ただし、その中には、日本法でいう「対抗要件主義」を漫然とフランス法主義と同一視する見方のほか、フランス法の正確無比な理解のうえにあえて日本法固有の立場を正当化する考え方も含まれることに留意しなければならない。

いうまでもなく手ごわいのは後者である。そして、この後者に属し、日本法の固有性を明確に認識しつつ変動原因の無制限説を支持する代表的な論者はと言えば、星野英一博士をおいてほかにいない。星野博士によれば、一七六条と一七七条を同時に継受した日本法では、両条の間に矛盾はなく「あわせて一本としてその意味を考えるべきもの」であって、「制限説」に立つフランス法の考え方をいったん捨てた以上、それでもフランス式に戻るべきだと主張するならば、「日本民法の起草者の考え方は妥当でなく、やはりフランス民法式のやり方のほうが妥当である、ということを説明する必要がある[158]」。

フランス法においては、意思主義と「対抗不能」準則が同時に採用されたのでないことは確かである。けれども、日本法では、意思主義と「対抗要件主義」が一組になっているのだから、当然に無制限説が導かれるという論理必然的な関係でもあるまい。私見では、どちらに説明責任があるかはともかく、現在の判例を無制限説の延長でとらえてよいのか、今日でもそれは妥当しているのかを検証する必要があると考える。

ところで、変動原因を問わない無制限説が、不動産の公示原則（公示主義）に吸収され、その不可欠の要素とみなされるようになったのは、戦前の学説まで遡れば、鳩山秀夫博士の無制限説に始まる（三2(4)b）。鳩山博士の場合は、民法一七七条の「第三者」の範囲も無制限とする徹底ぶりであったが、この徹底した無制限説を継承した我妻栄博士は、自らの説をのちに改め、第三者制限説に立つ判例に譲歩し、登記を必要とする物権変動に関しても、昔日の絶対的無制限説とは異なり、登記を必要としない例外的な場合を認める「修正無制限説」[159]へと後退した。

当の我妻博士は、その決定的な転機をこう説明している[160]。すなわち、各種財団抵当法など「登記簿制度の動産への進出」[161]のように、公示原則の一定の進展が見られるものの、不動産利用者の法的保護を目的とした借地借家関係の立法により、登記を不要化する反流現象が強まり、公示原則の理想は実現すべくもなくなった。不動産を収益材として取引する者のためには、公示原則を進展させるべきだが、不動産利用者のためには、公示原則は退去すべきである。鳩山博士の解釈論は、取引のことごとくを登記簿に反映させる慣習が根づいてのみ可能だが、その望みがなければ、かえって取引界を歪曲させるばかりであり、「無制限説はいまやその主張の基礎を失った[162]」。したがって、日本の登記制度を近代法の最高水準に近づけようとする解釈論を展開することはいまや断念するほかはない。結論的には、登記になじまない取引の実情を前提として立論するとき、登記をもって個別的取引の保護とする考え方が最も至当なのであろう、と[163]。

それでも、不動産取引における最重要の原理として公示原則を位置づける我妻説の圧倒的な影響力のもとで、公示原則と見分けのつかなくなった日本法固有の「対抗要件主義」を支える法意識の基盤はきわめて強固であり、いうなれば、この日本法主義を見直そうとする気運がなかなか生まれなかったのも無理はない。しかし、改めて考えてみれば、「修正無制限説」と呼ばれる学説は、真に無制限説本来の立場に踏みとどまっていると言えるのだろうか。同様に、「消極的無制限説」[164]の異名をもつ判例についても、その真相が問われてよい。

この点、先覚者であった川島武宜博士は、民法一七七条の「第三者」が登場する余地のない場合ならば、そもそも「対抗問題」が生じないのだから、対抗要件となる登記を要求する実益がないとして、「判例が、『第三者』について……いわゆる制限説をとつていながら、すべての物権変動について登記なくして対抗し得ないというのは、無意味と云わざるを得ない」[165]と述べ、日本法主義の矛盾を指摘していた。しかし、そこで指摘された矛盾は、それほど深刻に受けとめられないまま現在に至っているのではないか。

c　判例法理の一面的強調

とすれば、矛盾した日本法主義、日本法固有の判例法理を疑おうとしない第三の要因として、学説上の立場いかんにより、明治四一年の「相続登記連合部判決」と同年の「第三者制限連合部判決」のいずれかを強調し、もう一方を切り捨てるといった論法が災いし、両者の一体的な理解が妨げられ、判例法理全体の問題性が十分に認識されていない事情が作用しているように思われる。もっとも、あえて筆者が指摘するまでもなく、先行研究の中には、「第三者」と変動原因の両面から判例の流れを把握しようと試みた原島重義博士の一連の研究[166]があり、とりわけ、取得時効の完成前後、法律行為取消しの前後で便宜的に登記を必要としない「当事者」か、それとも登記を必要とする「第三者」かに振り分ける判例の判断枠組みを批判し、「登記をもって対抗すべき第三者」の制限内で「対抗問題」を絞り込んでゆく原島説の法的思考は模範的である[167]。しかし、現在の問題状況は、「対抗問題」の本質を問いただし、その範囲を限界づけることによって判例法理を正すというのではもはや済まされない段階に達している。

というのは、以下の理由からである。

日本法固有の判例法理は、その見直しを妨げる第二の要因として挙げたように、不動産の公示原則と見分けがつかなくなり、一般論として無下に否定しがたい様相を呈するようになった。「相続登記連合部判決」以来の無制限説は、あらゆる物権変動を登記簿上に反映させる不動産公示制度の理想を断念したあとも、公示原則を最大限に尊重するうえで揺るぎない判例の立場であり、これを批判する「対抗問題」限定説は、当該概念から演繹的に導かれる「硬直した見解[168]」との誤解を招いたばかりでなく、見た目には、法律行為の取消し、契約解除があった場合も「対抗問題」から除外するなど、公示原則を犠牲にした登記不要論のように受けとられかねなかった。それならば、「修正無制限説」はどうかと言えば、できるだけ公示の要請に応えようとする姿勢を示しながら、結局のところは、取消し・解除、相続、時効取得といった各問題領域をさらに細分化し、個別の事例ごとに登記の要否を判断し、妥当な紛争解決を図るという分析的手法の域を一歩も出るものではなく、そうした観点から事後的司法判断の是非をめぐる議論に終始しているのが実情ではなかろうか。要するに、「相続登記連合部判決」を先例として維持する判例も、その原則的立場を支持する「修正無制限説」も、意思表示による物権変動か否かを問わず、紛争予防的に登記を促す効果は期待しがたく、「無制限」とは名ばかりであって、少なくとも現状を見る限り、公示原則に資するものとはなっていないのである。

原島博士の言葉を借りれば、不動産に関する物権変動を第三者に対抗するには登記が必要であることを定めた民法一七七条は「思想の表現[169]」である。そして、「思想の拠って立つ価値基準は、一方では、過去の歴史的経験を通じて克服され、あるいは継承されたものであり、他方では、法外のもろもろの真理や価値との関係で位置づけられたものである。このような全体とのつながりにおいてこそ、思想は思想たりうる[170]」（傍点は原文のまま）とも述べられる。ところが、「戦後のわが国の法律学が『概念法学』批判から、事件の個別性・特殊性を強調したことはよいとしても、規範（Norm）に内在する価値やその概念による把握、つまりは普遍的なものをたんなる主観的産物にすぎないとみて、普遍を置き去りにして来たことは、法律学の貧しさ、極論すれば、退廃をすらうみ出した」[171]。では、「不動産物権変動論」をめぐる戦後の法学説の歩みは、「普遍を置き去りにして」「事件の個別性・特殊性」のうちにむしろ貧困化したとの批判的総括を免れうるのだろうか。

あえて付け加えるならば、原島説は、「意思的要素（債権契約）と形式的要素（公示方法としての引渡または登記）、という基本的な二つのモメントは、いかなる立法例であれ欠くことのできない必須のもの」であり、「意思的要素と形式的要素との結合は折衷であるから、いずれが正しいかを問うことは無意味である」[172]と的確に指摘されながら、「相続登記連合部判決」以来久しく遮断された状態にある一七六条と一七七条の関係を修復しようとした形跡は見られない。しかし、この両者の関係においてこそ、歴史的かつ普遍的な「思想の表現」が見出されるはずである。私見では、前条、一七六条との相克を度外視したところでいくら一七七条の「対抗問題」を論じても、堂々めぐりの観を拭えないのは、「対抗問題」限定説ですら意思表示以外の変動原因を「対抗問題」の中に含める暗黙の了解を踏襲しているから[173]ではないかと考える。

やや抽象論に傾き過ぎたようである。以下では、日本法固有の「対抗要件主義」、略して日本法主義の、より具体的な現状を把握すべく、その中心問題のひとつとなった共同相続に関する諸判例を取り上げてみよう。

(2) 共同相続に関する判例の進展

a 戦前の判例　共同相続による不動産物権の変動と登記の関係については、戦前のふたつの大審院判決が、その後の判例を方向づけるうえで対照的な判断を示していた。

【9】大判大正八年十一月三日民録二五輯一九四四頁は、隠居者Aが留保していた不動産が、A死亡による遺

産相続の開始後、家督相続人Y_1、Xらを相続人とする共有に帰したにもかかわらず、Y_1が、家督相続したものとして単独所有権の登記を済ませたうえ、売買によるY_2への所有権移転登記を経由したため、Xが、Y_1からY_2への移転登記の全部抹消を求めて訴えを提起した事案である。第一審、原審ともにYらが敗訴したので、Y側から上告があったのに対し、同判決は、共有の一般理論から説きおこし、よく知られた以下の理由により、Yらの上告を棄却した。

（α）共有は、数人が共同してひとつの所有権を有する状態であり、共有者が物を分割してその一部を所有するのではない。各共有者は、物の全部について所有権を有し、他の共有者の同一の権利によって減縮されるにすぎない。したがって、共有者の有する権利は、単独所有者の権利と性質内容を同じくし、ただその分量および範囲に広狭の差異があるのみであり、各共有者の持分は、「一ノ所有権ノ一分子トシテ存在ヲ有スルニ止マリ別箇独立ノ存在ヲ有スルモノニアラス」。（β）「而シテ単独所有権ノ登記ハ一所有権ノ一箇ノ登記ニシテ多数ノ共有権ノ集合登記ニアラサル」から、「単独所有権ノ登記中或部分ノ共有権ノ登記ノミヲ残存セシメテ他ノ共有権ノ登記ヲ抹消スルコトヲ得ス」。ゆえに、その単独所有権の登記は、共有権の登記に改めるため、これを抹消することができる。

この【9】判決には、共有状態の法律関係を説いた部分（α）が、どういう文脈で単独所有権の登記の全部抹消請求を認める部分（β）につながるのか、論旨の不分明なところがある。[174] 共有権と単独所有権との違いを強調する趣旨であれば、単独名義の登記の一部を残して共有名義の登記に改めることは許されないという論理的帰結は理解しやすいが、両者の間には、むしろ分量および範囲の広狭の差異しかないとする点に力点があるならば、第三者への所有権移転登記を含めた単独所有権の登記全部の抹消請求を認める論拠としては納得しがたいものが残る。ともかく、本判決は、もっぱら共有関係の理論的な側面からアプローチし、民法一七七条の適用を問題とせず、第三者Y_2との関係で相続人Xの登記の有無を問うこともなかった。

【10】大判大正九年五月十一日民録二六輯六四〇頁は、自己所有の本件不動産上に抵当権を設定し、Y銀行から金銭を借り入れたAが、その直後に死亡し、Xほか四人の子の間でAを被相続人とする遺産相続が開始した事案である。ところが、本件不動産については、長男Bが、単独名義の相続登記を経て抵当権設定登記を済ませ、Aから相続した借入債務についても、Yから幾度となく支払期限の猶予を受けたものの、結局、抵当権の実行による競売の結果、Yが、自ら競落して本件不動産の所有権を取得し、BからYへの所有権移転登記を経由したため、Xが、当該登記の全部抹消を求めて訴えを提起した。原審で敗訴したXから上告があり、本判決は、以下の理由によってその上告を棄却した。

民法一七七条の規定は、不動産物権の得喪変更について利害関係を有する第三者の保護を目的として、特にその原因を制限したものとは解されないから、意思表示を原因とするか否かを問わず、「相続カ被相続人ノ隠居ニ因ル場合ナルト将《は》タ其死亡ニ因ル場合ナルトヲ区別セスシテ同条ノ規定ヲ適用スヘキモノ」である（ここで明治四一年の「相続登記連合部判決」を引用）。したがって、Xは、遺産相続による本件不動産の所有権取得を登記していないため、これをもってYに対抗することができない以上、本訴請求は失当と言わざるをえない。

【9】判決とは対照的に、この【10】判決は、共有理論には一切言及せず、民法一七七条にすべてを帰着させ、Bによる単独相続の登記の効力を問うこともなく、Xの請求を排斥する結論を下した。原審では、Yから借り入れたAの債務のうち、B以外の相続人が承継した分は時効消滅したが、Yとの間で弁済猶予の合意を重ねたBの相続債務は存続していたと判断されたから、これを担保すべき抵当権も有効に存在していたものとすれば、本判決の結論をあながち不当とばかりは言えないだろう。[175] 問題は、その理由づけのために「相続登記連合部判決」に依拠し、Xの登記の有無を決定的な理由として本訴請求を斥けたところにあるのではないか。

b　学説上の対立

現に、【10】判決をめぐる賛否両論は諸学説を二分するほどである。

同判決を支持する学説の中でも、所有権の帰属を一義的に定めることのできない場合の法律関係を「関係所有権」と呼び、この見地から共同相続をも民法一七七条の適用場面として肯定したのが中川善之助博士である。中川説によれば、相続における真の「対抗問題」は、相続開始前の被相続人による処分と相続開始後の相続人による処分が競合した「相続介在二重譲渡連合部判決」（前掲【7】判決）の事例、本稿でいう〈ケース1〉ばかりではなく、相続開始後に共同相続人のひとりが単独で相続した旨の登記を経た不動産を第三者に譲渡処分した場合も含まれる。この場合、処分者は、決して単なる表見相続人ではないのであって、共同相続人として立派に「関係所有権」を有し、第三者も完全にその所有権を取得しうるから、もう一方でやはり「関係所有権」を有する他の共同相続人との争いは、民法一七七条を適用すべき「対抗問題」にほかならないと解されるのである。[176] しかし、判例・学説上、同概念に依拠した議論はあとが続かなかった。

「関係所有権」の議論に与せず、また、死亡相続による不動産所有権の移転それ自体を第三者に対抗するための登記は不要と解しながら、各共有持分の第三者への対抗については、共有の「弾力性」に依拠して登記を必要とする結論を導くのは舟橋諄一博士である。たとえば、共同相続人のひとりAが、相続不動産の単独相続登記を経てそれを第三者Dに譲渡処分し、Dがその登記を済ませた場合は、未登記であった他の共同相続人B・Cの持分が否認され、Dとの関係においてAの持分が何らの制約も受けない完全な所有権となり、Dは当該不動産の単独所有権を取得することができるというのである。[177] さらに、Bらの権利が、共有持分の代わりに地上権であったならば、その登記がない以上、Dに対抗することはできないとして、補強的な説明を試みる我妻博士の議論も、[178] 舟橋説と同様、共有理論に立脚した登記必要説であった。

これらの学説は、その論拠の違いこそあれ、前の例で言えば、共同相続人Bらが第三者Dに対抗するのに登記を必要とする立場で一致していたが、反対に、登記を不要とする立場から、【10】判決に対しても疑問を呈する諸学説は多数に上った。(179) ここでは、以下に掲げる末川博博士の所説をもって登記不要説を代表してもらおう。

「共同相続人は各自の相続分に応じた持分以上には権利を有しないのであって（新八九九条、旧一〇〇三条）、その一人が遺産全部の登記をしても、持分以外の登記は実体法上権利を有しない者のした虚偽の登記にほかならぬのだから、これを信じて取引をした第三者は、登記に公信力を認めないわが法制の建前では、たとえ善意であっても保護を受けるわけにいかぬのである。すなわち、こういう場合には、他の相続人は登記が虚偽であることを立証して第三者の権利取得を争いうるのであって、自己の相続登記がないために第三者に対抗できぬというすじあいのものではない。(180)」

共同相続人のひとりが単独相続登記を経由しても、これを信じて取引した第三者に対し、他の共同相続人は、自己の相続分について登記なしに対抗することができるという登記不要説の法命題が、いかにも末川博士らしく平明に表現されている。そこまでわりきれるかどうかはともかく、【9】との間に見られる判例相互の対立関係の解消は、共同相続を原則化した現行制度のもとで不可避的となる。

c　共同相続人と第三者の関係　戦後の判例では、【11】最判昭和三八年二月二二日民集一七巻一号二三五頁が、その後の裁判所の判断を事実上拘束する意味できわめて強力な先例性を保持してきたことは周知のとおりである。本件事案を単純化して説明すれば、被相続人Aの死亡により、Aの妻X_1、両人の子Y_1、X_2およびX_2が共同相続人となったが、相続した本件不動産については、Y_1の夫Bが、偽造文書を用いてY_1の単独相続登記手続をしたうえ、第三者Y_2との間で売買予約を締結し（事後にY_1も同意）、Y_2への所有権移転請求権保全の仮登記を経由したため、Xらが、Y_1・Y_2に対して本訴を提起し、Y_1名義の相続登記およびY_2名義の仮登記の全部抹消登記を請求した。Y_1に対する本訴請求は、すでに第一審で確定しており、Y_2に対する本訴請求をめぐって争われた控訴審では、裁判所が、Y_1の持分を含めた仮登記全部の抹消を認めなかったことから、Xらが上告し、最高裁の判断が求められた。本判決は、上告棄却の結論を下し、以下の理由を示した。

まず、①「相続財産に属する不動産につき単独所有権移転の登記をした共同相続人中の乙ならびに乙から単独所有権移転の登記をうけた第三取得者丙に対し、他の共同相続人甲は自己の持分を登記なくして対抗しうるものと解すべきである」と述べ、これを②「乙の登記は甲の持分に関する限り無権利の登記であり、登記に公信力なき結果丙も甲の持分に関する限りその権利を取得するに由《よし》ないから」と論拠づける。次に、③「この場合に甲がその共有権に対する妨害排除として登記を実体的権利に合致させるため乙、丙に対し請求できるのは、各所有権取得登記の全部抹消登記手続ではなくして、甲の持分についてのみの一部抹消（更正）登記手続でなければならない」と断定し、これまた④「右各移転登記は乙の持分に関する限り実体関係に符合しており、また甲は自己の持分についてのみ妨害排除の請求権を有するに過ぎないから」と論拠づける。

判決理由①の命題は、【10】判決を先例とせず、改めて登記不要説に立つことを明らかにした部分である。②の部分は、末川説ほか登記不要説の論拠づけを踏襲し、その末尾で【9】判決を引用する。そこまでは、同判決以前の議論の域を出るものではない。ところが、③の部分では、従前の議論から踏み出し、未登記の共同相続人甲が、単独相続の登記名義人乙、第三者丙に対して請求可能なのは「一部抹消（更正）登記手続でなければならない」と決めつける。しかも、④の部分では、被相続人から乙へ、乙から丙への各移転登記は、乙の持分の限りで「実体関係に符合して」いるから、甲の妨害排除請求として全部の抹消登記は認められないかのごとく論じている。これは、第一審の段階で確定した共同相続人間の争いにまで波及する議論であり、その当否が問い直されてよい箇所であろう。[181]

そもそも、敗戦直後の家族法の全面改正により、共有状態を必然化する共同相続が相続制度の主流となったにもかかわらず、共同相続財産の管理人制度に関し、相続人の全員が単純承認したとき（民法九二〇条、九二一条）の明文規定を欠いており、[182]よく言えば、共同相続人による「共同管理」（民法九一八条一項を参照）、現実には、各相続人の専断による処分行為をも許容してしまう相続財産の「争奪戦」をなすがままにしているところに問題の根本がある。わずかに管理人制度が見られるのは、利害関係人等の請求を受けて家庭裁判所が相続財産の保存に必要な処分を命じるとき（民法九一八条二項・三項）、限定承認があったとき（民法九三六条）にすぎない。このような現行制度の「根本的な欠陥」にメスを入れず、未登記の共同相続人と第三者との折り合いをつけようとしても、本質的な問題解決にならないことはもはや明白であろう。[183]その意味では、【11】判決に代表される登記不要説であれ、これに反対する登記必要説であれ、遺産分割までの共同相続財産の適正な管理を何ら保証するものではなく、同判決の事案をひとつの典型事例とする紛争の抑止効果もおよそ期待しがたい。

ところが、戦後の判例・学説は、同判決以後も法定または遺言相続による不動産所有権の移転を丸ごと民法一七七条の適用下におく変動原因無制限説、ひいては第三者制限説と一体化した日本法主義を疑わず、共同相続開始後の種々の紛争事例ごとに登記の必要性を見きわめる思考方法に慣れ親しんできた。試みに、各紛争類型別に示された主要な判例を以下に掲げよう。

d　相続放棄と遺産分割　【12】最判昭和四二年一月二〇日民集二十一巻一号一六頁は、共同相続人の間で相続の放棄があった場合であり、その効力を第三者に対抗するために登記を必要とするか否かが問われた事案である。本件事案のあらましを紹介すれば、被相続人Aが死亡し、Aの共同相続人七名中Xを除くB_1ないしB_6が家庭裁判所で相続放棄の申述をしたことなどから、XがAの所有であった本件不動産を単独で所有することになったが、その旨の登記が経由される前に、B_1の債権者Yが、B_1に代位して同人が他の相続人とともに本件不動産を相続したものとする共同相続登記を経たうえ、B_1の持分（九分の一）の仮差押えをしたため、Xが、第三者異議の訴えにより、仮差押えの登記の抹消登記を求めた。原審では、Xが敗訴したが、Xの上告を受けた【12】判決は、原判決を破棄自判し、Xを勝訴させた。

同判決は、その理由として、民法九一五条の「所定期間内に家庭裁判所に放棄の申述をすると（同法九三八条）、相続人は相続開始時に遡ぼつて相続開始がなかつたと同じ地位におかれることとなり、この効力は絶対的で、何人に対しても、登記等なくしてその効力を生ずる」としか述べない。

相続放棄とも関連し、遺産分割後に登場した第三者との関係で登記の要否が問われた【13】最判昭和四六年一月二六日民集二五巻一号九〇頁は、【12】判決で言及されなかった諸点を取り上げており、両判決の比較対照が不可欠である。【13】の事案のあらましを紹介すれば、被相続人Aの死亡による共同相続が開始し、Aの生存配偶者X_1、AとX_1間の子X_2ないしX_7、B_1ないしB_4の計十一名がその相続人となった。ようやく成立した遺産分割の調停により、X_1ないしX_7の七名が、Aから本件不動産（甲、乙および丙の三つの物件、いずれも未登記）を各七分の一の割合で相続することになったが、それに先立ち、Y_1、Y_2およびY_3が、X_1の債権者として甲・乙両不動産の同人の持分二七分の九、丙不動産の持分三〇分の一の仮差押えをするため、本件各不動産につき、執行裁判所（現行では、裁判所書記官）の嘱託により、それぞれBらを含めた法定相続分を持分とする所有権保存登記がなされた（現行不動産登記法では、七六条二項）。そこでまず、X_2ないしX_6が、X_1およびBらに対し、上記の所有権保存登記の更正登記を求める訴えを提起し、その認容判決が確定したのち、次にX_1ないしX_7が原告となり、登記上の利害関係を有する仮差押債権者Yらの承諾を求めた（現行不動産登記法では、六七条二項ただし書き）のが本件訴訟である。第一審、控訴審ともにXらの請求を棄却し、Xらが上告したが、最高裁は、以下の命題を定立し、上告棄却の判決を下した。

「不動産に対する相続人の共有持分の遺産分割による得喪変更については、民法一七七条の適用があり、分割により相続分と異なる権利を取得した相続人は、その旨の登記を経なければ、分割後に当該不動産につき権利を取得した第三者に対し、自己の権利の取得を対抗することができない」。

本判決は、遺産分割の効力（民法九〇九条）を相続放棄（民法九三九条）と同一視する上告理由を受け、判決理由中で懇切に両者の相違点を説いている。第一に、遺産分割では、同条ただし書きの規定により、第三者の権利を害しないように遡及効を制限し、この点で「絶対的に遡及効を生ずる相続放棄とは、同一に論じえない」とするいわゆる文理解釈である。第二に、前者の場合、相続開始後遺産分割の前後にわたって第三者の現れることが予想され、その分、第三者保護の要請も切実だが、後者の場合、「相続開始後短期間にのみ可能であり、かつ、相続財産に対する処分行為があれば放棄は許されなくなるため（民法九二一条一号参照——引用者注）、……第三者の出現を顧慮する余地は比較的乏しい」とする合理的理由も示される。特に分割後の第三者との関係では、「分割により新たな物権変動を生じたものと同視して、分割につき対抗要件を必要とする」理由がある。要するに、民法九〇九条ただし書きが適用されるのは遺産分割前の第三者に限られ、本件事案のように、分割後の第三者に対する関係は民法一七七条の適用場面として残るのである。

学説上も【12】と【13】の両判決を対照させた議論は盛んだが、[184] ここでは、その詳細に立ち入らない。さしあたり注意を喚起したいのは、個別事例ごとに民法一七七条適用の可否が問われるようになったとはいえ、「相続登記連合部判決」以後の変動原因無制限説が真正面から否定されたわけではなく、なおもそれが判例の立場の大前提となっている以上、同条の適用範囲の中に登記を不要とする事例の数だけ不適用の例外、いわば穴あき状態が現出しているということである。しかも、その適用・不適用、穴あき状態の分布は不透明さを増しているように見える。

e　遺言が残された場合

たとえば、被相続人が遺言を残しており、共同相続人間のみならず、遺言執行者、第三者を巻き込んでその遺言の効力が争われる場合を例にとってみよう。

【14】最判昭和三九年三月六日民集一八巻三号四三七頁は、被相続人の遺言により共同相続人の一部が特定不動産の遺贈を受けたが、これを原因とする所有権移転登記がなされないままに、遺贈を受けなかった他の相続人の債権者が、代位による相続登記を経て強制執行を申し立てたため、その差押えの登記後に選任された遺言執行者が第三者異議の訴えを提起した事案において、次の理由から登記必要説の立場を明確にした。すなわち、遺贈は、「意思表示によつて物権変動の効果を生ずる点においては贈与と異なるところはない」から、遺言者の死亡によって遺贈が効力を生じた場合でも、民法一七七条の例外とすべき理由はなく、「不動産の二重譲渡等における場合と同様、登記をもつて物権変動の対抗要件と」解すべきだというのである。なお、本件では、遺言執行者自らが原告となり、相続人の債権者による差押えの排除を求めたが（民法一〇一三条を参照）、原告の請求は認められなかった(185)。

ところが、共同相続人のひとりが、第三者のために遺贈の目的不動産上に抵当権を設定した事案に関する【15】最判昭和六二年四月二三日民集四一巻三号四七四頁は、民法一〇一三条の規定に違反した「相続人の右処分行為は無効であり、受遺者は、遺贈による目的不動産の所有権取得を登記なくして右処分行為の相手方たる第三者に対抗することができる」と解した。本件の場合、目的不動産上の抵当権設定行為が、遺言上遺言執行者に指定された者が就職を承諾する前の処分行為であったが、「遺言執行者がある場合」という一〇一三条の文言は、遺言執行者の就職の承諾前を含むと解され、結論的には、登記を不要とする事例となった。けれども、そう解するとなれば、遺言執行者の有無と連動して登記の要否も即断しかねるケースが生じないとも限らない[186]。

【16】最判平成三年四月一九日民集四五巻四号四七七頁では、遺産となった特定の不動産を特定の相続人に「相続させる」旨の遺言があり、その遺言の効力をめぐって共同相続人間で争われた事案に関し、遺言者の意思を合理的に解釈すれば、「相続させる」旨の遺言は、遺贈と解すべき特段の事情がない限り、民法九〇八条にいう遺産分割の方法を定めたものだから、「このような遺言にあっては、……何らの行為を要せずして、被相続人の死亡の時（遺言の効力の生じた時）に直ちに当該遺産が当該相続人に相続により承継されるもの」とされるに至った。つまり、原則として遺贈とは解されないにもかかわらず、「相続させる」旨の遺言には、遺産分割を経ることなく当然に特定不動産の所有権が特定の相続人に移転するという意味で遺贈と同様の効果が認められ、登記実務上、同趣旨の遺言があれば、当該相続人は、直ちに相続を原因として所有権移転登記をなすことができるとする取り扱い（昭和四七年四月一七日付民事甲一四四二号民事局長通達・民事月報二七巻五号一六五頁）と整合するようになったのである。さらに、近年の判例によれば、「相続させる」旨の遺言により、当該相続人に特定不動産の所有権移転登記を取得させることは、民法一〇一二条一項の「遺言の執行に必要な行為」に当たるから、その登記前に他の相続人が自己名義の所有権移転登記を経由したため、遺言の実現が妨げられる状態が現出した場合には、遺言執行者は、遺言執行の一環として妨害している所有権移転登記の抹消登記等を求めることができるし（最判平成一一年一二月一六日民集五三巻九号一九八九頁）、また、共同相続による法定または指定相続分の取得を第三者に対抗するために登記を必要としないように、「相続させる」旨の遺言による権利の移転も、登記なくして第三者に対抗することができるものとされている（最判平成一四年六月一〇日家月五五巻一号七七頁）。

こうして、昭和四〇年代から定着したと言われる日本特有の遺言慣行は、登記を必要とする遺贈を凌駕し、登記を必要としない民法一七七条不適用の事例が例外でなくなる傾向を一層助長しているように思われる。これまた周知のとおり、【16】判決については、賛否両論の険しい対立状況があるだけに、[187] 生半可な論評は許されないが、ここでは、企業法務を含めた社会経験から相続財産の厄介さを熟知した評者ならではの感想を紹介し、相続を原因とする登記との関連で「相続させる」旨の遺言の効力を考える機縁としよう。

「最高裁判決は、遺留分の問題は別に解決すればよい、という口振りであるが、理論的にはそうであっても、現実には遺留分の問題も含めて、全遺産の全相続人への帰属を同時に解決させるのが、実務的には望ましいのではないだろうか。／それなのに、遺言があることの故に、指定された相続人が、まだ他の相続人と他の遺産の処理につき話合いもつかない段階で、自分だけが早々と指定された財産、ことに不動産の所有権移転登記をすませてしまい、その自由な処分が可能な状態を作り出してしまうことは、かえって相続人間の紛争を激化させることにならないのであろうか。／遺言がある以上、遺産分割協議でも、調停でも審判でも、そのとおりになることが保障されているのだから、むしろ、登記手続等はゆっくりさせればよいのではないか。なぜ、それを急がせようとするのであろうか。それが、かえって他の相続人の怒りを誘発して、紛争と混乱の状態を招致するおそれがないのであろうか。[188]」

現在の遺言慣行を積極的に普及させてきた公証実務からすれば、せっかく公正証書遺言まで作成しながら、それが、遺産をめぐる紛争予防の決め手になるどころか、相続人間の争いの新たな火種になることを望むはずはなく、一部であれ、早期の遺産処理を意図したものであることは疑いないが、結果的には、評者が抱く懸念を払拭することができないのではなかろうか。私見では、「登記手続等はゆっくりさせればよい」との楽観論が、数次に及ぶ相続登記の停滞を招いた遠因となっており、この点だけは承服できないにせよ、遺産全部の帰属先の同時的解決が理想であることは異論の余地がない。それにつけても、相続財産が高額化すればなおのこと、扱いづらい遺産処理を相続人任せにしておく現行日本法の前提自体が見直されてよい。比較法的見地からも再考を要する課題である。

(3) フランス法との対比

最新の法改正[189]によれば、フランス相続法は、相続財産を管理するための新たな委任として、①被相続人の死後に効力を生じる約定委任（mandat conventionnel à effet posthume, 民法典八一二条ないし八一二条の七）、②相続人による約定委任（mandat conventionnel post mortem, 民法典八一三条）、③裁判上の委任（mandat judiciaire, 民法典八一三条の一ないし八一四条の一）という三つの形態を制度化した。特に注目されるのは、「すべての者は、一人または数人の他の自然人または法人に対し、遺言執行者に委ねられた諸権限を除き、自らが被相続人となる相続財産の全部または一部を管理し、一人または数人の確定した相続人のために委任をなすことができる」（八一二条一項）と規定された①の形態である。日本法と同様、委任は、委任者の死亡をもって終了することを原則としているが（民法典二〇〇三条三項）、判例によってその原則が緩和され、ついに委任者の死後に効力を生じる死後委任が明文化されたのである。このほか、遺産分割の段階では、従来から公証人が関与してきた協議分割の方法はもちろん、裁判分割の場面でも、改正法により、裁判官の権限が格段に強化され、選任された公証人の出番が各所に用意されている（民事訴訟法典一三五九条以下）。こうして、受任者の管理下にある相続財産が、広い意味での司法的支援を享受し、遺産分割に伴う相続人同士の修羅場を免れることができるならば、費用対効果の問題は残るものの、紛争予防の効用も大いに期待されるであろう[190]。

すでに本章一・二において詳しく検討したように、相続・遺贈を原因とする不動産物権の設定・移転に関しては、一九三五年法の制定により、これが不動産公示の対象とされて以来、特定遺贈を除けば「対抗不能」準則の埒外にあり、一九五五年法による現行制度のもとでは、「義務的公示」のカテゴリーに分類され、一定期間内での公示が義務づけられている。たとえば、遺言なしの法定相続の場合、相続人が自己の権利を行使するためには、真っ先に公証人に嘱託し、遺産承継証明書を作成してもらう必要がある。そして、相続財産の全部または一部の帰属にかかわる公知証書、財産目録、不動産以外の証明書その他の証書作成を嘱託された公証人は、嘱託人に対し、不動産については固有の相続証明書の作成が法定された義務となっていることを告知しなければならない。不動産相続証明書が先に公示されておらず、同時に不動産相続証明書の嘱託もないときは、公証人は、自らが嘱託を受けたその証書の作成・交付を禁じられてさえいるのである。[191]したがって、現行制度上法定された義務違反に対するサンクションが廃止されてしまったとはいえ、公証人等への義務づけにより、少なくとも数次の相続に及ぶ公示が停滞する事態は回避されるであろう。

公示を必要とすることのふたつの意味を区別し、①公示制度の理想、立法政策の観点から登記すべき変動原因を考える「手続法上の意味」と、②登記がなければ第三者に対抗不能となる「実体法上の意味」の混同を戒めた舟橋博士の指摘[192]が想起されよう。「対抗要件主義」と公示原則を同一のものとみなす固定観念の再考は、実は、すでに先行研究の中でも示唆されていた。[193]

ところで、フランス法における不動産公示は、①第三者への情報提供によって紛争を予防し、②不動産をめぐって競合する権利相互の衝突を自動的に制御するという二重の機能を担っており、対抗不能準則は②の機能に帰着するものと考えられるが、不動産公示システム全体の機能として、②から①への傾斜が顕著であることはすでに述べた。[194]繰り返せば、相続・時効を原因とする不動産取得、宣言的（確認）行為とされた遺産分割も対抗不能準則の適用外にあるほか、日本法と異なるもうひとつの顕著な特色として、不動産公示の申請手続が公示の対象となる証書作成者に義務づけられていることを忘れてはならない[195]。

翻って、日本法における「対抗要件主義」は、登記義務者と登記権利者による当事者申請主義を原則としているから（不動産登記法一六条、六〇条）、当事者にとって登記申請の動機づけになることが期待されている。これを③公示促進機能と呼ぶならば、フランス法の場合は、当事者申請主義を採用せず、公示義務者に対する期間制限を設けた現行制度のもとで、そもそも対抗不能準則が③の機能を担うことは予定されていない。この点、日本法の場合には、【11】判決の事案でも登記必要説に立ち、③の機能を最大限に発揮させようとしたのが我妻説に代表される有力説であった。しかしながら、共有関係の「弾力性論」がそうであるように、種々の紛争事例を民法一七七条の適用下に押し込める立論には相当の無理があり、たとえその試みが成功したとしても、判例上、「第三者」制限法理により、多分に尻抜けとなってしまうのが実情ではなかったか。現状では、「対抗要件主義」の判例法理は、民法一七七条を適用しない斑《まだら》模様のごとき例外により、変動原因無制限説の原型をとどめない姿となっている。【11】以下の戦後の判例を見るにつけ、同法理の第三の機能、登記促進機能への期待どころか、第二の事後的紛争解決機能も、実際、どこまで明確かつ予測可能な裁判規範たりえているかは疑わしい[196]。ともかくにも、この日本法の現在を直視しなければ、その将来を見通すことはできないはずである。

2　将来に向けての課題

日本法の将来を展望するうえで最も大きな障害物は、日本法固有の「対抗要件主義」が、必ずしも公示原則に資するものとなっていないという現実を直視せず、漫然と両者を同一視してきたことにあると考えられる。ただ、ほかにも公示原則の徹底を妨げる要因があるのではないか。その諸要因を分析し（1）、すっかり障害物を取り除いたあとに、さしあたりどのような課題が見えてくるか（2）。最後にこれら当面の課題を取り上げ、かろうじてここまで辿り着いた本章のむすびとしよう。

(1)　公示原則の徹底を妨げるもの

元はと言えば、民法一七六条との関係を遮断し、そこから出発して民法一七七条の適用範囲を無制限に拡張した日本法主義は、同条の母法に当たる「対抗不能」準則の理解のみならず、一七六条の紛れもない母法の位置を占めるフランス法の意思（諾成）主義の理解においても問題があったように思われる。

「フランス民法典が、個人の自由から生まれるあらゆる表現も、あらゆる合意も、法的な保護に値することを認めたというのは正しくない。一一三四条は、ただ適法に成立した合意であれば、これを交わした当事者にとって法律の代わりになると述べるだけである。この主要な制限に加え、六箇条の制限（善良な風俗、公けの秩序）、一一三一条（コーズ cause）、一一二八条、一一三五条等々があとに続く。無数の合意が、禁じられたままであって司法的救済の道を断たれている。……わがフランス法は、あらゆる個人意思を考慮するどころか、合理的な意思しか保護しようとはしない。合理的意思とは、すでにその内容が確実であり、理性に適合し、個人の恣意より上位に位置づけられた秩序にも適合することが推定可能なものである。」（傍点部分は、原文でイタリックの箇所。次の引用も同じ）

果たして、日本法は、契約の成立のみならず、所有権移転の唯一の根拠となる「意思」をかくあるべきものとして理解しているだろうか。

「意思を『法律』とみなすことは、全く首尾一貫せず、法を欠くものとなるだろう。意思の名のもとにある法は、意思の擬制を目ざしており、手直しされ、人為的に安定していて一貫性があり、法律が体現するような理性と調和する意思を対象としている。要するに、法律によって見守られた意思である。(197)」

この「合理的な意思」あるいは「法律によって見守られた意思」を当事者から引き出し、不動産公示システムにも接続する公証人の職務と責任、その公証人が作成した証書ほかの書証が証拠法上占める位置については、フランス法固有の問題点を含めて詳しく紹介したから（本書第二章および第三章）、ここで繰り返すのは控えたいが、総じて、母法における真の姿を理解するためには、民法典の指導原理となった当時の思想的基盤はもとより、この法原理を城塞のように取り囲む種々の法制度上の工夫を視野に入れる必要がある。ところが、母法から意思主義を継受した日本法では、民法一七六条をめぐる議論と言えば、「当事者の意思表示のみによって」物権の設定・移転の効力が生じることの端的な現れ、所有権の移転時期の問題に還元されるのが通例であった。これでは、一切の形式を排除した意思主義における自由意思の重みも、形式主義を起源としながら、再び「対抗不能」準則と伴に呼び戻された不動産公示との緊張関係も、およそ関心の外に追いやられてしまう。事もなげに民法一七六条と一七七条の歴史的理論的関係が遮断され、「対抗要件主義」という独特の判例法理が展開し、「不動産物権変動論」と命名された学説上の議論がますます肥大化する法現象は、継受国ゆえの宿命的な面もあるが、改めてその法原理の意味を私たちに問いかけている。

半面、不動産の公示原則を「対抗要件主義」と同義とみなす固定観念が支配している限り、公示原則そのものを徹底させようとする意欲的な判例・学説の営為も精彩を欠くのは必定である。なぜなら、変動原因無制限説のもとでも「対抗要件」としての登記を要求しがたい場合が残り、我妻博士の転機（四1(1)b）が象徴するように、不動産物権の設定・移転のすべてを登記簿上に反映させる徹底した公示原則は断念せざるをえないからである。

日本の不動産登記法の歴史を振り返れば、最初に近代的な登記制度を導入した旧々登記法の制定（一八八六年）以来、地券・公証実務に馴染んでいた利用者の間では、徴税目的を優先させた新制度に対する不信感が根深く、戦前・戦後を通じて登記の潜脱・回避の傾向が改まることはなかった。[198] いわゆる中間省略登記や登記留保、流用登記といった日本特有の登記慣行が、不動産の投機的取引を招きやすい土壌であることは否定すべくもないが、これらの慣行に対し、従来の主要学説は、きわめて寛大な態度をとってきた。取引・金融実務の要請であれば、公示原則の理念も後退に次ぐ後退を余儀なくされたのである。

今日では、徹底した公示を目ざす法原則の理念はおろか、その存在意義さえ顧みられなくなったと言えば、大げさに過ぎようか。しかし、公示制度に隣接する物的担保法制全般の動向を見れば、母法においても無体財産質など公示方法の簡略化の現象を呈しており、ましてや日本法の現状では、「集合物」担保の例をひとつとっても、公示原則、これと並ぶ特定原則（目的物および被担保債権の二重の特定）の意味が見失われているのは確かである。不動産を中心とした公示制度、これを基礎づける法原則は、日本法に限らず、同時代の劇的に変貌しつつある民事法制の直中にあって大きな曲がり角にさしかかっている。[199]

こうした民事法制全体の動向が、一概に公示原則の実現を妨げる阻害要因とは言いきれないが、少なくとも、公示原則と同視された「対抗要件主義」は、前述した第三の公示促進機能を期待しがたいものとなり、反対に、「不動産に関する物権の得喪及び変更」をあまねく公示対象とする別の方途の選択を閉ざしているという意味で、むしろ公示抑制的機能すら帯びるようになっているのではなかろうか。民法一七七条の適用範囲を見直し、一世紀あまりも持続した「対抗要件主義」の判例法理の転換を図ることは、いまや切実な課題と言えるのである。

(2)　民法一七七条の適用範囲

共同相続に関する判例解説（論評）の中には、民法一七六条がいう「意思表示」以外の変動原因にも一七七条の適用を認める判例の不動の立場がいつの間にか忘れ去られ、たとえば、「遺贈は意思表示によって物権変動の効果を生ずる点においては、贈与と異なるところはない[200]」とか、相続放棄と区別された遺産分割は、「第三者に対する関係では、分割により新たな権利の移転が行なわれ、将来に向かってのみその効果を生ずるのと同視しうる[201]」といった記述が見られる。ほかにも「物権変動を生じる意思表示」としての遺産分割の効力を強調する見方は多い[202]。果ては、相続放棄についても、「Aの放棄申述がXに相続分を譲渡する目的があり、XにAの放棄申述という行為によりAの相続分を譲受けるという意思があって実質的にAよりXへの相続分譲渡の合意があった」と見られる場合には、第三者Yとの関係でXの登記が必要となる可能性を残そうとする議論[203]もある。これらは、いずれも相続・遺贈を原因とする場面でいったんは民法一七七条の適用要件として排除されたはずの「意思表示」を再び蒸し返す論法であり、いかにも奇妙である。もう一度「意思表示」や「合意」の存在を持ち出さなければ、一七七条適用の可否を見きわめられないというのであれば、率直に遮断された一七六条との関係を回復すべきであろう。

そこで、やはり焦点となるのは、「意思表示」以外の原因による不動産物権の得喪変更をいかにして登記簿上に反映させるか、その方途を考えることである。相続を原因とする場合は、相続開始後遺産分割が完了するまでの間に、一部共同相続人の独断専行により相続財産が流出したり、散逸したりすることを未然に防止するためには、相続財産管理人制度の整備が急務と考えられる（本章四1(2)c）。フランスでは、一足早く同じ立法上の課題に二〇〇六年の改正法が応えており（本章四1(3)）、同時代の法現象として見逃すことができない。特定遺贈に関しては、フランスにおいても「対抗不能」の法準則が適用されてはいるもの[204]の、日本においては、「相続させる」旨の遺言の利用状況を度外視して「対抗要件主義」のもとに安住することはできない。遺産分割に関しては、日本においても、現実には、弁護士、司法書士、税理士など法律専門職が関与する場面は少なくないと思われるが、職務上の明確な法的義務づけを待たないでも、専門職相互の連携・協力関係の構築により、遺産分割の結果その対象不動産の帰属先となった相続人への登記を確実に登記手続の上に乗せるネットワーク作りが求められる。また、調停・審判による遺産分割の登記が、協議による分割の登記と同じく、当事者からの申請に委ねられたままの取り扱いは改善の余地があるのではないだろうか。残念ながら、時効取得を原因とする場合に関し、十分に検討する余裕はなかったが、現状では、時効取得者がその所有権取得の対抗要件を備えようとしても、そのための登記手続の道筋が十分解明されていない場合があり、「対抗要件主義」の前提それ自体が疑問となることを最後に指摘しておこう。(205)

現時点で言及することができるのは以上に尽きる。これから先の検討課題においても、本章一・二で紹介したフランス法の現行制度とその運用の仕方は、きっと参考に値するだろう。けれども、それは、いたずらに母法を理想化し、そのあとを盲従すればよいというのではない。彼我の差を明確に自覚したうえ、日本の実情に照らしつつわが法の将来を構想する正攻法は、法文化交流の常道であり、水と油のように見えるドイツ・フランス両法の間でもしばしば見られる歴史的事実である。

注

(1)　フランス法における不動産公示制度が、その端緒から次第に成熟してゆく歴史的過程を辿り直す試みとして、今村与一「フランス不動産公示制度の起源――抵当権と不動産公示の邂逅（その二）」、『岡山大学法学会雑誌』四九巻三＝四号二七七頁以下。

(2)　現行フランス法のもとにある意思主義と形式主義の関係については、本書第一章で整理した。

(3)　たとえば、圧倒的な精緻さを誇る日本の有力学説の中でも、「一七六条は物権変動の当事者間……において物権変動の時期が争われた場合にそれを決定する基準であり、一七七条は相容れない物権変動を得た者の間……で、それぞれの物権変動の先後関係が争われた場合に……これを決定する基準であり、両基準は問題の平面を異にするものであるが故に、互いに矛盾するものではありえない」（安達三季生「取得時効と登記」『法学志林』六五巻三号三〇頁）といった理解が示されているのは、そうした見方が決して通俗的でないことを裏づけるものである。日本民法の一七六条と一七七条の関係については、日仏両民法の沿革の異同を平明に説いて淀みのない星野英一「日本民法の不動産物権変動制度――母法フランス法と対比しつつ――」（同『民法論集』第六巻所収、有斐閣、一九八六年）九七頁以下も、相互の矛盾を認めない点で結論を同じくしている。

（4）この問題は、本章〔補論1〕「数次相続における『中間省略登記』の全部抹消請求」三一九頁以下で取り上げる。

（5）不動産公示制度が、特に外観から見えにくい不動産上の諸権利（諸負担）の存在を視覚化するための法制度だとすれば、不動産を含めた財貨の自由流通を建前とする意思主義のもとで、取引不自由の象徴であった形式主義の転換を図り、装いを新たにした不動産公示制度の整備を推進する〝旗印〟となるのが公示原則である。何と言っても、同原則の主眼は所有権と抵当権を公示の対象とすることにあるのだが、フランス法では、革命期立法による後者の「隠れた抵当権」の公示が先行し、ようやく一九世紀中葉の産業革命期、前者の、生存者間での有償・無償の所有権移転の公示が原則化するに至る。けれども、相続を原因とする所有権移転が公示の対象となり、いよいよ現行法の陣容が整うのは、二〇世紀前半の諸改革を経た第二次世界大戦後のことであり、それまでに一五〇年あまりを要しているのが、母法の偽らざる実像と言えよう。

日本法の「対抗要件主義」は、フランス法主義を採用したものであり、現在でも母法と全く同一であるかのように信じられているが、母法の場合には、それに当たる「対抗不能（inopposabilité）」の準則は、紆余曲折を辿る公示原則の確立過程にあって、公示の欠如に対するひとつの法的サンクションとして位置づけられたものにすぎない。日本における「対抗不能」準則についての理解は、フランス法から移植した一時点の固定的なイメージをそのまま踏襲しているが、母法の扱い方は、不動産公示制度の変遷とともに様変わりしており、いつまでも固定的ではありえない。

要するに、民法典制定以来の立法政策の基調をなすのは、先ほどの意味での不動産公示原則の徹底であり、このために「対抗不能」のサンクションを伴う法制度の全体が供されていると考えられる。少なくとも、母法では、「公示制度」・「公示原則」・「対抗要件主義」といった概念を漫然と混用するわけにはいかないだろう。この点に関して言えば、星野英一「物権変動論における『対抗』問題と『公信』問題」（前掲『民法論集』第六巻所収）一三四頁以下の整理には納得しがたいところがある。だが、それは、以下の本論において検討されるべき事柄に属し、ここでは、詳論を控えなければならない。

（6）J. Domat, *Les loix civiles dans leur ordre naturel*, nouvelle éd., t.I, Paris, 1735, partie I, livre I, titre I, section II, § 7.

（7）A.-J. Arnaud, *Les origines doctrinales du Code civil français*, L. G. D. J., 1969, pp. 210-212.

（8）E. Gaudemet, *Théorie générale des obligations*, éd. Sirey, 1937, p. 16.

（9）Présentation au Corps législatif, et exposé des motifs, par M. Bigot-Préameneu in *Recueil complet des travaux préparatoires du Code civil*, par P. A. Fenet, t.XIII, p. 230.

（10）ただし、合意のみによって生じる所有権移転と危険負担を連動させる民法典の扱い方を「こじつけ」と見るか（J.Ph. Lévy et A. Castaldo, *Histoire du droit civil*, Dalloz, 2e éd., 2010, n° 492）、それとも正当性あるものと見るか（A. Sériaux, *Res perit domino*, in *Études sur le droit de la concurrence et quelques thèmes fondamentaux: mélanges en l'honneur d'Yves Serra*, Dalloz, 2006, p. 397）は、識者の間でも意見が分かれる。国際的な売買取引や所有権留保の条項、消費者保護の必要性など両者の一致しない場合があることを示すのは、R. Bonhomme, *La dissociation des risques et de la propriété*, in *Études de droit de la consommation: liber amicorum Jean Calais-Auloy*, Dalloz, 2004, p. 69 et s.

（11）この問題を詳細に扱うのは、P. Bloch, *L'obligation de transférer la propriété dans la vente*, *RTDciv.* 1988, p. 673 et s.

（12）Ch. Atias, *Droit civil, les biens*, 10e éd., Litec, 2009, n° 288.

（13）G. Chevrier, *Remarques sur la distinction entre l'acte créateur d'obligation et l'acte translatif de propriété dans quelques chartes du Nord de la France et de la Belgique*, in *Mélanges dédiés à la mémoire de Raymond Monier*, Lille-Paris, 1958, p. 210. この小品の書き出しは、意思（契約）と形式（「引渡し」）、物権と債権の二項対立をめぐる歴史的動態を見事に要約し、詩的な響きを帯びている。

「契約と所有権移転の区別は、非常に洗練されたひとつの法的推論の果実である。二者の区別は、制度的に安定した時代に現われ、債権と物権は、そこでは固有の領分をもち、互いに侵すことがない。その勝利は束の間でしかないことがある。実際、債権債務の発生原因と所有権移転行為の分離は、バランスのとれた思考の象徴だが、あるときは、契約を見えなくさせ、ほとんどそれに取って代わるほどの引渡しの氾濫により、また、あるときは、物権移転の一方法として機能するに至る契約の昂進により、絶えず脅かされるのだ。」(*ibid*., p. 209)

(14) 民法典の起草作業は、フランス大革命中の国民公会(Convention Nationale)が活動した時期に本格化し、ナポレオン・ボナパルトによるブリュメール一八日(一七九九年一一月九日)のクーデタ後に成立した統領政府(Consulat)の時期には、法制局と行政裁判所を兼ねた国務院(Conseil d'État)が民法典草案を審議する中心機関となった。全く議論されずに終わったと言われる草案を含めれば、本文中に紹介するのは五つ目の案であり、当時の破毀裁判所長官トロンシェ(Tronchet)、破毀裁判所判事マルヴィル(Maleville)、破毀裁判所付検事ビゴ・プレアムヌ(Bigot-Préameneu)、本草案の提案者、国務顧問官ポルタリス(Portalis)の四人がその起草に当たった。これが、国務院での審議を経て政府原案とされ、三年後、民法典として完成するに至る(一八〇四年三月二一日)。こうした法典化までの経緯を概観するうえで頼りになるのは、Ph. Sagnac, *La législation civil de la Révolution Française*, Paris, 1898, p. 47 et s. 野田良之『フランス法概論上巻』(有斐閣、再版、一九七〇年)六一五頁以下および六七二頁以下をも参照。

(15) その当時、不動産先取特権および抵当権の存在を公示するための「登記(inscription)」に対し、不動産所有権の有償移転の公示は、証書を謄写する方法が用いられていたため、このように呼ばれた。「謄記」のやり方は、一九二一年七月二四日の法律により、証書謄本の寄託を受ける方法に移行し、一九五九年一月七日のデクレにより、「登記」と「謄記」の区別なく「公示(publication, publicité)」の用語に統一された。しかし、現在でも、所有権移転の公示を「謄記」と呼び、抵当権の公示を「登記」と呼ぶ慣用的表現は生きている(H., L. et J. Mazeaud, F. Chabas, *Leçons de droit civil, Sûretés, Publicité foncière*, 7e éd. par Y. Picod, Montchrestien, 1999, n°s 653 et 655)。

(16) *Recueil complet des travaux préparatoires du Code civil*, par P. A. Fenet, Paris, 1836, t. 15, p. 346.

(17) *Ibid*., p. 386-388.

(18) Lévy et Castaldo, *op.cit*., n° 400, p. 612.

(19) V. Ranouil, *L'autonomie de la volonté, Naissance et évolution d'un concepte*, P. U. F., 1980, p. 10, n. 9. 同書は、意思自治の原理が純然たる学説上の議論に属することを強調し、国際法と国内法の両方にまたがった意思自治学説の隆盛とその反動を時系列的網羅的に整理した文献である。

（20）*Collection complète des lois, décrets, ordonnances, règlements, avis du conseil d'État*, par Duvergier, t. 8, p. 151 et s. なお、デクレ《décret》とは、本来、執行権を司る首長の行為形式一般を意味し、通例の用語法では、特に法規的性格を有するものである。この行政立法は、日本法でいう「政令」に相当するが、フランス革命期には、議会を通過しただけの法規が「デクレ」と呼ばれた時期もあった。

（21）*Ibid.*, p. 173 et s.

（22）Duvergier, *op.cit.*, t. 11, p. 12 et s.

（23）贈与・遺贈を受けた者に対し、その死後、さらに目的財産を贈与・遺贈者が指定した者に移転することを負担させる特殊な処分行為《substitutions》の語は、遺贈者の指定した受遺者が遺贈を受けないときの補充指定を含む）についても同様の規定がおかれた（民法典の原初規定一〇六九条以下）。

（24）古法時代に贈与の登録がほんとうに公示機能を果たしていたかどうかを疑問とするのは、H. Regnault, *L'insinuation des actes emportant transfert de propriété à titre onéreux dans l'ancien droit français*, in *Mélanges Paul Fournier: bibliothèque d'histoire du droit publiée sous les auspices de la société d'histoire du droit*, Recueil Sirey, 1929, p. 665 et s.

（25）フランス民法典では、設定当事者の合意（要式契約）にもとづく約定抵当権（hypothèque conventionnelle）のほか、法律によって定められた要件のもとで当然に成立する法定抵当権（hypothèque légale）、有責判決にもとづく裁判上の抵当権（hypothèque judiciaire）という三種類の抵当権が認められている（二一一六条が制定当初の原初規定であったが、二〇〇六年の民法典改正後の現行規定は二三九五条）。法定抵当権は、不動産先取特権との見分けがつきにくい存在だが、沿革的には、ローマ法が、婚姻解消後の嫁資返還の担保として認めていたものを継承し、財産管理上も夫に従属していた妻の権利保護のために設けられたのであった。原初規定（二一三五条）によれば、夫の所有不動産全部が、妻に対して負うべきすべての債務の担保とされていたのだから、これほどに強力な優先権を夫婦の間で必要とした歴史的社会的事情は、夫婦財産制への関心が薄い日本人にとってはおよそ理解しがたい。けれども、ここでは、「隠れた抵当権」とも呼ばれる法定抵当権が、第二次世界大戦後の立法改革に至るまでほとんど公示されることがなく、目的不動産も被担保債権も特定されない一般抵当権であったことを確認するだけで足りる。このため、既婚の男性が自己の不動産を処分する際には、必ず妻の協力を得なければならない時代が長く続いた（A. PIEDELIÈVRE, *Les règles particulières à l'hypothèque légale des époux*, *RTD civ.* 1968, p. 229 et s.）。

（26） S. PIEDLIÈVRE, *La publicité foncière hors le Code civil*, *Petites affiches*, 29 juin 2005, n° 128.

（27） M. DAGOT et P. FRÉMONT, *J.-Cl. Civil Annexes*, v° *Publicité foncière*, fasc. 30, n° 38.

（28） Duvergier, *op.cit.*, t. 55, p. 55 et s.

（29） DAGOT et FRÉMONT, *op.cit.*, n° 19.

（30） A. FOURNIER et D. BRACH-THIEL, *Rép. civ. Dalloz*, v° *Publicité foncière*, n°s 302-305.

（31） M. LEVIS, *L'opposabilité du droit réel, de la sanction judiciaire des droits*, Economica, 1989, n°s 161-164.《prior tempore, potior jure》の法諺については、H. ROLAND et L. BOYER, *Adages du droit français*, Litec, 1992, n° 323. 同書は、物権相互の衝突を解決する判断基準として、「時において勝る者が権利において勝る」のルールを「対抗不能」のルールと同列においている。このような理解が一般的かどうか疑問の余地があるにせよ、同日付けで公示された所有権対抵当権、あるいは抵当権対抵当権の優劣が、証書の日付によって決せられ、最終的に「時において……」のルールが控えているという点では、現行法も変わりがない（一九五五年一月四日のデクレ第三一条一項、民法典旧二一三四条二項、現二四二五条二項）。

（32） FOURNIER et BRACH-THIEL, *op.cit.*, n° 31.

（33） G. MARTY, P. RAYNAUD et Ph. JESTAZ, *Droit civil, les sûretés, la publicité foncière*, 2e éd., Sirey, 1987, n°s 644 et s.

（34） *Ibid.*, n° 648.

（35） Ph. THÉRY, *Sûretés et publicité foncière*, 2e éd., p. U. F., 1998, n° 385; S. PIEDELIÈVRE, *Traité de droit civil, La publicité foncière*, L. G. D. J., 2000, n° 420. この点は、第二次大戦後の判例によって明らかにされた（Cass. civ. 3e, 4 février 1987, *Bull. civ.* III, n° 20）。

（36） H., L. et J. MAZEAUD, F. CHABAS, *op.cit.*, n° 654.

（37） M. DAGOT, *La publicité foncière*, P. U. F., 1981, p. 18.

（38）*Ibid.*, p. 122.

（39）Ph. Simler et Ph. Delebecque, *Droit civil, les sûretés, la publicité foncière*, Dalloz, 5e éd., 2009, n° 839.

（40）「登記」と「謄記」の区別については、注（15）を参照。

（41）*J. O.* du 31 oct. 1935（*D. P.* 1935.4.419）. デクレ＝ロワ（décret-loi）の立法形式は、立法府の授権によって政府が法律の改廃を行うためのデクレを指称するものであり、第三・第四共和制下で多用された。今日では、同種の委任立法は、オルドナンス（ordonnance）のカテゴリーに入り、デクレ＝ロワと呼ばれることはない。

（42）Ph. Malinvaud, *La publicité foncière en question, Ventôse (Journal du syndicat national des notaires)*, 1973, n° 11, p. 681.

（43）民事罰を廃止した同法に関しては、公示義務違反の抑止を期待できるほどの水準に引き上げて維持すべきではなかったかとする遺憾の表明が相次いでいる（S. Piedelièvre, *op.cit.*, n° 409; Fournier et Brach-Thiel, *Rép. civ. Dalloz*, v° *Publicité foncière*, n° 98）。

（44）この原則は、沿革上、例外的に物的編成主義が認められたアルザス・ロレーヌ地方特有の制度（一九二四年六月一日の法律第四四条）から着想を得たものとされる（E. Becque, *La réforme de la publicité foncière*, *J. C. P.*, 1955.I.1226, n° 7）。今では、個別不動産の履歴を調査するうえで公示の連続性が当然の前提となることを疑う余地はないが、「関係的効力」という呼び方は、概して今でも評判が悪い。公示欠如の効果（サンクション）の一面より、むしろ新たな公示の要件として位置づけるべき問題だからであろう（Marty, Raynaud et Jestaz, *op.cit.*, n° 683; Théry, *op.cit.*, n° 378）。

（45）R. Savatier, *Usage et avenir de la publicité foncière réformée par les décrets des 4 janvier et 14 octobre 1955*, *D.* 1959. Chron. 33, n° 7.

（46）*Ibid.*, n° 8.

（47）H. L. et J. Mazeaud, F. Chabas, *op.cit.*, n° 683; S. Piedelièvre, *op.cit.*, n° 407.

（48）「ここでは、一九五五年のデクレの精神をその文言より優先させなければならないように思われる。同法の文言が不動産公示の適用範囲を限定する趣旨を定めているとしても、その精神は、反対の方向で不動産に関する第三者への情報提供を可能にするすべてのものを受け入れることを求めているのである。」（M. Dagot, *op.cit.*, p. 201）一九五五年の改革以前は、不動産の公示システムは、民法典の影響を免れる「防水隔壁」によって孤立した形式主義であり、「不動産公示の領域が、今も昔も物権と債権の対立的な分類に応じて限定されていること」を現行システムの「不可避的な欠陥」と見る意見（A. Fournier, *Le malaise actuel dans le droit de la publicité foncière*, *Defrénois*, 1980, art. 32401, p. 1092）も同様の立場だと考えてよい。

（49） R. Nerson, *La réforme de la publicité foncière*, *D.* 1955. chron., p. 157.

（50） H., L. et J. Mazeaud, F. Chabas, *op.cit.*, n° 676.

（51） ポジの面に対してネガの面をどれくらい強調するかは、論者によってニュアンスの違いこそあれ、両者が意識的に区別されている（*ibid.*, n° 717）。特に、M. Levis, *op.cit.*, n°s 210 et 211 は、意思主義を基本原理とするフランス法の伝統的なシステムとの関連で両者の区別を重要視する。

（52） 公示手続を完了するまでの期間は、公証人の作成による証明書については公証人が受託した日から四か月、司法判決については判決確定の日から三か月、その他の証書についてはその日付から三か月と定められている（一九五五年一月四日のデクレ三三条）。とはいえ、これらの期間が遵守されない場合でも、公示の有効性に影響を及ぼすことはない（Marty, Raynaud et Jestaz, *op.cit.*, n° 688）。

（53） 一九九八年四月六日の法律以来、重要事項を抄録した明細書の寄託のみで足り、裁判上の抵当権等を除き、抵当権および先取特権の原因証書の提出は不要とされている（H., L. et J. Mazeaud, F. Chabas, *op.cit.*, n° 373）。

（54） Simler et Delebecque, *op.cit.*, n° 866.

（55） Cass. civ. 3e, 22 mars 1968, *Bull. civ.* III, n° 129, *D.* 1968.412, n. J. Mazeaud; Cass. civ. 3e, 30 janvier 1974, *Bull. civ.* III, n° 50, *Defrénois*, 1974, art. 30631, n. Goubeaux. 本文中に引用したのは、一九七四年破毀院判決の定式である。

（56） Levis, *op.cit.*, n°s 217-220.

（57） 破毀院の判例変更に反対する急先鋒は、M. Gobert, *La publicié foncière française, cette mal aimée*, in *Études offertes à J. Flour*, Defrénois, 1979, p. 207 et s.「不動産公示システムの否定」、「一八〇四年の民法典への狡猾だが確実な回帰」、「優柔不断、懈怠、遅延に対しての何たる奨励！」（*ibid.*, pp. 228-229）と歯に衣を着せない論調のゴベール女史ほどではないにせよ、判例の到達点を疑問視する学説は、M. Dagot, *op.cit.*, p.154; Marty, Raynaud et Jestaz, *op.cit.*, n° 767; H., L. et J. Mazeaud, F. Chabas, *op.cit.*, n° 727; Ph. Théry, *op.cit.*, 2e éd., P. U. F., 1998, n° 387 など今日でも多数を占める。かたや、グボー教授の前掲評釈（*Defrénois*, 1974, art. 30631）に代表される判例支持の有力な意見も、G. Viney, *Traité de droit civil, Introduction à la responsabilité*, 3e éd., L. G. D. J., 2008, n° 204; Simler et Delebecque, *op.cit.*, n° 875; J. Duclos, *L'opposabilité, Essai d'une théorie générale*, L. G. D. J., 1984, n° 435 などで表明されており、一歩も反対論に譲る気配はない。

（58）フランス法特有の登記の「滅効（péremption）」（登記の効力期間の徒過によって優先効が消滅すること）の結果、公示を欠いていた抵当不動産の第三取得者が、当該担保貸付の事実を知っていたとしても、だからといって「法定された唯一の公示方法である登記（の欠如）が補完されることはない。」（Cass. civ. 3e, 17 juillet 1986, *Bull. civ.* III, n° 118, *Defrénois*, 1987, art. 34056, n. Aynès）抵当権の登記を根拠づける諸規定（フランス民法典二四二五条、二四二六条以下、二四六一条等）は、一九五五年法を根拠法とする他の不動産物権の公示とは別立てになっているが、判例の首尾一貫しない態度は否定しがたい（L. Aynès et P. Crocq, *Les sûretés, la publicité foncière*, 4e éd., Defrénois, 2009, nos 652 et 670）。

（59）Fournier et Brach-Thiel, *op.cit.*, *Rép. civ. Dalloz*, v° *Publicité foncière*, n° 480. 今でも、私署証書形式での当事者の合意から、公署証書の作成、その公示に至るまでおよそ四か月を要するとの証言（*ibid.*, n° 477）が確かならば、あまりにも長きに失する売買プロセスの間隙に重複取引の危険が忍び込むこともありえよう。

（60）S. Piedelièvre, *Traité de droit civil, la publicité foncière*, L. G. D. J., 2000, n° 443.

（61）Fournier et Brach-Thiel, *op.cit.*, n° 481.

（62）「売買契約後に死亡した売主から不動産を取得した者と、この売主の相続人から同一の不動産を取得した第二譲受人の間の衝突は、謄記の先後による優先性で規律される。」（Cass. civ. 1er, 14 juin 1961, *J. C. P.*, *éd. G*, 1962. II. 12472, n. H. Bulté）

（63）J. Picard, *Technique des successions et libéralités*, 2e éd., Litec, 1976, n° 119 の書式例から借用。

（64）二〇〇一年一二月三日の法律による民法典改正以後の公知証書の立法上の規律や実務上の取り扱いを知るための文献として、M. Dagot, *La preuve de la qualité d'héritier*, *J. C. P.*, *éd. N*, 2002.1221; J. Picard, *L'acte de notoriété, preuve de la qualité d'héritier*, *J. C. P.*, *éd. N*, 2002.1309; J. Hérail, *Rép. civ. Dalloz*, v° *Acte de notoriété* がある。

（65）一九五五年一〇月一四日のデクレは、同年一月四日のデクレを施行するための細則規定と見られるが、この点での公証人に対する義務づけは、相互に微妙なずれを来していないだろうか。「ふたつの条文の間の不一致は、残念ながら、めずらしいことではないのである。」（H., L. et J. MAZEAUD, F. CHABAS, *op.cit.*, n° 688）

（66）M. GRIMALDI, *Droit civil, successions*, 6e éd., Litec, 2001, n° 518 では、「（不動産以外の）預貯金等所有証明書と同じ効力を有する」と述べるが、その趣旨は判然としない。不動産の単独相続に限って公示を課した一九三五年法以来、公証人実務としてすっかり定着した不動産相続証明書の証拠法上の効力については、社会的評価の分かれている公知証書と同様、事実上のその信頼度や便宜効用と区別して論じてほしいものである。

（67）相続人らも、不動産相続証明書の作成のために協力を求められるが、「相続人によってなされる申述、公証人が審査すべき義務を負う申述の不正確さを発見することが、公証人にとって不可能であったときでない限り、公証人の代わりに責任を負うことはない。」（J. PICARD, *op.cit.*, n° 113, p. 98）

（68）M. DAGOT et p. FRÉMONT, *J.-Cl. Civil Annexes*, v° *Publicité foncière*, fasc. 40, n° 55.

（69）M. DAGOT, *op.cit.*, *La publicité foncière*, pp. 45-46.

（70）Cass. civ. 3e, 11 juin 1992, *Bull. civ.* III, n° 199. このような公証人証書の用い方に対しては、Ch. ATIAS, *Droit civil, les biens*, 10e éd., Litec, 2009, n° 336 のように、批判的な見方もある。

（71）M. DAGOT, *op.cit.*, *La publicité foncière*, pp. 32-34.

（72）Ph. MALINVAUD, *La publicité foncière en question*, *Ventôse*, 1973, n° 11, p. 685.

（73）電子化された不動産票では、都市不動産と農村不動産の区別は廃止され、①ないし③のカードの区別も見られない。一九九八年七月三日のデクレにより、新設された一九五五年一〇月一四日のデクレ第一章第三節「電子化された不動産票備付の不動産公示局において適用される諸規定」五三条の一以下には、その特則規定がおかれている。また、寄託簿の電子化は、「電子情報として書き込まれた文書を寄託簿の代わりにすることができる」と定めた民法典現行二四五四条（旧二二〇一条）を根拠条文とする。V. PIEDELIÈVRE, *op.cit.*, *la publicité foncière*, n°s 76, 77 et 65; DAGOT et FRÉMONT, *J.-Cl. Civil Annexes*, v° *Publicité foncière*, fasc. 35, n°s 87-88 et fasc. 30, n°s 53-62.

（74）厳密に言えば、公示手続において決定的な段階をなすのは寄託簿への記載であり、前主の公示欠如に対するサンクションは、不動産票ではなく、寄託簿への記載拒否という意味での受託拒否（refus du dépôt）である。不動産票への記載は、あくまで「副次的な手続」でしかないのだから（Marty, Raynaud et Jestaz, *op.cit., les sûretés, la publicité foncière*, p. 479）、同条の規定の仕方は誤解を招きやすい。なお、引用箇所では、「予め」前主の権原を公示する必要があるように読めるが、別の規定では、「遅くとも新たな公示手続と同時」であればよいとされている（一九五五年一〇月一四日のデクレ三三条）。

（75）*Travaux de la Commission de réforme du Code civil, année 1945-1946*, Recueil Sirey, 1947, p. 653 et s. 特に「登記判事」については、*ibid.*, pp. 672, 674 et 685.

（76）Malinvaud, *op.cit., La publicité foncière en question*, p. 686.

（77）ただし、私署証書であっても、当事者の全員によって記述内容および署名が確認され、公証人保管の原本扱いとなった寄託文書の公示が認められる（一九五五年一〇月一四日のデクレ六八条―一）など、若干の例外が設けられており、上記の例外については、公署性の回避を有害無益とする立法批判がある一方、公証実務の立場からする擁護論も見られる。V. H., L. et J. Mazeaud, F. Chabas, *op.cit.*, n° 686; Dagot et Frémont, *op.cit.*, fasc. 40, n° 10.

（78）「公証人には、自らが受け取った贈り物、公示に服する証書をほぼ独占するという贈り物により、へとへとになるほど細かくて無慈悲な手続上の労苦の数々、茨《いばら》を背負う覚悟がすでにできていたのである。しかし、これらの労苦に起因する傷口が、それ自体軽視され、民事責任の負担から悪化するようになれば、彼らは、より一層深い痛手を負う羽目に陥りやすいことに気づくであろう。」（Savatier, *Usage et avenir de la publicité foncière réformée par les décrets des 4 janvier et 14 octobre 1955, D.* 1959. Chron. 33, n° 17）

なお、日仏公証人職の比較検討により、日本の法制度上および実務上の問題点を明らかにしようとしたのが本書第二章である。

（79）近年の例では、S. Piedelièvre, *Traité de droit civil, la publicité foncière*, L. G. D. J., 2000, n° 81.

（80）意思主義と書証優位の証拠法準則の関係については、本書第三章。

（81）D. Bastian, *Essai d'une théorie générale de l'inopposabilité*, Recueil Sirey, 1929, pp. 85-86. そのような解釈と正反対の立

場は、M. Levis, *op.cit., L'opposabilité du droit réel, de la sanction judiciaire des droits*, n° 211, spécialement n. 36 であり、現在に至る主要学説は、後者と同じ方向に位置づけられると見てよい。たとえば、J. Ghestin, *Traité de droit civil, les obligations, La formation du contrat*, L. G. D. J, 2éd., 1988, n° 347.

(82)「物権またはこれに相当する権利の公示は、排他性（exclusivisme）と表現される本質的な対抗可能性（opposabilité）に何も付け加えるものではなく、公示の欠如により、この対抗可能性の効力喪失（déchéance）が導かれるのである。」(Levis, *op.cit.*, n° 339) この理解では、第三者への対抗可能性は、物権本来の効力としての排他性、むしろ絶対性に帰着し、不動産物権については、公示が欠如すれば、その対抗可能性を失うが、公示された場合と同様、公示を欠いた場合でも、悪意者排除の判例法理により、再び物権の本質をなす効力が顕在化するという整理になるであろう。第三者の「善意は、物権の対抗要件ではなく、ここでは、不動産公示準則の適用要件となる。」(*ibid.*, n° 236)

(83) A. Piedelièvre, *Promesse unilatérale de vente et prénotation, Defrénois*, 1975, art. 30960; A. Fournier, *Les méandres de la publicité foncière pour l'information des usagers, Defrénois*, 1981, art. 32761; Fournier et Brach-Thiel, *op.cit., Rép. civ. Dalloz*, v° *Publicité foncière*, n° 169. しかしながら、売買の片務的予約を義務的公示とする見解は少数説にとどまっている。というのも、そうなれば、予約の時点で公示のための公署証書の作成が不可欠となり、取引費用がかさむばかりでなく、三か月程度の短期の予約期間において数週間を要する公示手続を強いるだけの値打ちがあるのか、疑問視されているからである（Théry, *op.cit., Sûretés et publicité foncière*, n° 395)。最終的に売買の効力を生じさせる選択権が行使されない場合は、予約の公示だけが残るおそれもある（S. Piedelièvre, *op.cit.*, n° 401)。

(84) 優先条項は、不動産売買であれば、本契約に先立つ事前の合意により、一方（所有者）が、当該不動産を売却するときは、誰よりも優先して他方（将来の取得者）を売買の相手方とする旨を約するものである。この特約により、所有財産の売却処分を決意した諾約者は、優先権を付与された受益者をその相手方としなければならないが、売却する行為それ自体を義務づけられるわけではないこと、予約期間のような期間制限がなく、予約権行使のような受益者の選択が認められるわけではないこと、おおよそこれらの点で売買一方の予約とは異なるが、優先権もまた、受益者の債権的権利にすぎない点では片務的予約とも共通する。ところが、優先条項については、かつての判例は、「処分権の制限」に当たり、対抗不能サンクションを伴う義務的公示の対象になると解していた。現在では、判例変更（Cass. civ. 3^{e}, 16 mars 1994, *Bull. civ.* III, n° 58）により、優先条項は、「処分権の制限」の公示の対象外とされ、片務的予約と同列におかれている。

（85）星野英一「物権変動論における『対抗』問題と『公信』問題」、同『民法論集』第六巻（有斐閣、一九八六年）所収一四〇頁。

（86）「一方においては、現在の法律はかくかくのものであるということを一般国民に示し……できるならば、所謂学説の数を減らすことをひたすら心掛けてこそ、……また他方においては、大きな眼から見て将来法律の進みゆくべき道を示すことに努力してこそ、真に学者の本分が発揮される訳である。いたずらに小智恵にとらわれて末節にのみ走り、積極説、消極説に次いで折衷説、更に第四説、第五説を生み出すがごときに至っては、全く法律家のまさに執るべき態度を踏み違えたもの」（末弘厳太郎「小智恵にとらわれた現代の法律学」、同『嘘の効用』上、富山房百科文庫版所収九頁、一九八八年）とする博士の警句は、包括的な取り扱いを許さないほど学説上の議論が横溢した問題においてこそ耳を傾けるべきであろう。

（87）「家産」とは、「代々の戸主に信託された無窮に継承される『家』の資産」である（福島正夫『日本資本主義と「家」制度』（東京大学出版会、一九六七年）七頁。これを「形式的法律的には戸主もしくは家族個人に属するにしても、実質的経済的には祖孫一体的累代的な『家』に属するものと目される財産」（西村信雄『戦後日本家族法の民主化』上巻、法律文化社、一九七八年、三〇頁）と定義する論者も共通の理解に立っている。しかし、永続的に家産を担うべき「家」の定義については、その擬制的性格（イデオロギー性）を強調した議論（末弘厳太郎「家の定義」、同『民法雑記帳』（正）所収、日本評論社、一九四〇年、二五九頁以下）もあれば、政策的に温存される「家」の実在的な諸側面を捉えた議論（西村・前掲書一〇頁以下）もあり、論者によって理解は異なる。

（88）於保不二雄「相続と登記」（『石田先生古稀記念論文集』所収、一九六二年）六六頁。

（89）この判決を含め、「相続登記連合部判決」前後の判例を懇切丁寧に解説した我妻栄『連合部判決巡歴Ⅰ総則・物権』（有斐閣、一九五八年）一一一頁以下（第十一話）は、現在でも必読に値する。

（90）大判明治三九年一月三一日民録十二輯九一頁、大判明治三九年六月二九日民録十二輯一〇五八頁、大判明治三九年七月六日新聞三六七号一七頁。後二者は、【1】とは反対に相続登記必要説に立った大阪控訴院の原判決を破毀差戻している点でも注目される。

(91) 大阪控判明治三八年二月九日新聞二七〇号九頁（【1】の原判決）、大阪控判明治四〇年四月三〇日新聞四三二号六頁、東京控判明治三九年二月二十二日新聞三六七号一九頁、東京控判明治四一年四月二日新聞四九四号六頁など。

(92) この判例批評は、『法律新聞』誌上で大審院と東京控訴院の相対立する二判決を掲載し、「判例の統一を見るの早からんことを切に祈る」と読者に訴えた雑報「相続に因る不動産の取得は登記を要するや」（同誌三六七号一七頁以下）に触発されたものと言う。

(93) 戦前日本の司法界を彩る法律家群像については、清水誠「日本法律家論——戦前の法律家」、同『時代に挑む法律学』（日本評論社、一九九二年）所収六四頁以下。特に、戦前の判例形成において多大な貢献のあった『法律新聞』とその創始者、高木益太郎を取り上げた八七—八八頁を参照。

(94) 梅謙次郎「最近判例批評（三）」『法学志林』九巻（明治四〇年）三号五二頁以下。

(95) 本文で紹介した判例批評掲載誌（『法学志林』九巻三号）の「法典質疑録」には、相続による物権の移転に対する民法一七七条の適用をめぐって大審院と大阪・東京両控訴院が対立し、「頗《すこぶ》ル惑フ所ナリ」として「梅博士ノ高教ヲ仰ク」質問が寄せられ、これにも簡潔かつ明快な梅の応答がある（六五—六七頁）。ほぼ同時期に公表された梅「民法第百七十七条ノ適用範囲ヲ論ズ」『法学志林』九巻四号三八頁以下でも、文理解釈はもちろん、論理解釈としても相続を登記不要とした大審院の判決がいかに誤っているかを力説していることは後述のとおり。もうひとりの起草者として、同様の批判を加えた富井政章『民法原論第二巻物権』（有斐閣、一九〇六年）六九頁以下の論旨も、あとで紹介することにしよう。

(96) 穂積陳重『隠居論』（有斐閣、一九一五年）四六七—四六八頁。穂積は、明治民法第二編物権第一章総則の分担起草者であり、協議立案後の法典調査会における冒頭説明の担当者でもあった（福島正夫編『明治民法の制定と穂積文書』民法成立過程研究会、一九五六年、五三頁の附表二、民法原案起草分担表を参照）。民法起草者の苦心のほどを述懐する証言は、梅謙次郎の前掲・最近判例批評『法学志林』九巻三号五七—五八頁にも見られる。

(97) 福島・前掲『日本資本主義と「家」制度』一八六頁以下、熊谷開作「改正徴兵令における『家』と国家」、同『日本の近代化と「家」制度』（法律文化社、一九八七年）所収一一九頁以下。

(98)　穂積・前掲書二三五頁。四〇代、五〇代の年齢で早々と隠居する風習は、「遊惰不生産的の人民を増し、大にしては、……社会の生産力を減殺し」、「小にしては、戸主隠居して負債の義務を無能力の相続人に譲り、以て間接に債権者を詐害するが如き所業を為し」（同前）云々といった実例に事欠かなかった。

ところで、訴訟上の効果として、係属中の訴訟当事者の一方が隠居した場合に当該訴訟手続が中断するのか否かも大きな問題となった。原則として訴訟の中断を認めない方向性を打ち出した判例変更（大連判明治三八年二月十三日民録十一輯一一六頁）は、「相続登記連合部判決」とも響き合う関係にあると思われる。隠居と訴訟中断の関係をめぐる判例・学説上の興味深い議論、大正民事訴訟法制定に伴う最終的な帰結については、牛尾洋也・居石正和・橋本誠一・三阪佳弘・矢野達雄『近代日本における社会変動と法』（晃洋書房、二〇〇六年）第6章（三阪佳弘）を参照。

(99)　明治四一年六月一五日付け『法律新聞』五〇三号二三頁の雑報「隠居に因る家督相続と第三者対抗条件」が、判決年月日が示されていないものの、原判決の紹介であることは、当事者、代理人等の記述からまちがいなさそうである。この点は、大河純夫「『第三者制限連合部判決』における『正当ノ利益』概念について」『立命館法学』一三三〜一三六合併号四六八頁の指摘に負う。

(100)　大河・前掲論文四六九頁は、東京控訴院のその判決理由を積極的に評価し、「相続登記連合部判決」の先例性を有する命題も、「被相続人自身による処分可能性の残っている隠居相続（生前相続）に限定して理解さるべきもの」と主張する。

(101)　旧々登記法施行後の登記の実績については、福島正夫「旧登記法の制定とその意義」『福島正夫著作集第四巻民法（土地・登記）』（勁草書房、一九九三年）所収三八五頁以下を参照。不評を買った主要な原因は、登記所数が少なく、遠方からの利用者に不便と負担を強いたこと、無償であった公証とは異なり、登記料が高かったこと、登記手続が煩雑なうえ、登記官吏の応対が横柄不親切であったことに尽きる（同前三九〇頁）。

(102)　登記官吏が、登記所に出頭した当事者の面前でその当事者から提示された売買譲与・質入・書入証書中の登記すべき概目を審査し、登記簿に登記したのち、「本人ニ之ヲ示シ又ハ読聞セタル上本人ヲシテ署名捺印セシメ」（改正前八条）るものとしていた規定は、登記手続中の要所を占める部分だが、一八九〇年の登記法改正により、ほとんど全部削除され、登記簿の一部として添えおくべき各証書の謄本一通を差し出せばよいことになった（改正後の一四条、二一条）。この極端な手続の簡素化は、明らかに「退化的改悪」（福島・同前三九一頁）であったと言える。また、同年の登記法改正では、家督相続等の登記は、時価相当額（売買代価）に応じた登記料の五分の一（改正前二九条）から、地所について一筆ごとに三銭（改正後の同条）へと引き下げられた。

(103) 明治民法の起草に当たり、主査委員会の事前の承認を得るべき重要な予決問題の方針をまとめた「乙号議案」七ノ三（前掲『明治民法の制定と穂積文書』一二三頁）。

(104) 福島正夫「わが国における登記制度の変遷」『福島正夫著作集第四巻民法（土地・登記）』（勁草書房、一九九三年）所収四五六頁。

(105) この間のいきさつは、民法起草者の視点から見た回顧ではあるが、梅謙次郎「不動産登記ノ制ヲ論ズ」『法学協会雑誌』二五巻四号四五—四六頁から窺い知ることができる。

(106) 吉野衛『注釈不動産登記法総論新版上』（金融財政事情研究会、一九八二年）七八—七九頁。

(107) 原島重義「登記の対抗力に関する判例研究序説——とくに相続登記の場合を素材として」『法政研究』三〇巻三号二五五—二五六頁。

(108) 梅謙次郎「最近判例批評其十四（一）」『法学志林』五〇号十二—十三頁、同「再び民一七七の『第三者の意義』に就て」『法律新聞』二五三号一六—一七頁、富井政章『民法原論第二巻物権』（有斐閣、一九〇六年）六一—六二頁。一七七条の起草担当者であった穂積陳重の立場は、法典調査会での発言内容（『法典調査会民法議事速記録一』商事法務版五八三頁以下）からも判然としない。

(109) 池田恒男「明治四一年大審院『第三者』制限連合部判決の意義——不動産物権変動論の歴史的理解のために」『社会科学研究』二八巻二号一六五頁以下の分析、より一層詳しい分析を加えた川井健「民法一七七条第三者制限説判決」、同『民法判例と時代思潮』（日本評論社、一九八一年）所収第二章四四頁以下の分類整理に負う。

(110) 原島重義「『対抗問題』の位置づけ——『第三者の範囲』と『変動原因の範囲』との関連の側面から」『法政研究』三三巻三＝六合併号三四〇頁。同論文では、続けて「相続登記連合部判決」には、「決して第三者制限説の立場から、これとの関連において変動原因の範囲を見ようとする姿勢はない」とされる。

(111)「第三者連合部判決」前後の判例の流れについても、我妻栄・前掲『連合部判決巡歴Ⅰ総則・物権』一二五頁以下（第十二話）が現在なお必読に値する。

(112)原審認定のとおりだとすれば、B・Y間の立木売買は無効であり、Yは、伐採木の所有権はともかく、立木所有権の取得原因を欠いている。A、Bらの相互関係は不明だが、無権代理人を介して不動産が二重譲渡された事例と見られる川井・前掲論文四八頁の要約は、何か資料的裏づけでもあるのだろうか。

(113)とりわけ、川井・前掲論文三二頁以下は、係争建物をめぐる背景事情にまで説き及び、本判決を生み出した「時代思潮」を論じてあますところがない。

(114)東京控判明治四一年五月十二日新聞五〇二号九頁。

(115)池田寅二郎「民法百七十七条ニ関スル新判決ニ就テ」『法学協会雑誌』二七巻二号二二四頁以下は、本判決が定義づけた「第三者」には、例示された物権取得者等にとどまらず、幾多の場合が包含されることを指摘し、「解釈ノ範囲内ニ於テ之ニ適当ナル制限ヲ附スルノ亦極メテ難事ナルヲ知ル」べしとして、将来への懸念を表明する（二三〇－二三一頁）。

(116)東京控判明治四二年五月八日新聞五七九号九頁。

(117)本件は、「同一前主の承継人間の争い」には含まれず、「そもそも登記の適用外のケース」と見る滝沢聿代『物権変動の理論』（有斐閣、一九八七年）二二七頁も、やはり納得しがたいものを感じられるのであろう。もっとも、「同一前主の承継人間の争い」でなければ「対抗不能」準則の出番ではないとされるのは、まさにフランス法の考え方だが、日本法の場合には、必ずしもその考え方が貫徹せず、「第三者」の範囲をめぐる議論に流れ込んでいるように思われる。

(118)大河・前掲論文四六六頁。そして、同論文四七一頁は、「正当ノ利益」という抽象的で不確定的な判断枠組みが加わったことにより、「相続登記連合部判決」では、権原についての判断が回避されてしまったと見る。

(119)川井・前掲『民法判例と時代思潮』所収論文五七頁、六一－六二頁。

(120)同前八八頁。

(121)大判大正四年一〇月二日民録二十一輯一五四一頁、大判大正五年十二月二五日民録二二輯二五〇四頁、大判昭和二年九月二八日新聞二七六九号一四頁、大判昭和九年五月二十二日新聞三七〇三号一七頁、大判昭和一四年三月二四日新聞四四三二号七頁など。
(122) 大判大正十二年一月三一日民集二巻三八頁。
(123) 原島・前掲「登記の対抗力に関する判例研究序説」二六〇―二六一頁、同『注釈民法(6)物権(1)』(有斐閣、一九六七年)三〇二頁。
(124) 我妻・前掲『連合部判決巡歴Ⅰ総則・物権』一二一―一二三頁(第十一話)。末川博『物権法』(日本評論社、一九五六年)一〇八―一〇九頁も、【5】を前述〈ケース1〉の相続介在二重譲渡に類した事例と見た点でその理解の正確さが問われよう(原島・前掲『注釈民法』三〇三頁)。
(125) 大判明治四四年九月二六日民録一七輯五一一頁、大判明治四四年十二月一五日民録一七輯七八九頁、大判大正元年八月一九日民録一八輯七三三頁、大判大正一〇年六月二九日民録二七輯一二九一頁など。
(126) 大判大正一〇年六月二九日民録二七輯一二九一頁。同判決に対しては、穂積重遠博士が、率直に疑問を呈し、被相続人の人格を承継した相続人を同一人とみなし、二重売買と同様に先に登記を済ませた方を優先させる判断を示した原審の立場を支持しており(判例民事法大正一〇年度三五七頁以下、一一一事件)、これが、新たな判例変更の気運を醸成したと言われる。
(127) 我妻・前掲『連合部判決巡歴Ⅰ総則・物権』一七一頁以下(第一五話)。
(128) 中川善之助「相続と登記」『法学志林』三〇巻二号一八頁以下、特にその四三頁以下は、共同相続の場合にも「関係所有権」を応用しようとする代表的学説である。
(129) 穂積重遠「相続は権利の承継か地位の承継か」『法学協会雑誌』四八巻一号三〇頁。
(130) 大判昭和二年四月八日新聞二六八九号十一頁、大判昭和二年一〇月八日新聞二七五九号一〇頁、大判昭和九年七月十二日新聞三七二八号一八頁、大判昭和九年一〇月三〇日民集十三巻二〇二四頁、大判昭和十三年九月二八日民集一七巻一八七九頁など。
(131) やや事案を簡略化して紹介すれば、Xの先代が、一八八八年四月、北海道の国有未開地上の家屋を所有していたAから同土地・家屋を買い受け、それ以後所有の意思をもって平穏かつ公然に占有を継続していたが、Aの家督相続人Y_1が、一八八九九年十二月二七日、当該土地の払下げを受け、一九一六年四月六日には、自己名義の所有権保存登記を済ませ、同月中にY_2への所有権移転登記を経由したというものである。Xは、国有地払下げ後の一〇年の経過による時効取得、またはX先代の占有開始以来二〇年の経過による時効取得を主張したから、いずれにせよ、Y_1名義の保存登記、Y_1からY_2への移転登記前にXの取得時効が完成していた事案である。

(132) 登記を不要とする説に立ったのは、大判明治四三年十一月一九日民録一六輯七八四頁、大判大正七年八月一五日新聞一四八〇号二四頁など。いずれの場合も、時効完成後に現れた登記名義人は、「無権利の法理」の適用により、民法一七七条の「第三者」に当たらないとされた。これに対し、【8】の連合部判決は、登記必要説に立った大判大正七年三月二日民録二四輯四二三頁、大判大正九年七月一六日民録二六輯一一〇八頁、大判大正十一年六月九日新聞二〇三〇号二〇頁、大判大正一三年一〇月二九日新聞二三三一号二一頁の系譜を引く。

(133) この「時効取得登記連合部判決」を理解する手引きとしては、やはり我妻・前掲『連合部判決巡歴I総則・物権』一五五頁以下〔第一四話〕が至便。同判決を評する末弘厳太郎・判民大正一四年度二八四頁以下（六四事件）は、その理由づけを正当としながら、時効の起算点については「時効を主張する原告の任意に決定し得る所」（二八八頁）であり、原告の主張いかんにより勝訴の見込みがあったと付言する。この考え方を貫けば、登記不要説に帰着するはずだが、そのことはまだ自覚されていない。

(134) 戦前の判例として、大判昭和十三年五月七日判決全集五輯十一号四頁、大判昭和一四年七月一九日民集一八巻八五六頁（地役権の時効取得に関する事例）、大判昭和一四年一〇月十三日判決全集六輯二九号一九頁。戦後の判例では、最判昭和三五年七月二七日民集一四巻一〇号一八七一頁に代表される。

(135) 梅謙次郎『民法要義巻之二物権編』（有斐閣、訂正増補版、一九一一年）一四―一五頁。

(136) 同前一六―一七頁。

(137) 梅謙次郎「民法百七十七条ノ適用範囲ヲ論ズ」『法学志林』九巻四号三八頁。

(138) 富井・前掲『民法原論』六九頁以下。

(139) 特に富井博士は、「第三者」制限説に立った判例を引用し、「物権得喪ノ原因上ヨリ見タル当事者及ヒ其相続人以外ノ者ハ凡テ第三者ノ部類ニ属スル者ト解スヘシ漫《みだり》ニ法文ニ拠ル所ナキ区別ヲ為シテ其適用ヲ制限スルハ正当ノ解釈法ニ非サルナリ」（同前六一―六二頁）と、手厳しい批判を加える。梅博士もまた、前掲『民法要義巻之二』一八―一九頁のほか、「最近判例批評其十四」『法学志林』五〇号十二―十三頁、「最近判例批評其二五」同前六四号一頁以下で繰り返し同じ趣旨を説く。この梅博士の所説の真意を問い直し、「第三者」の善意・悪意を不問とする判例の立場に焦点を絞って洞察するのは、石本雅男「二重売買における対抗の問題――忘れられた根本の理論」『民商法雑誌七八号臨増（1）法と権利1（末川先生追悼論集）』一五六頁以下。

(140) 当時の法学説に関し、当事者の貴重な証言をもとにその時代の特徴と空気を伝えるのは、『日本の法学』（日本評論社、一九五〇年）三八頁以下。

(141) 鳩山秀夫「不動産物権の得喪変更に関する公信主義及び公示主義を論ず」、同『債権法における信義誠実の原則』（有斐閣、一九五五年）所収三七頁以下。

(142) 鳩山博士は、母法に対する高い見識を示しながらも、「特定の個人の保護（小なる静的安全）の為めに不動産取引の安全（大なる動的安全）を犠牲にする仏蘭西民法は以て範とするに足らず。又其精神に於て我が民法を去ること遠し」（同前六〇頁、注6）と一刀両断に切り捨てる。

(143) 同前五五頁。

(144) ただし、博士は公信主義の性急な採用を望まなかった。なぜなら、「公信主義なるものは進歩したる主義には相違なしと雖も、所謂進歩したる主義は進歩したる社会に適用して始めて利益あり、之を進歩せざる社会に適用せば却って弊害の恐るべきもの無きに非ざればなり。」（同前八二頁）公示主義から公信主義へ、静的安全から動的安全への「漸進主義」、しかも、実質上の権利者の行為が登記の誤謬の原因となった場合に限られる「相対的公信主義」の立場が鮮明である。

(145) 同前六八頁以下。

(146) 末弘厳太郎『物権法上巻』（初版、有斐閣、一九二一年）自序四―六頁。

(147) 末弘博士は、判例の「規範創造作用」を率直に認めることから出発し、革新的な判例研究を提唱して次のように述べる。「判例研究の目的は過去の判決中に現われたる……（裁判官が事実関係の実質を規律するために創造した法規範という意味での――引用者注）判例すなわち法規範を探求するにある。そして判例研究の効用はかかる法規範が後の同実質の事件にも適用せらるべき必然性もしくは可能性あることを前提として、将来発生すべき具体的事件が裁判上いかに裁断せらるべきかにつき『予言』をなすに必要なる知識を与うるにある。」（「判例の法源性と判例の研究」、末弘著作集２『民法雑記帳（上巻）』（日本評論新社、一九五三年）三五頁。

(148)　末弘・前掲『物権法上巻』一六七―一六九頁。

(149)　この権利創設の効力を有する登記の例として、不動産賃借権の登記（民法六〇五条）、不動産先取特権の登記（民法三三七条、三三八条および三四〇条）が挙げられる。いずれも、絶対権の性質を賃借権に付与し、先取特権の効力を保存するために必要となる登記であり、民法一七七条の物権の得喪変更の登記とは厳密に区別される。以下、石坂音四郎「意思表示以外ノ原因ニ基ク不動産物権変動ト登記」『法学協会雑誌』三五巻（大正六年）二号一頁以下および三号六一頁以下掲載の未完の論文は、便宜上、同『改纂民法研究』上巻（第四版、有斐閣、一九二三年）所収頁数で引用する。創設的効力を有する登記については、前掲『改纂民法研究』三五〇―三五一頁。

(150)　これは、当事者の意思表示以外の原因によって生じた物権変動の事実を宣言する効力を有するにすぎない登記として定義され、未登記の不動産所有権の保存登記や法律の規定、裁判、行政処分等により不動産物権を取得した者の登記が例示される。そして特に、この③宣言的効力を有する登記と②対抗要件としての登記の区別を認めない通説を批判し、③と区別された登記の②の効力を規定する一七七条の適用範囲を限界づけるのである（同前三五一―三五三頁）。

(151)　同前三六四―三六五頁。

(152)　同前三七五頁。

(153)　本文での紹介は、横田秀雄「登記ヲ要スル物権ノ得喪変更ヲ論ス」『国家及国家学』九巻（大正一〇年）四号一頁以下、七号一頁以下および八号一頁以下に依拠している。

(154)　同前七号六頁。

(155)　相続介在二重譲渡型の事案において「無権利の法理」を用いた判例に対する横田博士の批判（同前七号一四頁以下）が、前掲【7】判決による判例変更に作用した可能性は十分に考えられるが、それ以上の影響力は想像の域を越えない。

(156) 於保不二雄「相続と登記」(『石田先生古稀記念論文集』所収、一九六二年)五七頁以下、同「時効と登記」『法学論叢』七三巻五・六号一五八頁以下、同「公法関係と登記」『法学論叢』七六巻五号一頁以下、同『物権法(上)』(有斐閣、一九六六年)一〇一頁以下。

(157) たとえば、鈴木禄弥『物権変動と対抗問題』(創文社、一九九七年)所収五─六頁では、明治四一年の「相続登記連合部判決」を評して曰く、「いわば、一局地の問題につき妥当な結果を招来させれば十分であったのに、中外に施してもとらずといえるような普遍命題を宣言する結果となった」。けれども、今日では、「物権変動を主張しようとする者の登記をしていないことについての正当性と第三者の要保護性の正当性のバランスにおいて、それぞれの物権変動とそれぞれの類型の第三者との組合せにふさわしいサンクションが、登記懈怠に与えられている、と解すべきであり、その意味で無制限説と制限説の対立は、すでに止揚されつつある」(同前二十三頁)として、民法一七七条の「射程」をできるだけ広く解し、無制限説を再評価する立場をいわば穏当な着地点とされたようである。

(158) 星野英一「日本民法の不動産物権変動制度──母法フランス法と対比しつつ」(同『民法論集』第六巻所収、有斐閣、一九八六年)一〇二─一〇三頁、一一七─一一八頁。

(159) 舟橋諄一『物権法』(有斐閣、一九六〇年)一五九頁。戦前・戦後を通じ、末弘厳太郎博士を筆頭として同説に分類される学説は多い。

(160) 我妻栄「不動産物権変動における公示の原則の動揺」、同『民法研究Ⅲ』(有斐閣、一九六六年)所収五三頁以下。

(161) 同前六四頁。

(162) 同前七六頁。

(163) 川島武宜「商品取引法としての物権法の発展と転回」、東京帝国大学編『東京帝国大学学術大観(法学部・経済学部)』(一九四二年)所収一四九頁は、改説後の我妻説をひとつの「妥協」として是認する。川島博士自身が、我妻説とは一線を画する制限説(意思表示説)に立つのか否か判別しがたいと指摘され(於保不二雄・前掲「時効と登記」『法学論叢』七三巻五・六号一七三頁、注2)、実際、そのとおりの混乱した記述(川島武宜『民法Ⅰ総論・物権』有斐閣、一九六〇年、一九二頁)が見られるのは不可解というほかないが、それも、学説間の継承・断絶を見きわめることの難しさを物語るものではある。

(164) 於保・前掲「時効と登記」一八四頁では、生前相続を「対抗問題」として処理せざるをえなかったため、判例の立場は、「意思表示による変動のみに限らないという全く消極的なものにすぎなかった」という意味で「消極的無制限説」と呼ばれる。

(165) 川島武宜『所有権法の理論』(岩波書店、一九四九年)二六五頁。

(166) 原島重義「登記の対抗力に関する判例研究所説」『法政研究』三〇巻三号二三七頁以下、同「『対抗問題』の位置づけ」『法政研究』三三巻三＝六合併号三二三頁以下。

(167) 原島重義『法的判断とは何か　民法の基礎理論』(創文社、二〇〇二年)は、法的思考の本質論を展開した著者渾身の作品である。その続篇として、同『民法学における思想の問題』(創文社、二〇一一年)および同『市民法の理論』(創文社、二〇一一年)。

(168) 舟橋諄一・徳本鎮編『新版注釈民法(6)』(有斐閣、一九九七年)四七四頁(原島重義・児玉寛)。

(169) 原島・前掲『法的判断とは何か』二七五頁。

(170) 原島・前掲『民法学における思想の問題』六一頁。

(171) 同前二九三頁。

(172) 原島重義「債権契約と物権契約」(『契約法大系Ⅱ贈与・売買』所収、有斐閣、一九六二年)一一七頁、一二〇頁。

(173) この有力説をいち早く唱えた舟橋・前掲『物権法』一五四—一五五頁は、やはり一七六条との関係を意識せず、「『対抗問題』といっても、それは、対抗が問題となる場合、すなわち一七七条が適用される場合を、言いかえたにすぎないのであるから、それ自体としては、無内容であり、したがって、どのような場合に『対抗問題』が存するかは、一七七条の立法趣旨、……公示制度による不動産取引の安全保護の必要との関連においてのみ、論定されなければならない」として、明らかなトートロジーに陥っている。原島・前掲「『対抗問題』の位置づけ」三三三頁が、「修正無制限説」と「対抗問題」限定説の相違点に言及し、「実際には、前者がなお登記要求を原則とし、後者が登記要求を原則としないで登記要求を限定すべき理論的な基準を見出そうとする『姿勢』をもとうとしている、という以上の違いはない」と自認されるのも、その証左とは言えないだろうか。

(174) 我妻栄『民法案内Ⅲ　民法の道しるべ　物権総則』(第一版、コンメンタール刊行会・日本評論新社、一九六二年)一〇二頁。主として登記実務上の技術的理由から同じ結論を導いてもよいところ、判決理由(α)の後段部分が共有持分の一般原則を挙げるのは「無用にして且誤解を誘発し易い」との批判もある(末弘厳太郎『物権法上巻』第九版、一九二四年、四〇八―四〇九頁)。

(175) 判決文中から、原審の認定事実として、Aの死亡によりBが相続した債務(一万二千五百円)のほか、B自身の債務(二万五千円)もあったことが窺われる(民録二六輯六四四頁)。於保・前掲「相続と登記」六九―七〇頁は、形式上、単独相続登記を経たBが抵当権を設定したことになっているが、それは、実質的には、生前に被相続人Aが設定していた抵当権であり、Bは、抵当権の実行を回避し、相続不動産を維持するために単独相続の形式を用いたにすぎないと推測する。『注釈民法(6)物権(1)』(旧版、有斐閣、一九六七年)三〇六頁(原島重義)は、Xら他の共同相続人が、Y銀行との交渉をBに委ねるつもりであった事情を汲み取り、これを「信託譲渡の典型」として把握されるようである。もしもそのような見方が可能であるなら、【10】判決の、少なくとも結論は妥当であったと言えるのかもしれないが、判決原文をそこまで読み込むのは骨が折れる。

(176) 中川善之助「相続と登記」『法学志林』三〇巻二号一八頁以下(同『相続法の諸問題』所収、勁草書房、一九四九年、一五九頁以下)。

(177) 舟橋諄一「相続と登記」、穂積先生追悼論文集『家族法の諸問題』(有斐閣、一九五二年)所収三七七頁以下、同『物権法』(有斐閣、一九六〇年)一六五頁以下。ただし、同説が、DによってBらの共有持分が「否認」されると述べるのは、積極的な否認権の行使を意味せず、Bらの権利と両立しがたい事実の主張があれば足りる(舟橋・前掲『物権法』一四六―一四七頁)。

(178) 我妻・前掲『民法案内』九九頁。この説明の問題性を指摘した興味深い対談として、唄孝一＝鈴木禄弥「共同相続と物権変動」、鈴木禄弥『物権法の研究』(創文社、一九七六年)所収三三四頁以下。しかし、我妻説は、補訂者による新訂版でも維持されている(我妻栄＝有泉亨『新訂物権法(民法講義Ⅱ)』岩波書店、一九八三年、一一二―一一三頁)。

(179)「関係所有権」概念を用いた中川説に対しては、戦前、すでに死亡相続一般の登記不要説に立った浅井清信「相続と登記」、同『判例不動産法の研究』(立命館出版部、一九三八年)所収四八頁以下の力強い批判があった。戦後では、末川博『物権法』(日本評論社、一九五六年)一二六―一二七頁を筆頭にして、川島・前掲『民法Ｉ総論・物権』一六五頁、福地俊雄「共同相続と単独登記」『岡山大学法経学会雑誌』四号三三頁以下、田中整爾「相続と登記」、中川善之助教授還暦記念『家族法大系Ⅵ相続(1)』(有斐閣、一九六〇年)所収二三八頁以下ほかの諸学説が登記不要説を支持し、【10】判決を批判の対象とした。

(180) 末川・前掲箇所。

(181) 本件の場合には、Xは、Y_1に対する第一審の確定判決により、単独で同人名義の相続登記の全部抹消登記を申請できたはずだが、控訴審判決が、Y_2との関係において売買予約を原因とする仮登記のY_1の持分限りでの更正登記を命じたため、両判決の間に齟齬が生じ、いずれの登記も実行しがたい状態であったと言う(瀬戸正二・最判解民昭和三八年度五七―五八頁、注九)。そこで、本判決は、AからY_1、Y_1からY_2への各移転登記の全部抹消登記は許されないとして、ふたつ目の移転登記について一部抹消(Y_1の持分九分の二を残した九分の七の抹消)、ひとつ目の移転登記について「一部抹消プラスα」(九分の七の抹消に加え、X_1九分の三、X_2・X_3それぞれ九分の二の記載)の解決策を与えたのであろう(同前五六頁)。けれども、それは、Xの上告を棄却する判決理由中で示されたものであり、傍論として無闇に切り捨てることはできないにせよ、判示事項ごとにどのような問題点を包蔵しているか、洗い出してみる必要がある。厳密に考えるならば、本文では引用しなかったが、全部抹消登記請求訴訟において一部抹消(更正)登記を命じる判決の妥当性を説いた一節のみに判決理由の核心部分を限定する理解も十分に成り立つ(甲斐道太郎「共同相続と登記」、別冊ジュリスト『民法判例百選Ｉ(第三版)』一一八頁)。

このほかにも、法定相続分偏重への疑問(西原道雄「共同相続と登記」、別冊ジュリスト『不動産取引判例百選(増補版)』四七頁)や、遺産分割前に相続不動産をめぐる利害関係に入った「あかの他人」(乾昭三「共同相続と登記」、別冊ジュリスト『家族法判例百選』一七三頁)、「縁もゆかりもない第三者」(石田喜久夫・判例批評『民商法雑誌』四九巻四号五九四頁)をどこまで保護すべきかといった議論は尽きない。

(182) 於保不二雄「共同相続における遺産の管理」、中川善之助教授還暦記念『家族法大系Ⅶ』(有斐閣、一九六〇年)所収九五頁以下は、この問題の全容を明らかにする先駆的研究である。

(183) 同前一〇四―一〇五頁。

(184) 【12】判決に関し、「取引の敏速性ないし安全性を犠牲にしてまでも相続人保護に徹したもの」(鈴木重信・最判解民昭和四二年度二七頁)と見る解説に対しては疑問も寄せられているが(甲斐道太郎「相続放棄と登記」、別冊ジュリスト『家族法判例百選(第三版)』二二二頁)、その結論自体に対する異論は見られない(有地亨・判例評論一〇三号=『判例時報』四八三号一〇一頁以下、谷口知平・民事判例研究『法律時報』三九巻九号一〇三頁以下、石田喜久夫・判例批評『民商法雑誌』五七巻二号二一二頁以下、星野英一・最高裁民事判例研究『法学協会雑誌』八五巻二号二一八頁以下など)。また、【13】判決に関しても、相続放棄と遺産分割の「理論上の差異」から直ちに結論を導くことはできないという指摘(星野英一・最高裁民事判例研究『法学協会雑誌』九〇巻二号四〇五頁)があるものの、【12】と相反する結論は大方の支持を得ている(伊藤昌司・民事判例研究『法学雑誌』一八巻一号一四五頁以下、石田喜久夫・判例評釈『判例タイムズ』二六三号七三頁以下、高木多喜男・民事判例研究『法律時報』四三巻十一号一七〇頁以下、甲斐道太郎・民事判例研究『法律時報』四三巻一二号一五九頁以下、岡垣学・判例批評『民商法雑誌』六五巻六号九八六頁以下、品川孝次「遺産分割と登記」、別冊ジュリスト『家族法判例百選(新版)』二四〇頁以下など)。

(185) 栗山忍・最判解民昭和三九年度七一―七二頁は、相続人の債権者が遺贈の目的物を差し押さえたのちでも、強制執行による権利移転の効力が生じるまでの間に遺言執行者が選任されれば、差押債権者は民法一七七条の「第三者」に該当しなくなるとする解釈の可能性を否定せず、受遺者の保護より「取引の安全」を優先した本判決の立場を相対化しているように読める。学説の中にも、少数ながら、「受遺者の犠牲において相続人の債権者を保護する結果となる」利益衡量に疑問を投げかけ、むしろ登記を不要とする有力説が見られる(甲斐道太郎・民事判例研究『法律時報』三七巻一号九〇頁)。判例が、遺贈の物権的効力説に立ち、相続人の処分制限を当然の帰結としながら、この処分制限の登記を不要とし、それでいて遺贈による不動産取得の登記を必要とすることの矛盾を自覚せず、遺言執行者の有無・選任の前後で「何とか調節しようとするところ」に問題の核心があることを洞察するのは、於保不二雄・判例批評『民商法雑誌』五一巻六号九二七頁。

(186) 魚住庸夫・最判解民昭和六二年度二七七頁以下は、遺言執行者の指定またはその委託の存否などから「遺言執行者がある場合」を判別し、相続人の処分制限の効力発生時期まで検討を加えているが、それが受遺者の対抗要件具備の必要性にも波及する問題であることを意識していない。

(187) いまだ「相続させる」旨の遺言に対する最終的な評価も定まっていないが、その中間的な総括として、水野紀子「『相続させる』旨の遺言の功罪」『遺言と遺留分　第1巻　遺言』（日本評論社、二〇〇一年）所収一五九頁以下。

(188) 岩城謙二「『相続させる』遺言の解釈」NBL四八二号一四頁。

(189) 二〇〇六年六月二三日の法律によって最新の民法典改正が実現するまでの歴史的変遷に関しては、原田純孝「相続・贈与遺贈および夫婦財産制」、北村一郎編『フランス民法典の200年』（有斐閣、二〇〇六年）所収二三二頁以下。二〇〇六年法の全容は、Ph. Malaurie et L. Aynès, *Les successions, les libéralités*, 6 éd., par Ph. Malaurie et Cl. Brenner, L. G. D. J., 2014, n°s 21 et 22.

(190) 死後委任は、委任者の死亡前に公署形式で受任者が受諾しておく必要がある（民法典八一二条の一の一第三項・四項）。相続財産の清算手続を担当する公証人がその受任者になることはできないが（民法典八一二条四項）、死後委任契約の締結過程における公証人の介在は不可避である。また、民法典八三五条二項は、「不分割（共有）が、不動産公示に服する財産を目的とするときは、遺産分割証書は、公証人証書によって作成される」と規定しているが、そればかりか、相続財産が相当額に上るときは、実務上、協議分割は、ほとんど常に公証人証書の作成を伴う（Ph. Malaurie et L. Aynès, *op.cit.*, n° 963）。二〇〇六年の改正法では、公証人主導の進め方が裁判分割にまで及んでおり、公証人職の年来の要求であった立法改革上の成果がよく読み取れる。昨今の「自由化」という名の規制緩和の波は、容赦なく公証人職にも押し寄せているが、これを推進しようとするいわゆるマクロン法（loi Macron）に対する公証人団体の抗議行動の正当性は、予防法律家としての社会的評価いかんによって定まるのではなかろうか。

(191) 「不動産相続証明書」の書式をはじめ、相続・遺贈の公示に関しては、本章二2(4)二二一頁以下を参照。そこで依拠した文献は、注（63）ないし（66）に掲げておいたが、最近の実用書として、J. Piedelièvre et S. Piedelièvre, *La publicité foncière*, Defrénois, 2014, p. 142 et s. にもわかりやすい解説がある。

(192) 舟橋・前掲論文「相続と登記」三八〇頁、同・前掲書『物権法』九九―一〇〇頁。

(193) 先行研究として、滝沢聿代「相続と登記」、鎌田薫・寺田逸郎・小池信行編『新不動産登記講座第2巻　総論Ⅱ』(日本評論社、一九九八年)所収、特に八一頁以下は、民法一七七条の無制限的な適用を見直し、一七六条との関係修復を志向する点で本章とも軌を一にしている。また、七戸克彦「対抗要件主義に関するボワソナード理論」『法学研究』六四巻十二号一九五頁以下、特に二一三―二一四頁、同「意思主義の今日妥当性――特に証拠保全との関係で」、半田正夫教授還暦記念論集『民法と著作権法の諸問題』(法学書院、一九九三年)所収二六頁以下も、フランス法の正確な理解のもとで日本法のあり方を模索しようとする姿勢において共感を覚える。

(194) 本章二1(2)(3)二〇六―二〇七頁および同じく本章二3二二八頁以下。

(195) 本章二2(2)二一八―二一九頁。

(196) 星野・前掲民事判例研究『法学協会雑誌』九〇巻二号四〇九頁は、相続放棄と遺産分割を対照させ、登記の要否を検討する文脈で「第三者にとっては、対応した行動をとれるように決まり、……真の権利者にとっても権利を失わないための行動が比較的容易にとれるように決まればよい」として楽観的な見方を示されたが、【16】判決までを概観しただけでも、それらが今、第三者あるいは真の権利者にとって自らの行動指針となる行為規範たりえているかどうかも楽観することはできないように思われる。

(197) M. Villey, *Essor et décadence du volontarisme juridique* in *Leçons d'histoire de la philosophie du droit*, Dalloz, rééd., 2002, pp. 278-279.

(198) 日本の不動産登記制度の通史的試みにより、同制度発足当初から引き継がれた問題点を析出するのは、清水誠「わが国における登記制度の歩み――素描と試論」、日本司法書士会連合会編『不動産登記制度の歴史と展望』(有斐閣、一九八六年)所収九九頁以下。

(199) フランス物的担保法制の劇的な変貌ぶりについては、今村与一「変動するフランス物的担保法制の現状　二〇〇六年民法典改正前後の点描」、原田純孝先生古稀記念論集『現代都市法の課題と展望』(日本評論社、二〇一八年)所収二〇五頁以下の参照を乞う。

(200) 栗山・前掲最判解民昭和三九年度七〇頁。
(201) 野田宏・最判解民昭和四六年度三二頁。
(202) この問題に深入りすることはできない。まずは、民法九〇九条の沿革を知るために原田慶吉『日本民法典の史的素描』（創文社、一九五四年）一三〇頁以下を参照されたい。
(203) 谷口知平・前掲民事判例研究『法律時報』三九巻九号一〇五頁。
(204) 本章二2(3)二二〇―二二一頁。
(205) この問題については、本章〔補論2〕で取り上げる。

第五章〔補論1〕数次相続における「中間省略登記」の全部抹消請求

（土地所有権移転登記抹消登記手続請求事件、最高裁平一六（オ）四〇二号、平17・12・15一小法廷判決、破棄差戻、判例時報一九二〇号三五頁）

【事実】　複数の土地（以下、「本件各土地」または「本件不動産」と呼ぶ）を所有するAは、一九六九年（昭和四四年）三月五日に死亡した。Aには、妻のほか、同人との間の子B、同じく子のC、D、EおよびXの法定相続人がいたが、Dは、一九九一年（平成三年）四月一〇日に死亡しており、Bもまた、一九九七年（平成九年）一一月三日に死亡し、その相続が開始している。Bの法定相続人は、妻FとYを含む六人の子である。

ところで、本件各土地については、一九九八年（平成一〇年）四月八日の受付で「昭和四四年三月五日B相続、平成九年一一月三日相続」を原因とするAからYへの所有権移転登記が経由されている。Yの主張するところによれば、Aを被相続人とする相続開始後、その法定相続人のひとりであるBが単独で本件不動産全部を取得する旨の遺産分割協議が成立しているというのであり、現に、この事実が正しいと仮定するならば、登記先例上、B名義の相続登記を省略したAからYへの直接の移転登記（以下の叙述では、「本件移転登記」と呼ぶ）も可能とされているのである。(1)

しかし、Xは、Bを除くAの法定相続人の立場にあって、本件不動産をBに単独で承継させる遺産分割協議の成立自体を否認しており、共同相続による自らの共有持分権にもとづき、Yに対し、本件移転登記の全部抹消登記手続を求めた。

第一審（鹿児島地裁名瀬支部平成一五年六月二六日判決）は、Yが抗弁として主張した遺産分割協議の成立を認めず、Xの請求を認容したようである。このため、Yが控訴してさらに争った。

原審（福岡高裁宮崎支部平成一五年十一月二五日判決）は、Yが主張した遺産分割協議の成否について認定判断することなく、以下のような理由づけにより、第一審判決を取り消し、本件を第一審に差し戻した。すなわち、仮に本件不動産をBに単独承継させる遺産分割協議が成立していないとしても、Yは、Aの相続人中のBの相続人のひとりとして、本件各土地の共有持分権を取得していることになるから、本件移転登記は、Yの共有持分権に関する限りで実体関係とも符合している。したがって、Xとしては、Yに対し、本件移転登記の全部抹消を請求することはできず、Yの共有持分以外の部分を一部抹消するための更正登記手続を求めることができるにすぎない。この判決が依拠するのは、共同相続と登記の関係を律する戦後のリーディング・ケースとなってきた最高裁昭和三八年二月二二日判決・民集一七巻一号二三五頁である。それゆえ、原審判決は、本件移転登記を更正するためには、AおよびBを被相続人とする各相続人とその持分の割合を確定する必要があるとして、本件を第一審に差し戻したのであった。(2) そこで、これを不服としてXが上告した。

Xが述べる上告理由は、本件事案に即して更正登記が可能かどうかを全く検討しようとしなかった原審判決の理由不備の違法を問うものだが、そこで強調されているように、本件では、更正の前後を通じて登記の同一性が認められず、更正登記自体が認められないとすれば、最高裁も、この点を無視することはできなかった。

【判旨】　上告理由は、民事訴訟法三一二条一項および二項に規定された事由のいずれにも該当しないが、最高裁は、職権による検討を加え、以下の理由により、原判決を破棄し、原裁判所に差し戻す判決を下した。

「更正登記は、錯誤又は遺漏のため登記と実体関係の間に原始的な不一致がある場合に、その不一致を解消させるべく既存登記の内容の一部を訂正補充する目的をもってされる登記であり、更正の前後を通じて登記としての同一性がある場合に限り認められるものである（最高裁平成一一年（オ）第七七三号同一二年一月二七日第一小法廷判決・裁判集民事一九六号二三九頁参照）。

前記事実関係によれば、原判決が判示する更正登記手続は、登記名義人をYとする本件登記を、①登記名義人をYが含まれないAの相続人とする登記と、②登記名義人をBの相続人とする登記に更正するというものである。しかし、この方法によると、上記①の登記は、本件登記と登記名義人が異なることになるし、更正によって登記の個数が増えることにもなるから、本件登記と更正後の登記とは同一性を欠くものといわざるを得ない。したがって、上記更正登記手続をすることはできないというべきである。

そして、Yの主張する遺産分割協議の成立が認められない限り、本件登記は実体関係と異なる登記であり、これを是正する方法として更正登記手続によることができないのであるから、Xは、Yに対し、本件各土地の共有持分権に基づき本件登記の抹消登記手続をすることを求めることができるというべきであり、Yが本件各土地に共有持分権を有するということは、上記請求を妨げる事由にはならない。原審の引用する前記昭和三八年二月二二日第二小法廷判決は、共有不動産について、共有者の一人のため実体関係と異なる単独所有権取得の登記がされている場合に、他の共有者は、更正登記手続をすることができるから、全部抹消を求めることができない旨判示したものであり、更正の前後を通じて登記の同一性がある事案についての判決であって、本件とは事案を異にする。」

【評釈】　本判決を支持する。

一　何分にも、第一審および原審の判決原文を読む機会が得られず、評者自身、具体的な紛争事実を捕捉できていない事情を予め断っておかなければならない。それでも本判決を取り上げようとするのは、おおよそ二つの理由からである。

第一は、この事案が氷山の一角にすぎず、同種事件の潜在的な可能性がきわめて大きいことである。実際、二世代、三世代に及ぶ数次の相続がすでに開始していながら、相続人間の遺産分割等によって個別の財産ごとに所有権の帰属を確定する法的処理が一向に進展せず、殊に不動産が相続財産の大半を占める場合、数世代前の被相続人がいまだに登記簿上の名義人のように扱われている事例が、日本全国に散在するものと推測される。しかも、このままいたずらに時日が経過するならば、そうした数次相続固有の遺産処理の困難さは、世代交代のたびにますます深刻の度を強めてゆくにちがいない。思うに、私たちは、過剰なまでの市場化にさらされた不動産に執着し続ける一方で、市場から見放された不動産を法的にも物理的にも荒れるに任せているのではなかろうか。本判決は、おそらく家督相続が主流であった戦前には例外的でしかなかった遺産処理の停滞と、これに伴う不動産公示原則の空洞化とでも表すべき今日的状況を前にして、何をどう解決すべきかを考える契機となるように思われる。

第二の理由は、本判決が、はしなくも原判決の拠りどころとなった先ほどの最高裁昭和三八年二月二二日判決(以下、同判決を「昭和三八年判決」と呼ぶ)の限界点を浮き彫りにしているように見えることである。周知のとおり、昭和三八年判決は、複数の不動産を被相続人から承継した共同相続人のひとり乙が、遺産分割を待たないで勝手に自己名義の単独相続登記を済ませ、第三者丙との間で当該不動産の売買予約を締結し、これにもとづいて所有権移転請求権保全の仮登記を経由した場合に、他の共同相続人甲は、乙および丙に対し、「自己の持分を登記なくして対抗しうる」ことを前提としたうえで、自己の共有権に対する妨害を排除するため、それぞれの登記の一部抹消(更正)登記手続を求めることができる旨を明らかにしたのであった。もっとも、同判決は、乙から丙への移転仮登記の全部抹消を求める甲の上告を棄却しており、この文脈で示された論理構成である点に注意を要する。厳密に言えば、乙の単独相続登記に対する甲の全部抹消請求は、第一審の段階で認容され、すでに確定しているのだから、甲と乙との関係を含めた判示事項のどこまでが真の判決理由であり、どこからが傍論となるのか、必ずしも判然としない(3)。その意味では、本判決と昭和三八年判決の接点も自明ではないのだが、少なくとも、甲と丙の関係のみならず、甲と乙の関係、つまり共同相続人間で乙名義の登記の全部抹消請求の可否が改めて争点となる場面では、当然に消極的な結論が予想されるはずである。これが原判決の立場であった。けれども、本判決は反対の結論を導いている。本件のような事例では、更正登記による真正名義の回復が不可能となり、昭和三八年判決の趣旨を維持しがたいとすれば、このことの意味をよく吟味しておくべきだろう。

以上の理由から、まずは、昭和三八年判決と本判決との比較検討を通じて後者の意義を見きわめることに専念し（二）、そのうえで、なおも解決困難な登記実務上の問題点を摘示しつつ残された諸課題を提起したいと考える（三）。

二　昭和三八年判決と本判決の決定的な相違点が、数次の相続を経ているか否かにあるのは確かである。しかしながら、本件事案が、第三者が登場する昭和三八年判決のそれとは異なり、数次の相続にまたがった共同相続人同士の争いにとどまっている点も見逃すことはできない。この場合には、共同相続人のひとりの専断による単独名義の相続登記を前提として、さらに自己名義の登記を経由した第三者の存在を顧慮する必要がなく、当該相続登記の全部抹消請求を是認するうえで何らの支障もないからである（不動産登記法六八条を参照。以下、二〇〇四年に全面改正されたのちの現行法を引用するときは、単に「不登」と略す）。

そうだとすれば、ここでの問題は、数次の共同相続に関する本件事案に即して本判決が妥当であったかどうか、また、本判決の妥当性については異論がないにせよ、昭和三八年判決の事案と同様に第三者が登記上の利害関係を有する場合をも想定し、その判断枠組みをどう考えるか、これら二つに絞られるであろう。

（1）本来、「更正の登記」とは、「登記事項に錯誤又は遺漏があった場合に当該登記事項を訂正する登記」を言う（不登二条一六号）。権利に関する登記の更正登記に限定すれば、すでに手続の完了した登記が、当事者または登記官の過誤による「錯誤」（記載した事項に誤記・誤謬があること）または「遺漏」（記載すべき事項の全部もしくは一部の脱漏があること）を含んでおり、このため、実体上の権利関係との間に齟齬《そご》を来たした場合につき、両者の不一致の解消を目的として既存登記の記載事項を是正する登記の方法と定義づけることができよう。この意味での更正登記は、当事者の申請によってなされた登記の是正である以上、同一当事者の申請によるのを原則とする。[4] ただし、登記官が、登記完了後に当該登記に錯誤または遺漏のあることを発見した場合であり、かつその錯誤または遺漏がもっぱら登記官の過誤によるものであるときは、職権による「登記の更正」が可能とされている（不登六七条一項・二項）。全面改正前の旧法（引用の際には、「旧不登」と略す）下では、これらの要件を満たしても、登記上の利害関係を有する第三者がいる場合には、職権での更正が認められなかったが（旧不登六四条一項）、改正後の現行法では、そのような第三者が存在する場合でも、当該第三者の承諾があれば、職権での更正が可能となった（不登六七条二項ただし書）。これが、更正登記に関する主要な改正点とされる。[5]

もちろん、当事者が更正登記を申請する原則的取り扱いにおいても、登記上の利害関係を有する第三者がいる場合には、その第三者の承諾がなければ、付記登記によって権利に関する更正の登記をすることができない（不登六六条）。付記登記によることができないとすれば、すでになされた登記と一体のものとして公示し、その登記と同順位とすることはできないのだから（不登四条二項参照）、果たして、付記登記ではなく主登記によらなければならない場合が、登記事項の錯誤または遺漏を是正する本来の更正登記に包摂されうるものかどうか、理解に苦しむものの、この点はあまり疑問視されていない。[6] ともかく、登記上の利害関係を有する第三者が存在しないか、または第三者が存在してもその承諾が得られれば、更正登記はすべて付記登記によることとなる。

付記登記による更正登記の方法を用いる限りは、更正前と更正後の登記の同一性が担保される。否むしろ、本判決も述べるように、更正の前後を通じて登記の同一性が担保される場合だからこそ更正登記が認められるのであって、そうでない場合には認められないと言うべきであろう。たとえば、登記実務上、所有権移転登記の原因を贈与から売買に更正したり、同じ登記の原因を遺贈から相続に更正したりしても、登記の同一性は失われないけれども、不動産保存の先取特権の登記を不動産工事の先取特権の登記に更正するのは、同一性を欠く結果となり、許されないと解されている。もっとも、債権者を甲とし、債務者を乙とする抵当権設定登記をなすべきところ、誤って債権者乙、債務者甲と登記された事例につき、錯誤を登記原因とする更正登記を認めた登記先例（昭35・6・3民事甲一三五五号民事局長回答・先例集追Ⅲ一九一頁）などは、更正前後の登記の同一性という基準の一点張りで説明がつくようには思われない(7)。

それはさておき、一般的には、登記の同一性が、更正登記を認めるか否かの判断基準となり、その実質的要件として一定の機能を果たしているのは、学説上も異論をさしはさむ余地のないところである。そして、従来の登記実務は、甲から乙・丙の共有名義への所有権移転登記を乙の単独所有名義とする更正登記も、反対に、甲から乙の単独名義への所有権移転登記を乙・丙の共有名義とする更正登記も、登記の同一性基準に照らして是認してきたのであった（昭36・10・14民事甲二六〇四号民事局長回答・先例集追Ⅲ七〇二頁）。なるほど、いずれの場合にも、更正前の登記名義人の一部または全部が更正後の登記名義人として残っており、共有持分も一個の所有権との前提で考えるならば、更正前の登記の有効性を持続させつつこれに補正・補充を加える更正登記は、更正前の登記との同一性を保っているという理解が可能である(8)。

判例上も、共有者のひとりがなした単独所有名義の登記を共有名義に改めるためには、全部抹消登記手続ではなく、一部抹消の更正登記手続によるべしとする立場が、かの昭和三八年判決以降確立したと言われる。ただ、それ以前には、隠居相続後も先代が留保していた不動産をめぐり、同人の死亡により遺産相続が開始したにもかかわらず、遺産相続人のひとり乙が自ら家督相続したものとして単独所有権の登記を経由し、さらに乙から第三取得者丙への売買による所有権移転登記がなされたため、他の遺産相続人甲が乙および丙に対して各登記の抹消を求めた事件において、甲の乙らに対する請求を全部認容した大判大正八年一一月三日民録二五輯一九四四頁がある。同判決は、「共有ハ数人カ共同シテ一ノ所有権ヲ有スル状態ニシテ共有者ハ物ヲ分割シテ其一部ヲ所有スルニアラス各共有者ハ物ノ全部ニ付キ所有権ヲ有シ他ノ共有者ノ同一ノ権利ニヨリテ減縮セラルルニ過キス従テ共有者ノ有スル権利ハ単独所有者ノ権利ト性質内容ヲ同フシ唯其分量及ヒ範囲ニ広狭ノ差異アルノミ故ニ各共有者ノ持分ハ一ノ所有権ノ一分子トシテ存在ヲ有スルニ止マリ別個独立ノ存在ヲ有スルモノニアラス」という共有持分の法的性質論から説きおこし、「単独所有権ノ登記ハ一所有権ノ一個ノ登記ニシテ多数ノ共有権ノ集合登記ニアラサルヲ以テ単独所有権ノ登記中或部分ノ共有権ノ登記ノミヲ残存セシメテ他ノ共有権ノ登記ヲ抹消スルコトヲ得ス故ニ其単独所有権ノ登記ハ共有権ノ登記ニ改ムル為メ之ヲ抹消スルコトヲ得ヘキモノトス」として、全部の抹消登記を肯定しているのである。これに対し、昭和三八年判決は、単独所有の登記を信じた丙であっても、登記の公信力がない結果、甲の持分を取得する由もないという意味で大正八年の大審院判決を引用しながら、その結論部分については先例とせず、「この場合に甲がその共有権に対する妨害排除として登記を実体的権利に合致させるため乙、丙に対して請求できるのは、各所有権取得登記の全部抹消登記手続ではなくして、甲の持分についてのみの一部抹消（更正）登記手続でなければならない」と結論づける。この結論に関する先例のひとつとされたのは、「一個ノ不動産上ニ共有持分権ヲ有スル者カ其不動産ニ付キ単独所有権取得ノ登記ヲ為シタル第三取得者ニ対シ其持分権ヲ対抗シ得ル場合ニ於テ所有権取得登記ノ抹消ニ因リテ第三取得者ノ正当ニ取得シタル権利ヲ喪失セシムル虞アルトキハ登記ノ抹消ヲ許容スヘキモノニ非スシテ登記更正ノ手続ニ依リ共有名義ノ登記ニ改メシムルヲ相当トス」との判断を示した大判大正一〇年一〇月二七日民録二七輯二〇四〇頁であった（もうひとつは、共同相続人のひとりが単独で自己名義に移転登記した事案につき、他の共同相続人からの抹消登記請求を全部認容した原判決を破棄し、その請求が実体関係との符合を求める趣旨ならば、登記更正手続を求めるように釈明権を行使すべしとして原審に差し戻した最判昭和三七年五月二四日裁判集民事六〇号七六七頁）。

これらの先例に依拠した昭和三八年判決は、更正登記の本質を一部抹消登記と同視する見方から、ともすると、一部の登記抹消に該当するときは、ことごとく更正登記によって処理しなければならないかのように誤解された節があると指摘される。(9) しかしながら、同判決の「不当な拡張」は、それ自体に内在した要因に帰せられる面が大きいのではないかとも思われる。現に、昭和三八年判決は、先ほどの結論部分に続けて「けだし右各移転登記は乙の持分に関する限り実体関係に符合しており、また甲は自己の持分についてのみ妨害排除の請求権を有するに過ぎないからである」と述べる。この箇所から、登記の一部であれ実体関係と合致するかぎり、その部分を抹消することはできず、ましてや共有持分権にもとづく妨害排除請求権の行使としての抹消登記請求であれば、自己の持分の限度内での一部の抹消登記イコール更正登記しか請求できないという論理が読みとれる。裏返せば、そのような場合に全部の抹消登記は許されないとする態度表明である。昭和三八年判決は、第三取得者内に対する抹消登記請求の可否を問われ、「所有権取得登記ノ抹消ニ因リテ第三取得者ノ正当ニ取得シタル権利ヲ喪失セシムル虞アルトキハ登記ノ抹消ヲ許容スヘキモノニ非ス」とした大正一〇年の大審院判決を引用しながら、この要件事実の有無を問うことなく、甲と乙の共有者間における争いであっても同様に全部の抹消登記は認められないとしているのである。それゆえ、同判決以降も、第三者の権利を害するおそれがない場合は全部の抹消登記が許されるとして「不当な拡張」への抵抗を示す下級審の裁判例が見られるものの（たとえば、東京高判昭和四一年

十一月二五日判時四六九号四三頁、名古屋高裁金沢支部判昭和四三年五月二十二日判時五三五号六五頁)、最高裁は、一貫して同趣旨の判決を繰り返している(最判昭和四四年五月二九日判時五六〇号四四頁、最判昭和五九年四月二四日判時一一二〇号三八頁)。

ところが、近年の裁判例の中には、昭和三八年判決を起点とする判例の流れとはまた別の角度から同判決の先例性を限界づけようとする動きが見受けられる。たとえば、甲、乙ら数名の者が共同相続した不動産につき、相続開始前に被相続人から相続人のひとり乙への相続以外の事由を原因とする不実の所有権移転登記がなされた事案において、甲は、他の共同相続人全員のために相続財産を保全すべく、乙に対し、単独でその移転登記の全部抹消を請求することができるとした東京高判平成七年五月三一日判タ九〇三号一三四頁がある。この場合は、登記簿上甲と乙が相続開始前に当該不動産を取得した旨の記載となる一部抹消(更正)登記の方法によるべきではないとして、裁判所が、共有持分にもとづく共同相続財産の保存行為として抹消登記請求を認めたわけである。東京高判平成八年五月三〇日判タ九三三号一五二頁も、通謀虚偽表示に当たる無効の贈与を原因として被相続人の生前に同人から推定相続人のひとりに所有権移転登記がなされた同種の事案で、相続人以外に利害関係を有する第三者がいない等の要件のもとではあるが、共有持分にもとづく保存行為としての不実登記の全部抹消請求を認めている。また、被相続人存命中の売買を原因とする同人から相続人のひとり乙への所有権移転登記を経て、債務者乙、根抵当権者丙とする根抵当権設定登記がなされた事案に関し、被相続人の死亡後に乙への移転登記の原因を相続に改める更正登記をすることはできないとしつつ、甲ほかの相続人各自の持分については真正な登記名義の回復を原因とする持分移転登記を、丙のための根抵当権設定登記については、目的物件全部ではなく乙の持分限りの登記に改める更正登記をそれぞれ認めた最判平成十一年三月九日判時一六七二号六四頁がある。

最判平成十二年一月二七日判時一七〇二号八四頁は、本件と同じく数次の相続を介して移転登記がなされた事案に関するものである。すなわち、先々代A（一九五二年死亡、第一の相続）の名義から一挙にAの共同相続人四人のうちのひとり先代B（一九九三年死亡、第二の相続）の妻子Yらの名義へと、第一の相続の遺産分割がまだ済んでいないにもかかわらず、各相続を原因とする所有権移転登記が経由されたため、Bを除くAの共同相続人のひとりXが、当該登記を①第一の相続を原因とするBの持分四分の三、Xの持分四分の一の移転登記に改め、②第二の相続を原因とするBからYらへのBの持分全部移転登記に改める更正登記手続等を求めたところ、同判決は、Xの請求を認容した原判決を破棄し、真正な登記名義の回復を原因とする所有権一部移転登記等を命じたのであった。というのも、AからYらへの移転登記をいったんAからBおよびXへの移転登記に改めるならば、現在の登記名義人Yらが現れない登記となり、なおかつBからYらへの移転登記に改めて二段の更正を施せば、更正前の一個の登記を二個の登記にすることとなり、いずれにせよ「登記名義人及び登記の個数の点において登記としての同一性を欠くから」である（以下、同判決を「平成十二年判決」と呼ぶ）。これには、錯誤を原因としてYらの所有名義をYらとXの共有名義に改める一段の更正登記を認めるべきとする積極論の提案も見られるが[10]、第一の相続が共同相続の場合にその相続登記の省略を認めない登記先例との整合性、何より「公示の明確性」の観点からにわかに採用しがたい議論と言える[11]。

平成十二年判決を引用する本判決は、数次相続における中間の相続登記を省略したために生じた登記と実体関係の不一致を解消する場合にも、更正登記が、登記の同一性基準に照らして許されないことを再度確認し、更正登記に代わる方法として、平成十二年判決が認めた真正な登記名義の回復を原因とする一部移転登記ではなく、相続登記の一部を省略した移転登記全部の抹消登記を認めたところに意義がある[12]。このように本判決を位置づけるならば、昭和三八年判決を先例としない立場を明らかにした一連の事例判決の延長線上でその趣旨をごく自然に受けとめることができるであろう。そしてまた、本件事案に即してみても、遺産分割協議の成否それ自体が疑わしいのだから、全部抹消登記の方法により、遺産分割の確定を待ってその結果をいかようにも反映させることが可能となる結論の妥当性は、おそらく異論をみないと考えられる。

（2）では、新たな裁判例の流れを汲み、さしあたってその到達点の位置を占める本判決は、昭和三八年判決との対比においてどのような意味合いをもつのであろうか。

まず、本件では、昭和三八年判決とは事案を異にし、更正登記の方法に依拠することができない以上、Xは、Yに対し、自己の「共有持分権に基づき本件登記の抹消登記手続をすることを求めることができる」のであり、「Yが本件各土地の共有持分権を有するということは、上記請求を妨げる事由にはならない」とされている点に注目しよう。本判決は、当該事案が昭和三八年判決の射程外であることを強調しつつ、実は、こう述べて同判決の論理構成にまで踏み込んでいるのである。昭和三八年判決は、全部の抹消登記を認めない理由として、現在の登記名義人が一定の権利を有する限度で実体関係と合致していることを挙げていたが、本判決は、そのような事由が全部抹消登記請求の障害にならないことを明言している。両判決を矛盾なく理解するためには、更正登記を許さない数次相続の事案において、少なくとも登記上の利害関係を有する第三者が登場しない限り、各共有者は、登記名義人となっている他の共有者に対し、自己の共有持分にもとづいて全部の抹消登記手続を求めることができ、この場面では、昭和三八年判決が示した理由づけは通用しないと解しなければならない。かくて昭和三八年判決の「不当な拡張」に対する危惧が過去のものになったとすれば、本判決の貢献するところ大である。

次に、登記の同一性基準を前面に押し出す本判決は、平成十二年判決とも共鳴し、更正登記の要件とされてきた同基準を改めて見直すべき時機の到来を告げているように思われる。従来、更正登記と抹消登記等の境界線いかんを「決するものは、結局のところは、各種登記の様式等からみて、登記簿面を不必要に混乱させることなく読みにくくすることなしに過去の登記面を是正するには、いかなる種類・形態の登記を用いるのが合理的か[13]」に尽きるとし、このすぐれて実用主義的な発想から登記の同一性なる判断基準に懐疑的な見方が有力とされてきた。確かに、前述した登記先例の中には、同一性概念をもってしては説明困難なものも見られるのである。しかし、更正登記の可否が、登記記録の一覧性、先ほどの表現を借りれば「公示の明確性」を当然の前提としながらも、やはりそれだけで決まるものでないとすれば、いかに難問とはいえ登記の同一性基準を放擲《ほうてき》することはできないのだろう。(14) むしろ議論の方向性としては、登記すべき権利の種類や目的物の「同一性」と同様、平成十二年判決が示した登記名義人と登記の数が「同一性」の決定的な要素となるのかどうかを見きわめ、この判断基準をより精緻なものに鍛え上げた方がはるかに建設的のように思われる。昭和三八年判決では、登記と実体関係の部分的不一致イコール一部抹消イコール更正登記の等式が成り立ち、もっぱら実体関係の土俵に立って更正登記の是非を判断する志向性が強かったのに対し、本判決は、その意味では、登記手続固有の観点に立ち返って同一性基準に照らした判断を優先しているけれども、それならば、登記名義人が実体上の権利を有するか否かは、一部または全部の抹消登記の区別と切り離して考えてよいのか。これらの検討課題は、評釈の制約のもとでなしうることではなく、あげて今後に委ねるほかはない。

さらに、昭和三八年判決との対比で言えば、本判決は、共有不動産の第三取得者をはじめとする登記上の利害関係を有する第三者の登場を想定したものではない。数次の相続にまたがる共有者間の争いであればこそ、全部の抹消登記を認めることができるが、第三者の登記を経由した段階では、同じ扱いができないのは容易に想像がつく。昭和三八年判決は、まさにそのような事案に関するものであり、それだからこそ妥当な結論を導くことができたが、原判決のように、その論理構成を本件事案に当てはめるべきでないのはもはや明瞭である。本判決は、昭和三八年判決が、第三者の権利を喪失させるおそれがあるときは抹消登記を許すべきでないとした前掲・大正一〇年大審院判決に従う振りを見せながら、同判決が定立した要件事実を無視し、共有者間でも全部の抹消登記が許されないかのごとく、一般的に過ぎる言辞を用いたことの問題性を衝いているように思われるのである。

ところで、数次の相続を経た不動産に関する権利の帰属変動が登記簿上に現れるのは、第三者の登場後の場面が圧倒的に多いのであろう。そうだとすれば、本判決の判断枠組みによって解決可能な事例は自ずと限られている。早晩、昭和三八年判決の事案のように、不動産の一部共有者と第三者との間で、しかも数次の相続を重ねた共有不動産をめぐって争いが生じ、訴訟に持ち込まれるケースが浮上してくるにちがいない。裁判所は、本判決の到達点に満足し、しばし立ち止まるわけにもいかない。だが、よくよく考えてみれば、本判決により、数次相続における中間の相続登記を省略した結果として実体関係との間に生じた不一致を解消するため、更正登記の方法を用いたくとも、それは許されないことが再確認されたばかりである。この場合、裁判所は、昭和三八年判決の地点にまで回帰すれば足りるのだろうか。果たして、昭和三八年判決と本判決は、場合分けによる両立が可能なのであろうか。これが、評釈の制約のもとでなしうる最後の検討課題である。

三　最判平成一五年七月一一日民集五七巻七号七八七頁が打ち出した命題によれば、「不動産共有者の一人は、その持分権に基づき、共有不動産に対して加えられた妨害を排除することができるところ、不実の持分移転登記がされている場合には、その登記によって共有不動産に対する妨害状態が生じているということができるから、共有不動産について全く実体上の権利を有しないのに持分移転登記を経由している者に対し、単独でその持分移転登記の抹消登記手続を請求することができる」。とはいえ、現に登記名義人となっている第三者が実体上の権利を有する場合には、この新しい命題を適用することはできないから、先例とすべき昭和三八年判決の出番となる。そして、同判決の法理をそのまま適用すれば、共有者のひとり乙の単独名義とする所有権移転登記を経て乙から第三取得者丙への所有権移転登記が経由された時点において、他の共有者甲が、登記名義人の乙および丙に対し、自己の共有持分権にもとづいて請求できるのは、これら移転登記の全部抹消登記ではなく、甲自身が有する持分の限度での一部抹消登記をおいてほかにない。けれども、甲、乙各人の権利取得が数次の相続を原因とする場合は、平成十二年判決とともに本判決が指摘するように、更正前後の登記の同一性に反し、更正登記の方法に依拠することができないのではないか。これは、杞憂でなければ、共有不動産に関する登記の取り扱いを整序する判例法理[15]がひとつのジレンマに陥ることを意味する。

それならば、数次相続における中間の相続登記を省略し、当初の登記名義人から何世代かあとの相続人への移転登記がなされ、すでに第三者名義の登記が経由されている事案に関しては、どのような対処法が考えられるであろうか。

すぐに思いつくのは、平成十二年判決が認めた「真正な登記名義の回復」を原因とする所有権一部移転登記の方法である[16]。しかし、かねてより濫用あるいは悪用の弊害が指摘されてきたこの便宜的手段に頼ってしまえば、これを極力例外的な取り扱いにとどめようとしてきた登記実務の良識的対応[17]に水をさすばかりか、変則的便法への依存を恒久化することになりかねない。それでなくとも、本件事案のように、甲、乙以外に数次の相続にまたがる共同相続人が存在する場合には、そのひとりにすぎない甲が求める移転登記は、他の相続人をさしおいた部分的解決にしかならない。しかも、これまた本件事案のように、中間の相続における遺産分割の成否が明らかでない場合や、各相続の法定相続人が定かでない場合には、甲の持分そのものが不確定だから、この便法に訴えることさえできないのである。

さて、以上に述べた見通しが誤っていないとすれば、遅かれ早かれ予期される事態は、従来からの対症療法によってやり過ごせるものではなく、より根源的な問いかけを求めているように思われる。

問題の根本にあるのは、敗戦後の家族法の全面改正により、家督相続による単独相続の原則を廃止し、配偶者相続権を基軸とする共同相続への制度上の変革を遂げてから半世紀以上が経過した今日でも、相続による不動産所有権の移転が民法一七七条の原則的支配のもとにおかれていることである。ということは、つまり、「対抗要件主義」と呼ばれる同条の規定は、判例上、遺産分割後に登場する第三者との関係など特定の場面でしか適用されないものの、この「対抗要件主義」と表裏をなす当事者の任意申請主義（不登一六条）は、相続を登記原因とする場合にも全面適用されるわけである。相続による権利の移転登記は、登記義務者に当たる被相続人がすでに死亡しているため、共同申請の例外として相続人の単独申請（不登六三条二項）が認められている点で特色を有するにすぎない。したがって、幾度となく遺産承継の対象となった不動産であっても、当該不動産に関して生じた権利の帰属変動は、当事者の申請を待たなければ登記簿上に反映されない。それでも、単独相続が原則とされていた戦前には、問題は顕在化しなかった。事態の深刻化が懸念されるのは、共同相続によって遺産の共有関係が常態化し、戦後だけでも数世代に及ぶ相続が開始して縦・横の共有関係が折り重なりつつあるまさに現在である。本件事案は、こうした現状への注意を喚起し、長期的展望に立った問題解決に向け、相続の具体的局面ごとに登記の要否を問うといった微視的な問題の立て方自体を見直すように迫っているのではないだろうか。[18]

そもそも当事者の任意申請主義が採用されたのは、対抗要件としての登記の目的が私権の保護にあることから、国家の余計な干渉を控えさせ、当事者の意思によって登記を申請するのが望ましく（私的自治の原則）、また、当事者の申請を受けて登記する方が登記の真正さを確保することができ、取引の安全にも資する（不動産取引の安全保護）という二つの理由からであったと説明される。[19] しかし、相続登記に関しては、私的自治の領域に属する事柄かどうか一考を要するところであり、登記の真正確保のために当事者申請主義を堅持するにせよ、その論理的帰結として当事者による任意の申請に委ねる以外に選択肢がないとも思われない（不登三六条、四七条参照）。昨今では、未登記の時効取得者と第三者の関係についての新しい最高裁判決が注目を集めているが、[20] 総じて意思表示にもとづかない不動産の物権変動をめぐる登記のありようが大きく揺さぶられているとすれば、いつまでも

「物権変動論」の問題設定を脱しきれない民法学説の刷新もまた、数次相続の難題と同様に必然と言わなければならない。

注

（1）　数次にわたる相続が開始し、その相続登記がいずれも未了のままとなっている不動産について、「単独相続（遺産分割、相続放棄又は他の相続人に相続分がないことによる単独相続を含む。）が中間において数次行われた場合に限り」、一個の申請書によって登記を申請することができるとする昭和三〇年一二月一六日民事甲二六七〇号民事局長通達（先例集追Ⅰ五〇七頁）にもとづくもの。この場合、登記原因が「昭和何年何月何日何某相続、平成何年何月何日相続」などと記載され、中間の相続とその相続人が登記されることになる。同通達は、一般には、数次相続においていわゆる中間省略登記を認めた先例として理解されているが、実体上の物権変動の過程と異なる登記を認めたわけではなく、「二個の登記を便宜一個の申請ですることを認めたにすぎない」として、用語法の不適切さを指摘する気骨のある見解も看過しがたい（飛沢隆志「数次相続と相続による所有権移転登記」、別冊ジュリスト『不動産登記先例百選（第二版）』五四－五五頁）。そこで、本評釈では、「中間省略登記」の表現を避け、標題も括弧書きで表示した。

（2）　原審は、遺産分割協議の成否を争うYの抗弁について判断を下さず、第一審に差し戻したとされる。しかし、たとえ差戻後の第一審が更正登記を認めたとしても、再度控訴され、第二次控訴審においてYの抗弁が認められれば、Xの請求を全部棄却する結論となり、差戻後の第一審の判断がすべて無駄になってしまうおそれがある。この点で、本件を第一審に差し戻した原審の措置は「著しく不当」と批判されているが（本判決のコメント、判時一九二〇号三七頁）、本評釈では、これ以上立ち入らない。

（3）　瀬戸正二・最判解民昭和三八年度一五事件の解説によれば、被告・共同相続人乙に対して全部抹消登記を命じた第一審判決が確定していたため、被告・第三取得者丙に対して更正登記を命じた第二審判決との間に食い違いが生じており、両判決ともそのままでは執行できない状態であったと言う（五七頁注九）。それにしても、最高裁が下した「昭和三八年判決」によっていかなる最終的解決が図られたか、なお評者には理解しがたい点が残っており、疑問の尽きない事件である。

（4）以上、更正登記の全容に関し、吉野衛『註釈不動産登記法総論〔新版〕下』（金融財政事情研究会、一九八二年）四三五頁以下。

（5）清水響編『一問一答新不動産登記法』（商事法務、二〇〇五年）一七九頁。

（6）たとえば、一番抵当権の被担保債権額が五，〇〇〇万円であったにもかかわらず、当事者の申請の錯誤または登記官の過誤により、債権額を三，〇〇〇万円とする抵当権設定登記がなされたのち、二番抵当権が設定され、その登記が経由された場合には、二番抵当権者の承諾が得られないかぎり、未登記の二，〇〇〇万円分については、第三順位の抵当権として登記するほかないと説明されているが（同前一七八頁）、このような場合をも更正登記のカテゴリーに含める趣旨であろうか。

（7）登記原因証書によれば、債権者を甲、債務者を乙とする抵当権設定契約であったにもかかわらず、登記申請書では、債権者乙、債務者甲の記載になっており、両書面の齟齬が看過されたまま申請書記載のとおりに登記が完了した事例である。この場合は、同一性云々の判断よりも、優先順位を決定づける抵当権の登記に対する実質的考慮が強く働いたものと見られる。

（8）梅原光夫「所有権登記名義人の更正」、前掲『不動産登記先例百選（第二版）』一四六－一四七頁。

（9）奈良次郎「更正登記のなし得る限界について――最高裁二小判昭和三八年二月二八《ママ》日を手がかりとして――」『判例タイムズ』一七七号四七頁以下。

（10）香川保一監修判例研究会・判例解説『登記インターネット』二巻五号九六頁。

（11）中井一士「中間省略相続登記が相続による所有権移転と合致しない場合の更正登記の可否」『登記情報』四〇巻六号四五頁以下は、積極説に傾きながらも、結論的には平成十二年判決の立場を支持しているように読める。

（12）真正名義の回復のための移転登記と全部抹消登記とでは、登録免許税額が著しく異なる点（前者が不動産価額の一，〇〇〇分の二〇であるのに対し、後者は一個につき一，〇〇〇円）にも注意を払う必要がある。

（13）幾代通＝徳本伸一補訂『不動産登記法』（第四版、有斐閣、一九九四年）一八六頁。とは言いながら、幾代通「権利に関する更正登記雑考」、同『不動産物権変動と登記』（一粒社、一九八六年）所収一五五頁以下を読み合わせれば、同一性基準にどこまで執着するかはともかく、同一性概念を抜きにして更正登記の可否を判断するわけにもいかないことがわかる。

（14）奈良次郎「変更登記・更正登記」、『不動産法大系Ⅳ登記』（青林書院新社、一九七一年）二七四頁は、登記官の審査権限

を念頭におくならば、更正前の既存の登記と更正後に現出する新登記との相互の比較によって同一性の有無を判定し、更正登記の可否を判断せざるをえないと述べる。

(15) この判例法理全般に関しては、『新不動産登記講座④各論Ⅰ』(日本評論社、二〇〇〇年)所収の藤原勇喜、宇佐見大司両氏の論考を参照されたい。

(16) 甲名義の所有権保存登記がなされた建物につき、甲乙双方から登記原因を「真正なる登記名義の回復」とする甲から乙への所有権移転登記の申請を受理して差し支えないものとした昭和三九年四月九日民事甲一五〇五号民事局長回答(先例集追Ⅳ一〇六頁)が、ひとつの先例とされている。ただし、「真正な登記名義の回復」なる名目は、真の登記原因とは言いがたく、「登記原因がないということを言うために登記原因欄に書いている」(座本喜一「不動産登記に関する最近の主要通達の研究」『登記先例解説集』二〇三号二二頁における匿名者発言)との認識が正しいと思われる。

(17) 御園生進「真正なる登記名義の回復を登記原因とする所有権移転の登記」『登記研究』二一五号九頁以下。

(18) 本章の、特に四1(2)二七一頁以下を参照。

(19) 前掲・吉野衛『註釈不動産登記法総論〔新版〕上』四六八頁。

(20) 最判平成一八年一月一七日民集六〇巻一号二七頁。すでに同判決を分析評価するものとして、池田恒男・判例評釈『判例タイムズ』一二一九号三八頁以下、鎌田薫「不動産の取得時効完成後の譲受人と背信的悪意者」『私法判例リマークス』三四号(二〇〇七年・上)一四頁以下がある。

第五章〔補論2〕登記簿上所有者が不明とされた不動産について時効取得による所有権保存登記を経由するための方法

（土地所有権確認請求事件、最高裁平二三（受）二八五号、平23・6・3二小法廷判決、上告棄却、裁判集民事二三七号九頁、判例時報二一二三号四一頁）

【事実】本件土地は、地元住民から「お寺山」と呼ばれ、本件原告X（九世紀頃の創建と言われる山梨県下の日蓮宗の寺院）の旧境内地として伝承されてきたが、県道開設の必要から山梨県による買収の対象地となり、このため、登記簿上所有者の表示がなかった本件土地について所有権保存登記を経由しなければならなくなった。そこで、Xは、宗教法人として自らが法人格を取得した日、一九五五年（昭和三〇年）五月二六日以来、ちょうど二〇年が経過した一九七五年（昭和五〇年）五月二六日までの占有事実にもとづいて取得時効を援用し、かつて本件土地が無主の不動産として国庫に帰属していた（民法二三九条二項）との主張により、国Yを相手どって自己の所有権の確認を求めるに至った。これが本件訴えである。

第一審（甲府地裁平成二〇年一〇月一〇日判決）は、登記簿上所有者が不明であれば、当然に無主物とされるわけではなく、本件土地が無主の不動産として国庫に帰属していたとは言えないとする被告Yの主張を認めず、本件土地が国庫に帰属していた以上、Xには確認の利益があるとして、ほぼXが主張するとおり、その請求を認容する判断を示した。これを受け、Yが控訴した。

控訴審（東京高裁平成二十一年一〇月一四日判決）は、第一審判決を取り消し、「無主の不動産とは所有者がいない不動産をいうのであるから、Xは、本件土地について所有者がいないということを立証すべきであって、誰の所有かが不明というだけでは、無主の不動産であると認めることはできない」と解したうえ、「Yは本件土地の所有者ではなく、Y自らも本件土地が国有地であることを否定しているから、YとXとの間に本件土地の所有権をめぐる紛争は存在せず、これを即時確定する必要は認められない」として、第一審とは反対に、ほぼYの主張のとおり、確認の利益を欠く不適法な訴えであるという理由により、本件訴えを却下する判断を下した。これを受け、今度はXが上告受理の申立てをした。

Xは、その理由として次のように述べた。すなわち、「本件土地は、表題部所有者の登記も所有権の登記もなく、従前の所有者が全く不明なのであるから、これを時効取得したXが現行登記制度の下で所有名義を取得するには本件訴えによるしかなく、本件土地は民法二三九条二項により国庫に帰属していたものと解して本件訴えの確認の利益を認めるべきであるのに、これを認めなかった原審の判断には、法令解釈の誤りがある」。

【判旨】　本判決は、Xの上告を棄却し、以下の判断を示した。

①「Yは、本件土地が明治八年七月八日地租改正事務局議定『地所処分仮規則』に従い民有地に編入されたことにより、Xが主張する取得時効の起算点よりも前にその所有権を失っていて、登記記録上も本件土地の表題部所有者でも所有権の登記名義人でもないというのであるから、本件土地の従前の所有者が不明であるとしても、民有地であることは変わらないのであって、XがYに対してXが本件土地の所有権を有することの確認を求める利益があるとは認められない。」

②「所論は、本件訴えの確認の利益が認められなければ、Xがその所有名義を取得する手段がないという。しかし、表題部所有者の登記も所有権の登記もなく、所有者が不明な土地を時効取得した者は、自己が当該土地を時効取得したことを証する情報等を登記所に提供して自己を表題部所有者とする登記を申請し（不動産登記法一

八条、二七条三号、不動産登記令三条一三号、別表四項）、その表示に関する登記を得た上で、当該土地につき保存登記の申請をすることができるのである（不動産登記法七四条一項一号、不動産登記令七条三項一号）。」本件においては、Xが、これらの手続を尽くしたにもかかわらず、本件土地の所有名義を取得することができなかったなどの事情もうかがわれない。

③そうすると、本件訴えは、確認の利益を欠いた不適法なものと言わざるをえないのであり、この点で同旨の原審判断は正当である。

【評釈】 若干の疑問点を留保しつつ、本判決の結論を支持する。

一 本件訴えが提起された当時、原告Xが時効取得したと主張する本件土地は、表題部の登記記録上、地目「墳墓地」、地積「一六五平方メートル」と記載されていたが、その所有者欄には記載がなかった。つまり、所有権の保存の登記はおろか、表題部所有者（不動産登記法二条一〇号、二七条三号）も明らかでない状態であった。このような不動産につき、改めて時効取得を登記原因とする所有権の登記を実現するためには、いかなる方法をとるべきか。一般的に問題を提示すれば、本件において問われたのはそれである。

しかし、「二重譲渡型」に限らず、土地の時効取得をめぐる紛争が多様であればあるほど、問題を一般化しすぎてはならない。ここでは、ある土地を目的とする所有権の時効取得が認められる反面、同一の土地の所有権を喪失する者が明らかである場合と明らかではない場合の区別を前提として、さしあたり後者の場合に焦点を絞ることとする。前者の場合には、通常、取得時効により所有権を失う相手方（本稿では、不正確な用語法ながら、その相手方を「前主」と呼ぶ）の任意の協力が得られないときは[(1)]、時効取得を主張する者が、所有権の登記名義人となっている「前主」を相手どり、自己の所有権にもとづく移転登記請求訴訟を提起し、この確定判決を得ることができれば、単独申請（不動産登記法六三条一項）により、時効取得者を名義人とする所有権の登記を実現することが可能と考えられる。また、時効完成前の所有者、「前主」の所有権保存登記それ自体がなされていないときは、時効取得者が、その「前主」を相手どって自己の所有権の確認を求める訴訟を提起し、この確定判決により、「所有権を有することが……確認された者」（不動産登記法七四条一項二号）として、所有権の保存登記を単独申請することが認められている。

では、後者の、時効完成前の所有者が明らかでない場合には、所有権保存の登記名義を取得するためにどうすればよいのだろうか。

本件原告Xは、本件土地を無主物とみなし、それゆえ国庫に帰属していた不動産であるから、国を相手方とする所有権確認訴訟すなわち本件訴えを提起し、この確定判決を得ることができれば、所有権の登記名義を取得することもできると考えたのだが、まずは、Xの立論が認められるかどうか、本件事案に即して検証してみる必要がある。特に、控訴審判決が指摘するように、所有者が不明であることと所有者が存在しないことを同義でないと考えるならば、Xとしては、所有者不明ではなく所有者の不存在をどのようにして立証すべきであったのか。そもそも、本件事案は所有者が明らかでない場合であったと言えるのか。本件判決の判旨①が問題とする訴えの利益の有無との関連において考察を加えよう（二）。次いで、本判決の判旨②の部分が示唆するように、本件事案では、Xが自らを表題部所有者とする登記を申請すれば足り、この表示登記を経由して自己名義の所有権の登記を実現する方法を優先すべきであったのだろうか。この方法を用いてなお時効取得による所有権の登記が実現されないときは、本件訴えのような方法に頼ることも認められるのか（三）。最後に、本判決の占める位置と先例性を明らかにし、本判決をひとつの機縁として時効取得と登記の関係を見直すための教訓を引き出したい（四）。

二　旧幕藩体制下の寺社領の所有関係については、歴史家の間でも議論のあるところだが、少なくとも由緒ある寺社であれば、独立した主体としての法人格を有し、広義の寺社領は、種々の形態こそあれ、自らが地主として所有する土地と領主として知行する土地の両方を包含していたと見られる。(2) ところが、明治政府は、江戸幕府から政権移譲を受けるや否や幕府領に次いで寺社領の没収を図った。全国各藩による版籍奉還があったのちもなお社寺のみが土地・人民を私有するのは相当でないとして、社寺地は、「現在ノ境内ヲ除ノ外一般上知」が命じられたのである（明治四年一月五日太政官布告第四号、「社寺上知令」）。これにより、社寺地は、いったんは官有地に編入され、地券発行がなく地租が課されない官有地として区分されたが（明治七年十一月七日太政官布告第一二〇号、「改定地所名称区別」）、地租改正事業の直中にあって再び境内外の土地の官民有区分が確定されることとなった（明治八年七月八日地租改正事務局議定、「地所処分仮規則」）。(3) 特に墳墓地に関しては、官有地内に設けられたものも、民有地に区分され、人民共有墓地となすべきこととされた（前掲「地所処分仮規則」第六章第一条）。そして、民有地に区分された墓地も無税の土地として扱われた。

本件土地では、地元教育委員会が実施した発掘調査の報告書によれば、死者への供養、菩提を弔うための儀式を行う施設（「塔中場」、「萩堂」）がある時期まで存在し、供養塔（「五輪塔」）が安置されていたことを示す遺跡が確認されており、「元治元年」（一八六四年）と刻まれた石碑の年号から、その当時、本件土地が「X寺持分であったことは確実」視されている。つまり、本件土地は、明治初年、一時的に官有地に編入されたものの、一貫してXとその檀家信徒の占有管理下におかれてきたのではないかと推測される。その後、地券にとって代わった旧土地台帳上の地目が「墳墓地」と記載された事情はともかく、無税の土地として扱われる以上、地租負担者となる所有者の記載がなくとも、何ら疑われることがなかった。本件土地の実測面積（約六八三平方メートル）が、旧土地台帳を引き継いだ表示登記における地籍を大幅に上回っている点も怪しむに足りない。現行の登記記録上の表示でも「墳墓地」とされながら、第二次大戦後に制定された宗教法人法（一九五一年、昭和二六年法律第一二六号）のもとで法人格を取得したあとのXによる占有継続の事実は、墓所としての利用ではなく、燃料としてX

が使用する薪の採取（昭和四五年頃まで毎年）、Xの住職や檀家有志による雑木の伐採、竹木の間引き、雑草取り（昭和四五年以降、二年に一度程度）といった立入作業によって認定されているのである（第一審判決）。

本件訴えに至る経緯がおよそ以上のごとくであったとすれば、本件土地は、Xの法人格取得前後を通じ、官有地に編入された明治初年の一時期を除き、X自身が実質的所有者にほかならず、地元住民はもちろん、何者かがその占有状態に干渉することもなかったから、農道整備の事業計画がもち上がるまでは、本件土地の所有権の帰属先を明らかにする必要性すら顕在化しなかったと考えるのが自然であろう。そう考えるならば、自己の所有権を証明するための公示を欠き、何より所有権の帰属主体としての法人格を欠いていたXが、「悪魔の証明（probatio diabolica）」を回避するため、本件土地の占有継続による取得時効を援用し、国Yを被告とする本件訴えにより、これをいわば便法として所有権の登記名義を取得しようとしたことは異論の余地がない。見方によれば、第一審の判決は、本件訴えが便宜的手段であることを半ば承知のうえ、Xの主張に乗ってその請求を認めたのであり、便法としての本件訴えを認めなかったのが控訴審判決であると言えよう。

それでは、XがYを相手方として本件土地の所有権確認を求める訴えの利益は認められるか。

訴えの利益の存否を判断するに当たっては、まず、これを誰の利益と考えるかが問題となる。一般的には、当該訴えを提起した原告本人の利益は言うに及ばず、応訴を強いられる被告の利益、両者の争いに決着をつけるための裁定を下す国家（裁判所）の利益その他の比較衡量によって決するほかはないのであろう。その中でも、「訴訟を起動せしめる訴えの提起は原告の必要と意欲にもとづくものであるから、訴えの許容性の要件である訴えの利益……においては、原告の利益（原告の訴訟追行利益）が本体・基底・機軸をなしている[4]」との見地は、民事裁判の原点をとらえた正論であり、広く共感を呼ぶ立場のように思われる。とはいえ、この見地に立脚するにせよ、さらに訴訟を追行して本案判決を得る原告の利益の正当性が問われなければなるまい。本件事案に即して言い換えれば、原告Xが主張するように、所有権の登記名義の取得という実体的利益を実現するうえで本件訴えに頼るほかには手立てがなかったのかどうか、この点にかかわっている。仮に、本件訴え以外の方法によって比較的容易に所有権の登記を実現することができるならば、第一審から本件土地の所有権を争っていない被告Yを巻き込み、応訴の負担を強制するよりも、別の方法に訴えることを優先すべきであろう。本判決は、結論的にはそのような趣旨を述べようとしており、それ自体は妥当な判断として評価されるべきである。

ただ、Xは、民法二三九条二項により、所有者不明の土地であれば国庫に帰属していたものであり、Yを被告とする本件訴えによる確認の利益が認められると主張しているにもかかわらず、本判決は、本件土地について「従前の所有者が不明であるとしても、民有地であることは変わらない」（判旨①）と述べるだけで議論がかみ合っていない。要するに、本判決では、あっさりYの被告適格性が否定されており、原判決のように、所有者不明の場合と所有者不存在の場合を厳に区別し、前者の域にとどまる限り、無主の不動産として認めない解釈をとるのかどうかは判然としない。おそらくは、原審の理由づけを前提とし、これを是認していると見てよいのであろうが。

しかし、そうなると、原審が示した判決理由の当否も問題とせざるをえない。

原判決には、実のところ、強引さの目立つ箇所が少なくない。(5) たとえば、前述した明治八年の「地所処分仮規則」により、本件土地が民有地に区分された事実を認定したまではよいが、民有地ならば、「過去において所有者が存在していたことが推認される」かのように断定し、「過去に所有者が存在していた以上、相続人が存在していたとすれば当該相続人に帰属した」はずであり、相続人が存在しない場合には、相続人の不存在を証明すべき旨を説いている部分である。本件事案を直視するならば、本件土地が個人の所有財産の対象とされた形跡は見られず、ほとんど事件の真相から乖離した証明を要求する原判決の理由づけには、大いに不満が残る。

本件訴えにおけるXの立論の問題性は、所有者不明を所有者不存在と同視したことにより、むしろ実質的所有者の明らかな不動産を所有者不明のものと主張し、無主の不動産の帰属先となる国を否応なく巻き添えにしてしまったことにあると考えられる。この場合、所有権の登記名義の取得を目的とした本件訴えの便宜性、率直に言えば、虚構性が露わになり、裁判所の受け入れがたい主張のように響いたのではなかろうか。実際、同種事案において原告勝訴の確定判決が出るたび、敗訴者として訴訟費用を負担し、時効取得による所有権の登記への関与を余儀なくされる事態は、被告国の側に立てば、とうてい容認できないだろうと察せられるのである。

三　現に、後日談となるが、Xは、本判決で示された別の方法により、本件土地の表題部所有者として登記されたのち、これを媒介として所有権保存登記を経由することができたとのことである。Xが表題部所有者となる登記を申請するに際しては、管轄登記所から、本件土地に関し、地元市町村により交付される①固定資産税評価証明書（非課税の「墳墓地」ではあるが、所有者欄にXが記載されたもの）、および地元教育委員会の作成による②事実証明書（本件土地からXと同宗派の常夜灯などの埋蔵物が発掘された旨の記載があるもの）の提出が求められ、これらの公文書が、登記官による調査（不動産登記法二九条）のために役立だったようである。こうして、本件自体は一件落着をみた。

しかしながら、本件事案に類した事例においても当然に同様の解決を導くことができるか、と問い直せば、いまだ根本的解決にはほど遠く、反対に問題の所在がいよいよ明確になってきたように思われる。

第一に、本判決は、所有者不明の土地を時効取得した者が、自己を表題部所有者とする登記申請をするためには、「自己が当該土地を時効取得したことを証する情報等」（判旨②）を登記所に提供する必要があると述べているが、本件では、結局、所有者が明らかでない土地の時効取得の例として登記手続上処理されていない。ということは、ほんとうに時効完成前の所有者が明らかでないためにその協力を仰ぐことができない場合は、時効取得を原因とする登記の申請のためにどのような情報を提供すればよいのか、本件がその実例となっているわけではないのである。つまり、一般論としては、時効完成前の所有者不明の不動産を即無主物とみなして国を被告とする所有権確認の訴えを提起し、この確定判決によって所有権保存登記を申請する方法（不動産登記法七四条一項二号）をとる前に、表題部所有者の登記を経たうえ所有権保存登記を申請する方法（同条同項一号）を優先すべきであるのは、なるほど本判決の述べるとおりだが、その道筋はなお不分明のままではないだろうか。(6)

第二に、原判決では、「相続人不存在の不動産は、法の定める諸手続（民法九五一条から九五九条まで）を経て初めて国庫に帰属するものであるところ、本件土地について、その所有者の相続人が不存在であり、かつ国庫に帰属させるための諸手続が履践されていることを認める証拠はない」とされているが、この点をも本判決は支持するのだろうか。そうであれば、本件事案とは異なり、古くは個人所有に属していた土地が数次の相続(7)を重ねるなどして所有者不明となっているときは、必ず当該土地を相続財産法人として相続人探索の公告等の手続を踏まなければ、「所有者のない不動産」（民法二三九条二項）とは解されないということになる。けれども、相続人不明の相続財産すべてを国庫に帰属させるための手続と、所有者不明の不動産を国庫に帰属したものと主張するための証拠方法は同じでなければならないのだろうか。

そこで、従来の裁判例を振り返っておこう。

民法施行前「絶家《ぜっけ》」（明治一七年太政官布告第二〇号）の財産として残された土地所有権の帰趨に関し、民法施行後当然に国庫へ帰属したものとして扱うことに消極的かつ慎重な立場（大判大正一〇年三月八日民録二七輯四二二頁、福岡高判昭和四九年一二月二三日訟務月報二一巻四号七七〇頁）がある一方、(8)他方では、これを肯定的に解する立場（仙台高判昭和三二年三月一五日下民集八巻三号四七八頁、一宮簡易判昭和四六年七月三一日下民集二二巻七・八号八二九頁）もあり、両者の立場は拮抗しているように見受けられる。さらに、旧土地台帳付属地図上において無番地の表示であった土地の時効取得を主張する者が、国を相手方とする所有権確認の訴えを提起した事案に関し、「真実の権利者を明らかにしえない登記洩れの土地については、これを無主の不動産として国庫の所有に帰したものとして」当該訴えの利益を認めた裁判例（東京高判昭和五二年五月三一日東京高等裁判所民事判決時報二八巻五号一一八頁）も見られる。この点は、なお検討の余地があるのではなかろうか。

第三に、表題部所有者となるための表示登記の申請が却下された場合でなければ、時効取得者が他の方法を用いることはできないのかという問題もあるように思われる。本判決は、表示登記の申請による所要の手続を尽くしたにもかかわらず、本件土地の所有名義を取得できなかったなどの事情はうかがわれないとして（判旨②）、本件訴えが確認の利益を欠くものと結論づけているが（判旨③）、そうなると、第一の問題点として指摘したように、表題部所有者の登記を経て所有権保存登記を実現する方法が必ずしも自明となっていないだけに、ふたつの方法の使い分けが問題になると同時に、登記実務の対応いかんにより、所有権の登記に至る道筋が狭められるおそれを払拭しきれない。

四　これまで本件によって提起された問題の一般化を控えてきたが、最後に、時効取得を原因とする所有権の登記が求められる事例をいくつかの類型に分け、本件事案がそのうちのどれに分類されるか、できるだけ他の類型の見通しについても言及しつつ、今後の参考に供したい。

おおよその類型化を試みれば、次のように整理される。

〔I〕　時効完成前の所有者が明らかである場合

A　所有者が表題部所有者となっているとき

B　所有者が所有権の登記名義人となっているとき

C　それ以外のとき

〔Ⅱ〕　時効完成前の所有者が明らかでない場合

D　所有者が存在するとき

E　所有者が存在しないとき

F　いずれとも判断しがたいとき

本件事案の場合には、Xの主張・請求を受けた裁判所は、大別した〔Ⅱ〕の範疇として位置づけ、同範疇の類型DかEかで判断を分けることとなったが、事の真相からすれば、〔Ⅰ〕のCの事例に当たるというのが評者の理解である。実際にも、本件訴えが却下されたあとの登記手続上の処理は、同様の理解に立っているものと思われる。だからこそ、Xが求めた所有権の登記も、比較的容易に実現できたわけだが、それは、本判決を〔Ⅱ〕の先例として評価すべきでないことを意味している。

〔Ⅰ〕のAまたはBの類型に属する場合であれば、本評釈の冒頭（一）でも触れたように、たとえ「前主」、旧所有者の任意の協力を得ることができなくとも、時効取得者が自己名義の所有権の登記を実現する道筋は開かれている。[9]問題は、〔Ⅰ〕のCに属する事例だが、本件事案が唯一のケースではないはずだから、所有権の登記名義を取得する見通しはなお不分明さを残している。たとえば、取得時効の起算時の目的土地の所有者と時効期間満了時のそれが異なる場合には、時効取得者は、確定判決によって自己の所有権を確認してもらおうとするときに誰を相手方とすればよいのか。さしあたり、時効完成時の所有者を被告とするにせよ、[10]時効取得を登記原因とする日付は、当該時効の起算日を記載すべきものとされていることと矛盾をはらんではいないか。

これに対し、〔Ⅱ〕の範疇では、Eの類型に属する場合を除き、未解明の問題を多く残している。DにもEにも分類しがたいという意味でのFの類型を独立させることについては躊躇を覚えるが、現実には、このような場合もありうるように思われる（民法九五一条を参照）。元来、無主物先占《Res nullius primo occupanti》の制度が動産に限られ、不動産への適用がないのは、文明化した社会では、先占を「暴力や無秩序の発生源でしかありえない」と見たからであり、無主の不動産を国家に帰属させるのは、「公けの平和を保障すると同時に、より一層公平にも適っている」からだと説明される。(11) とすれば、所有者不明の不動産の処遇についても、国家の出番を適切に考えなければならないだろう。

ともあれ、全体として時効取得による所有権の登記を実現するための方途がいまだ十分に切り開かれていないとするならば、意思表示によらない不動産物権変動の典型例とされる時効取得を当然に民法一七七条の適用範囲としてきた日本の判例は、その前提を欠いているようにも見える。しかし、これ以上の言辞は、一評者としての分をわきまえない所為となる。以上の叙述にしてからが未知の領域に踏み込んでおり、もしかしたら重大な誤りを犯しているかもしれない。読者諸賢のご教示・ご批判を切望する所以である。

注

（1）理論的に考えれば、登記実務上、時効取得が所有権移転の登記原因とされること自体、釈然としないものがある。現実的にも、時効取得者の求めに応じ、「前主」が快く所有権移転登記の申請に協力する場面は、対価性を帯びた相応の金員授受でもないかぎり、にわかに想像しがたい。しかし、この場合にも、登記権利者（時効取得者）と登記義務者（「前主」）の両当事者による共同申請の建前が通用している。平成一六年（二〇〇四年）の全面改正前の旧不動産登記法下の実務では、当然ながら、登記申請に要する登記原因証書（三五条一項二号）は存在しないので、申請書の副本（四〇条）が代用されていた。全面改正後の現行法下では、時効取得による所有権移転の登記原因証明情報（六一条）の雛型となる書式も提案されているが（司法書士登記実務研究会編『新不動産登記の実務と書式』、民事法研究会、二〇〇五年、一五四―一五七頁）、その利用度はいかほどであろうか。

（2）中田薫「徳川時代に於ける寺社境内の私法的性質」、同『法制史論集』第二巻（岩波書店、一九三八年）所収四八七頁。

（3）この地租改正事務局議定の原文は、我妻栄編集代表・地租改正資料刊行会編『明治初年地租改正基礎資料』上巻（有斐閣、一九五三年）五六三頁以下に掲載されている。地方への出張職員用の取扱手引として同局が定めた「地所処分仮規則」ほか収録された公文書の資料的意義については、同書・解題（福島正夫）四―六頁。社寺地をめぐる初期土地政策の変転ぶりを簡潔に要約しているのは、福島正夫「明治初年の地租改正における土地改革について」『福島正夫著作集　第三巻　土地制度』（勁草書房、一九九三年）所収四九五―四九七頁。その当時の統計では、神社の数が十三万二、九一二、寺の数が五万一、二四七にも上り、神社境内から上地された土地が七万六七〇町二反歩、寺院境内から上地されたのが四万三、七四三町四反と伝えられているので（有尾敬重『本邦地租の沿革』御茶ノ水書房、複製版、一九七七年、六七頁）、これが正確な情報ならば、途方もない規模である。

（4）山木戸克己「訴えの利益の法的構造――訴えの利益論覚え書――」、同『民事訴訟法論集』（有斐閣、一九九〇年）所収一二九頁。

（5）本題に入る前の文脈ではあるが、「江戸時代においては、所有権の権利概念がなく」云々といった表現も、不用意と言うべきか、いささか大胆に過ぎるように思われる。翻訳語としての所有権の権利概念の成立と土地の領有支配としての所有観念の存在は、むろん区別されなければならない。

（6）表示登記の全般にわたる諸問題については、吉野衛「表示登記の基礎的課題」、幾代通先生献呈論集『財産法学の新展開』（有斐閣、一九九三年）所収二一五頁以下。特に、表示登記における所有者の記載については、同前二三二―二三四頁。現行法のもとでも、土地の表題部の登記を申請するために提供すべき情報としての「表題部所有者となる者が所有権を有することを証する情報」（不動産登記令三条一三号、別表四項・添付情報ハ）の意義、これを受けた登記官の調査権限、登記官による所有者認定の法的効果など、依然として未解明の課題は多い。

（7）数次相続をめぐる登記上の問題点については、本章〔補論1〕を参照。

（8）昭和四九年十一月十一日法務省訟一第一二一二号・大阪法務局訟務部長あて・法務大臣官房訟務部第一課回答（訟務月報

二〇巻一二号一七七頁）も同様の消極的見解を示す

（9）〔Ⅰ〕Aの類型に属する場合ならば、時効取得者は、表題部所有者として登記されている者を被告とする確定判決（確認判決でも給付判決でも差し支えなく、訴訟上の和解調書等も含まれる）により、自己名義の所有権保存登記（不動産登記法七四条一項二号）を申請することができる。〔Ⅰ〕Bの類型に属する場合には、すでに所有権の登記名義人となっている「前主」を被告として所有権移転登記を求める訴えを提起し、この給付の確定判決を得る必要がある（同法六三条一項における「確定判決」は、確定した給付判決またはこれに準ずるものであることを要する点に注意）。

（10）時効起算時の所有者が表題部所有者として登記されている場合を想定するならば、不動産登記法七四条一項二号がいう「確定判決」は、必ずしもその表題部所有者を被告とする判決である必要はないと解されているから、時効完成時の所有者を被告として確定判決を得れば、時効取得者名義の所有権保存登記が可能になると考えられる。詳細については、香川保一「新不動産登記法逐条解説（68）」『登記研究』六八八号一一三頁以下および吉野衛「注釈不動産登記法各論1」『登記先例解説集』二二八号八〇頁以下。

（11）Ch. Demolombe, *Cours de Code Napoléon*, t. XIII, Paris, 1879, n° 17 ter., p. 18.

あとがき

一生の仕事を見つけた人間は幸せである。一生の仕事とは、未来につながる個人の営みであり、それを生業とするか、副業とするか、はたまた趣味にとどめるかは人それぞれであろう。もちろん、生業が何よりの生きがいとなれば、その者にとって日々の生活は至福の世界と言ってよいが、筆者自身、そう思えるようになったのは、やっと最近のことである。

本書で取り上げる諸問題をひとつの鉱脈に譬えるならば、最初にその手応えを感じたのは、意思主義の、いわば日本的理解に疑問をもった頃（第一章）であり、さらに遡れば、日本独特の登記慣行として「登記留保」（抵当権の設定を受けた債権者が、登録免許税の節約のため、設定者から必要な書類を預かったままその設定登記の申請を見合わせておく登記実務上の手法）や「登記流用」（抵当権によって担保されていた債権が消滅したのちも抹消されずに残っている抵当権設定登記を他の債権を担保するために再利用する手法）を結論的に肯定する判例、これを積極的に正当化しようとする諸学説の議論を調べた頃であったろうか（「『登記なき抵当権』の効力について」『東京都立大学法学会雑誌』三五巻一号一八九頁以下、一九九四年、「登記流用の論理と背理」『岡山大学法学会雑誌』四四巻三＝四合併号四〇三頁以下、一九九五年）。日本において不動産がマネー・ゲームの道具と化してしまう要因のひとつが、抵当権と不動産公示の弛緩した関係にある（「抵当権と不動産公示の関係についての一考察――フランス法の足跡を手がかりとして」『私法』五七号二〇九頁以下、一九九五年）と考えた当時の筆者は、ようやく在外研究の機会が得られ、家族とともに渡仏する直前、日本法の母法をなすフランス法の足跡を徹底的に調べてみようと決意した。その留学中の顚末はさておき、あれから四半世紀に近い年月が経過した今、主観的には難渋を極めた研究成果をどうにかまとめることができた。

しかし、本書の主題は、序章でも述べたように、金融担保取引を含めた不動産取引秩序の根幹にかかわるが、留学中の主目的であった歴史研究本体とは少しく距離をおいたものとなっている。実際、その本体部分の研究を優先するならば、残された自分の寿命全部を投じても果たせるかどうか、自信がもてない。それだけでなく、悠長にも歴史研究に沈潜している間に、激動する同時代の世界がどこへ向かうのか、底知れない不安を抱きつつ、そうした現世に背を向けて生きることにならないか。それならば、いっそのこと、留学中の研究成果を小出しにしながら、日本社会の現実とがっぷり四つに組んだ仕事に取り組むべきではないか。こうして出来上がったのが本書にほかならない。

本書刊行に至るまでお世話になった方々は数知れない。ただ、その刊行を心待ちにして出版社の紹介の労まで惜しまれなかった助手時代以来の友人、高橋寿一現専修大学法学部教授のお名前を省くことはできない。また、打てば響くように、本書の編集作業を実に手際よくこなして下さった勁草書房編集部・山田政弘氏にもたいへんお世話になった。ここに記して両氏への感謝の意を表したい。

二〇一八年五月二五日

今村　与一

索　引

ア　行

カ　行

タ　行

[著者略歴]

1955年，広島県呉市生まれ。1978年，広島大学政経学部（法律政治学科）卒業，1983年，東京都立大学大学院社会科学研究科（基礎法学専攻）博士課程単位修得退学後，東京大学社会科学研究所助手，1986年，新潟大学教養部講師，翌年，同助教授，1992年，岡山大学法学部助教授，1995年，同教授，2003年より現職，横浜国立大学大学院国際社会科学研究科（旧称，現国際社会科学研究院）教授。最近の著作として，「変動するフランス物的担保法制の現状：2006年民法典改正前後の点描」，原田純孝先生古稀記念論集（日本評論社，2018年）所収，「司法と正義」，江藤价泰先生追悼論集（日本評論社，2018年）所収など。

意思主義をめぐる法的思索

2018年7月14日　第1版第1刷発行

著者　今《いま》村《むら》与《よ》一《いち》

発行者　井村寿人

発行所　株式会社　勁《けい》草《そう》書房

112-0005　東京都文京区水道2-1-1　振替　00150-2-175253
（編集）電話　03-3815-5277／FAX　03-3814-6968
（営業）電話　03-3814-6861／FAX　03-3814-6854
大日本法令印刷・牧製本

http://www.keisoshobo.co.jp

意思主義をめぐる法的思索

2023年9月20日　オンデマンド版発行

著　者　今　村　与　一

発行者　井　村　寿　人

発行所　株式会社　勁《けい》　草《そう》　書　房

112-0005 東京都文京区水道 2-1-1　振替　00150-2-175253
（編集）電話 03-3815-5277／FAX 03-3814-6968
（営業）電話 03-3814-6861／FAX 03-3814-6854
印刷・製本　(株)デジタルパブリッシングサービス

AM069

ISBN978-4-326-98576-0　Printed in Japan